La primera guerra mundial contada para escépticos

Historia

Juan Eslava Galán

La primera guerra mundial contada para escépticos

Planeta

Avinguda Diagonal, 662, 6.ª planta. 08034 Barcelona (España)
www.planetadelibros.com

Fotografías del interior: colección particular, archivo del autor, © Icastro, AESA, AP
Cartografía: GradualMap

Diseño de la cubierta: Booket / Área Editorial Grupo Planeta a partir de un diseño original de Opalworks
Ilustración de la cubierta: Süddeutsche Zeitung Content
Fotografía del autor: © Ricardo Martín
Primera edición en Colección Booket: enero de 2015
Segunda impresión: abril de 2015
Tercera impresión: agosto de 2015
Cuarta impresión: febrero de 2016
Quinta impresión: febrero de 2017
Sexta impresión: febrero de 2018
Séptima impresión: junio de 2019
Octava impresión: diciembre de 2020
Novena impresión: abril de 2021
Décima impresión: diciembre de 2022
Undécima impresión: noviembre de 2023
Duodécima impresión: agosto de 2024

Depósito legal: B. 23.497-2014
ISBN: 978-84-08-13574-6
Impresión y encuadernación: Liberdúplex, S. L.
Printed in Spain - Impreso en España

Biografía

Juan Eslava Galán es doctor en Letras. Entre sus ensayos destacan *Una historia de la guerra civil que no va a gustar a nadie* (2005), *Los años del miedo* (2008), *El catolicismo explicado a las ovejas* (2009), *De la alpargata al seiscientos* (2010), *Historia de España contada para escépticos* (2010), *Homo erectus* (2011), *La década que nos dejó sin aliento* (2011), *Historia del mundo contada para escépticos* (2012), *La primera guerra mundial contada para escépticos* (2014), *La segunda guerra mundial contada para escépticos* (2015), *Lujuria* (2015), *Avaricia* (2015), *La madre del cordero* (2016), *La Revolución rusa contada para escépticos* (2017), *Una historia de toma pan y moja* (2018), *La familia del Prado* (2018), *La conquista de América contada para escépticos* (2019), *La Biblia contada para escépticos* (2020), *La tentación del Caudillo* (2020) y, junto con su hija Diana, el recetario comentado *Cocina sin tonterías* (2013, Premio Gourmand). Es autor de las novelas *En busca del unicornio* (Premio Planeta 1987), *El comedido hidalgo* (Premio Ateneo de Sevilla 1991), *Señorita* (Premio de Novela Fernando Lara 1998), *La mula* (2003), *Rey lobo* (2009), *Últimas pasiones del caballero Almafiera* (2011) y *Misterioso asesinato en casa de Cervantes* (Premio Primavera de Novela 2015).

Más información en su página web:
www.juaneslavagalan.com

A Paco Núñez Roldán,
compañero de letras y caminos,
por su infatigable amistad

Fango y sangre, fango y sangre. No se les ocurre pensar en nada mejor.

Lloyd George, primer ministro británico,
refiriéndose a la batalla de Passchendaele, 1917

Mientras ellos seguían escribiendo y discurseando, nosotros veíamos ambulancias y moribundos; mientras ellos proclamaban como sublime el servicio al Estado, nosotros sabíamos ya que el miedo a la muerte es mucho más intenso. Con todo, no fuimos rebeldes, ni desertores, ni cobardes —tenían siempre tan dispuestas estas palabras—; amábamos a nuestra patria tanto como ellos y, al llegar el momento de un ataque, nos lanzábamos a él con valor. Pero ahora distinguíamos. Ahora habíamos aprendido a mirar las cosas cara a cara y nos dábamos cuenta de que, en su mundo, nada se sostenía. Nos sentimos solos de pronto, terriblemente solos; y solos también debíamos encontrar la salida.

Erich Maria Remarque,
Sin novedad en el frente, 1929

Índice

1. El redrojo asesina al archiduque 13
2. La calma que precede a la tormenta 22
3. Entre todos la mataron y ella sola se murió (la paz, claro) 31
4. Alemania tiene un plan 45
5. *Dulce et decorum est pro patria mori* 50
6. La violación de Bélgica 54
7. Al enemigo, ni agua 62
8. La guerra en los casinos 66
9. ¿Van ganando la guerra? 70
10. Alsacia y Lorena 72
11. Al káiser no le salen las cuentas 74
12. Esto ya no es lo que era (la guerra romántica) 81
13. Los caballeros teutónicos cabalgan de nuevo 85
14. El lobo se merienda a las tres vacas 88
15. *Tschüss, Kolonien* (o sea: adiós a las colonias) 92
16. La guerra en las trincheras 94
17. Francotiradores y otros incordios 99
18. Placeres de retaguardia 103
19. Vida de ratas 109
20. Aliadófilos y germanófilos 117
21. Pilotos a ladrillazos 119
22. Navidad, dulce Navidad 121
23. Las mujeres, qué habilidosas son 129

24. *Turkish delight* (o sea, delicias turcas) 133
25. El genocidio armenio 144
26. Sueños de centinela 146
27. A río revuelto, ganancia de pescadores 149
28. Morir como ratas 153
29. El hundimiento del *Lusitania* 159
30. La mortífera salchicha 164
31. Cometas y lanzallamas 168
32. Propósitos de año nuevo 170
33. En los cielos de Verdún 173
34. El horno de Verdún 178
35. La trinchera de las bayonetas 181
36. El sargento Kunze gana el fuerte de Douaumont 184
37. Una noche memorable 187
38. El perro *Satán* 190
39. La ofensiva de Nivelle 193
40. Ronsard en la trinchera 196
41. *Sturmtruppen* 199
42. La carnicería del Somme 204
43. El trece... 211
44. Unos depósitos de agua sobre orugas 213
45. Dos púgiles sonados se abrazan en el centro del ring 218
46. Los *poilus* se amotinan 223
47. Duelo en Jutlandia 226
48. El dragón abatido 231
49. ¡Submarino! 234
50. Dos futuros padres de la patria que se salvan por los pelos 238
51. Una astucia inglesa y una torpeza alemana: el telegrama Zimmermann 241
52. El Tío Sam va a la guerra 244
53. Portugal se mete en líos y la Virgen se aparece en Fátima 246
54. Soy minero 250
55. Fango y sangre en Passchendaele 253
56. Mata Hari ante el pelotón 258
57. Nombre clave: el asunto chino 264

58. Los tanques de Cambray 266
59. Rusia se revoluciona 269
60. Rasputín, un cadáver exquisito 271
61. En un tren sellado, con la legítima y la amante 276
62. Diamantes en el corsé 279
63. El Reichstag solicita la paz 281
64. Toda la hambruna en el asador 284
65. La batalla del káiser 285
66. El *Pariser kanonen* acongoja a los parisienses 287
67. De cómo Ludendorff se va a los puertos y de cómo las cavas del champán salvan a Francia 290
68. La hazaña del sargento York 295
69. La *grande offensive* 298
70. Aparta de mí este cáliz 303
71. El vagón de Compiègne 305
72. El Tratado de Versalles o la venganza en caliente 314

Dramatis personae 321
Apéndice. Los supercañones de París 327
Cronología 331
Bibliografía 337
Índice onomástico 341

CAPÍTULO 1

El redrojo asesina al archiduque

El 28 de junio de 1914 amanece radiante. En la próspera Europa, las fábricas están en plena producción; y las cosechas, listas para la siega. Es un mundo feliz, en especial para sus clases acomodadas: la aristocracia, los industriales, los banqueros, los altos funcionarios y los políticos. *The idle rich*, como dicen los ingleses.

Gracias a los avances de la ciencia y de la técnica, nunca se ha vivido mejor. La satisfecha sociedad occidental contempla el futuro con optimismo. Es la *belle époque*, especialmente bella para los pudientes.

Este verano promete ser excepcionalmente tranquilo, como recordará Churchill en sus memorias.

Han comenzado las vacaciones. Los gobiernos se dispersan, los parlamentos cierran, los balnearios y los casinos de ruleta abren. Para los políticos es tiempo de relajarse y disfrutar, de mirarse al espejo, meter la barriga y pensar, aprobadoramente: Mira adónde has llegado, parlamentario, ministro, diputado, jefe de partido, general del ejército...; eres estupendo. Un sueldazo y una posición.

En París, el presidente Poincaré acude al hipódromo para asistir al Grand Prix, el acontecimiento social que precede a la dispersión de aristócratas y banqueros, generales y diplomáticos hacia las villas y playas de la Costa Azul, la Toscana y otros lugares de esparcimiento.

En Berlín, los funcionarios subalternos meriendan con las familias sobre el césped del Tiergarten. La aristocracia ha marchado ya a sus lugares de veraneo. Dice la prensa que el káiser Guillermo II está de regatas con su yate *Meteor*.

En Viena, la rutilante capital del Imperio austrohúngaro,[1] las cervecerías han instalado sus veladores en la plaza de San Esteban. La gente toma el sol en los parques o hace cola frente a las góndolas de la noria gigante del Prater. Hace días que banqueros y aristócratas se trasladaron a sus residencias campestres después de que el anciano emperador Francisco José partiera a su residencia de verano, la *Kaiservilla*, en la ciudad balneario Bad Ischl, a orillas del Traun, donde espera dedicarse a sus dos aficiones favoritas: disparar sobre los ciervos del parque y cortejar a su amante, la antigua actriz Katharina Schratt.

Como la austriaca, cada familia real europea tiene su residencia de verano: la inglesa marchó hace días al castillo de Balmoral, en Escocia; la rusa dejó San Petersburgo para trasladarse al palacio de Monplaisir en Peterhof; el monarca español, Alfonso XIII, a la Magdalena, un palacio de estilo inglés, al gusto de la reina, «obsequio del pueblo de Santander a sus monarcas».

Las cortes siguen a los reyes y ocupan chalets de lujo y hoteles en las inmediaciones de las residencias reales. Las *cocottes* y las señoritas de compañía se trasladan a los balnearios y a las zonas veraniegas. Los vividores y los carteristas, también. Como recuerda Stefan Zweig:

> El siglo XIX, con su idealismo liberal, estaba convencido de ir por el camino recto e infalible hacia el mejor de los mundos. Se miraba con desprecio a las épocas anteriores, con sus guerras, hambrunas y revueltas, como a un tiempo en que la humanidad aún era menor de edad y no lo bastante ilustrada. [...] Esa fe en el progreso

1. En 1867, Hungría consiguió un acuerdo o *Ausgleich* que la desligaba parcialmente del resto del Imperio austriaco. Francisco José sería emperador de Austria y rey de Hungría, cabeza visible de una monarquía dual en la que Austria y Hungría tendrían sus propios gobiernos y parlamentos, aunque la política exterior, la financiera y el ejército serían comunes.

ininterrumpido e imparable tenía, para aquel siglo, la fuerza de una verdadera religión. [...] ¿Es de extrañar, pues, que aquel siglo se deleitara con sus propias conquistas y considerase cada decenio terminado como un mero peldaño hacia otro mejor? Se creía tan poco en recaídas en la barbarie, por ejemplo, guerras entre los pueblos de Europa, como en brujas y fantasmas; nuestros padres estaban plenamente imbuidos de la confianza en la fuerza infaliblemente aglutinadora de la tolerancia y la conciliación. Creían honradamente que las fronteras de las divergencias entre naciones y confesiones se fusionarían poco a poco en un humanismo común y que así la humanidad lograría la paz y la seguridad, esos bienes supremos. [...] Hoy, cuando ya hace tiempo que la gran tempestad lo aniquiló, sabemos a ciencia cierta que aquel mundo de seguridad era un castillo de naipes.[2]

El naipe defectuoso que va a provocar el derrumbamiento del ilusorio castillo europeo es Sarajevo, capital de Bosnia-Herzegovina, una nueva provincia recién incorporada al Imperio austrohúngaro.

La pequeña ciudad, de apenas setenta mil habitantes, emplazada a la orilla de un río, en un valle, entre montañas, se ha engalanado para recibir al heredero del trono austrohúngaro, el archiduque Francisco Fernando, y a su esposa, la duquesa Sofía Chotek.

Las calles por las que discurrirá el cortejo están adornadas con guirnaldas y banderas. La banda de música ha ensayado el himno nacional y algunos valses.

El tren que trae al archiduque entra en la estación poco antes de las diez de la mañana. Un séquito de coches aguarda al pie del andén. Después de intercambiar saludos con las autoridades que han acudido a recibirlos, Francisco Fernando y Sofía se acomodan, complacidos y sonrientes, en el asiento posterior de un espléndido Gräf & Stift Double Phaeton de cuatro cilindros, modelo 1911, descapotable.

A la duquesa Sofía le encanta compartir coche con su esposo, una transgresión del rígido protocolo austriaco que el archiduque

2. Zweig, 2002, p. 6.

se permite cuando están lejos de Viena. Si estuvieran en la capital del imperio, Sofía no podría acompañar a su marido. Aunque procedente de familia noble (es hija de un conde de Bohemia), no pertenece por nacimiento a familia real alguna. Cuando están en la encorsetada Viena, Sofía debe asistir a las ceremonias imperiales sentada entre los nobles de segundo rango, jamás al lado de su esposo.[3] El puntilloso y anciano emperador Francisco José sólo la aceptó a regañadientes a condición de que sus hijos no heredaran derechos sucesorios. A pesar de todo son felices. Llevan catorce años casados y han tenido tres hijos (el cuarto viene de camino, porque ella está embarazada de tres meses).

El asistente cierra la portezuela del automóvil. A una señal del archiduque, el chófer, Leopold Lojka, suelta la palanca del freno y acelera ligeramente. La comitiva, seis vehículos en total, se dirige al ayuntamiento de Sarajevo, donde la corporación municipal ha previsto un agasajo en honor de los ilustres visitantes.

A lo largo del itinerario oficial, que discurre a la orilla rumorosa del río Miljacka, ciento veinte policías vigilan la carrera. Quizá no sean muchos, pero Sarajevo tampoco es una ciudad conflictiva. Precisamente por eso, porque es una ciudad tranquila y no se espera demasiada vigilancia, la ha escogido una banda terrorista serbobosnia, la Mano Negra, para atentar contra el archiduque, el representante y heredero del odiado emperador.[4]

3. La etiqueta de los Habsburgo era tan inflexible que ni siquiera permitió que los restos de la duquesa reposaran en el panteón real de la familia (la polvorienta Cripta Imperial de Viena): el archiduque y su esposa fueron sepultados en el castillo de Artstetten.

4. No es casual que el día del atentado coincidiera con el aniversario glorioso de la batalla de Kosovo, en la que los serbios se enfrentaron a los turcos el 15 de junio de 1389, festividad de San Vito. Es fama que el príncipe serbio, Zar Lazar, convocó a sus huestes con estas históricas palabras: «Malhaya el serbio de nacimiento y sangre, hijo de serbios, que no concurra a la batalla. Que nunca engendre hijos ni hijas. Que nada que toquen sus manos prospere, ni negro vino, ni dorado trigo. Que sea maldito por los siglos de los siglos». A los serbios, gente muy patriótica y devota de lo suyo, se les ponen los vellos de punta cuando rememoran la gesta.

La Mano Negra está integrada por fanáticos nacionalistas dispuestos a sacrificar sus vidas con tal de arrancar Bosnia del dominio austrohúngaro para sumarla al joven Estado serbio, a la Gran Serbia, como la llaman.

La célula terrorista que va a atentar contra la vida del archiduque está compuesta por seis individuos que se han situado a lo largo del itinerario oficial, confundidos entre la gente que aguarda el paso del cortejo. Todos son menores de veinte años para que, conforme a la ley, no puedan condenarlos a muerte si los capturan. No obstante, van provistos de sendas ampollas de cianuro por si algo sale mal y optan por suicidarse antes de caer en manos del enemigo.

La comitiva archiducal avanza a velocidad moderada. Francisco Fernando y su esposa sonríen y corresponden con saludos a las aclamaciones.

El primer terrorista, Muhamed Mehmedbašić, apostado en la terraza del café Mostar, deja pasar el convoy («No conseguí un buen ángulo de tiro para lanzar mi bomba», declararía en los interrogatorios). Tampoco reacciona a tiempo el segundo terrorista, Vaso Čubrilović. Un centenar de metros más allá, el tercer terrorista, Nedeljko Čabrinović, arroja una granada que rebota en la capota abierta del coche archiducal, cae al suelo, rueda por el empedrado y va a estallar bajo el siguiente vehículo hiriendo a dos de sus ocupantes, el conde Boosvaldeck y el coronel Morizzi. Fallada su alta misión patriótica, el joven terrorista intenta inmolarse antes de que la policía lo detenga. Muerde la ampolla de cianuro y se lanza de cabeza al río.

Está visto que no es su día. Ni ha matado a los archiduques ni se ha matado él. El veneno estaba caducado y el río apenas lleva agua debido al estiaje. La policía captura al frustrado magnicida.

La bomba ha sembrado la alarma. La comitiva imperial realiza el resto del camino a gran velocidad, lo que frustra la actuación de los otros tres terroristas, Cvjetko Popović, Gavrilo Princip y Trifun Grabež.

El segundo acto de la tragedia que ensombrecerá el porvenir de Europa se celebra en el salón augusto del palacio municipal panelado de maderas nobles, decorado con efigies de antiguos héroes, iluminado por pesadas lámparas de cristal de Murano y tapizado de terciopelos y espesas cortinas de damasco. Al consternado alcalde de Sarajevo no le ha dado tiempo a modificar el discurso de bienvenida. Cuando alude, con voz quebrada, a «la calurosa acogida que Sarajevo brinda a sus príncipes», el archiduque comenta sarcásticamente:

—Muy calurosa, sin duda. Venimos en visita de amistad y nos recibís con bombas.

Sofía aprieta la mano de su esposo y le susurra algo al oído: «Calma, querido».

Finaliza la ceremonia. El archiduque se interesa por los heridos. Los están atendiendo en el hospital. Antes de abandonar la ciudad quiere visitarlos. El barón Morsey expresa sus temores: podría haber más terroristas encubiertos.

—¿Cree usted que Sarajevo está llena de asesinos? —le replica el general Oskar Potiorek, gobernador de la provincia—. Yo garantizo la seguridad del príncipe.

El archiduque insiste en visitar a los heridos.

—Evitemos el centro —sugiere Potiorek. Y le indica al conductor que tome la calzada que discurre junto al muelle Appel.

A la altura de la calle Gebel, junto al puente latino, el chófer se equivoca de dirección. Da marcha atrás para corregir el error y en ese momento uno de los terroristas, Gavrilo Princip, que sale de comprar un bocadillo en la tienda de ultramarinos Schiller, siente que Dios lo ha venido a ver: el odiado archiduque al alcance de sus balas.

El joven terrorista no se lo piensa dos veces: empuña su pistola semiautomática Browning modelo 1910 7,65 mm de fabricación belga y se aproxima al coche. Lojka, el chófer, ve la pistola e intenta acelerar. Demasiado tarde. Dos disparos realizados a apenas metro y medio de distancia alcanzan al archiduque en la yugular y a la duquesa en la aorta descendente a la altura del abdomen. Un tercer disparo deja un agujero en el chasis del vehículo.

La policía detiene al asesino, que ingiere su cianuro caducado con los insuficientes resultados que conocemos.

A toda velocidad conducen a los heridos al edificio del gobierno.

—¡No es nada, no es nada! —dice el archiduque, ignorante de la gravedad de su herida.

De su cuello brota un surtidor de sangre que hay que taponar urgentemente, pero los que lo asisten pierden unos momentos preciosos abriéndole la casaca que lleva sujeta con hilvanes (es tan coqueto que se la hace coser para que se le ajuste a la perfección en los actos oficiales). Mortalmente pálido, el archiduque murmura: «¡Sofía!, ¡Sofía! No te mueras..., vive para nuestros hijos». Pero Sofía fallece antes de llegar al palacio del gobierno.

Francisco Fernando, el heredero del glorioso Imperio austrohúngaro, el personaje cuyo principal mérito estriba en haber cazado más de cinco mil ciervos a lo largo de su laboriosa vida, se estremece en un prolongado estertor y muere.

Un telegrama traslada la noticia al anciano Francisco José:

—¡Es horrible! —exclama—. ¡Ningún dolor se me va a ahorrar en este mundo!

No será para tanto. Francisco José no simpatizaba especialmente con su sobrino ni con la duquesa Sofía, a la que consideraba una advenediza. Lo que más siente es el trastorno que la súbita desaparición del heredero acarrea a la dinastía.

La noticia se divulga rápidamente gracias a ese novedoso invento del teléfono.

Una prueba más, piensan muchos, de que algún maleficio se cierne sobre la familia imperial. A la emperatriz Isabel la asesinó años atrás un anarquista;[5] su único hijo varón y heredero del

5. La emperatriz Isabel no es otra que Sissi, a la que la hermosísima Romy Schneider representó en una serie de edulcoradas películas en los años cincuenta. Esta muerte, para qué nos vamos a engañar, no debió de afectar demasiado al consolable viudo, ya que las relaciones entre ellos nunca fueron muy buenas: la chica era bella y culta, pero también excéntrica, depresiva y anoréxica. Desentendida de sus obligaciones cortesanas, prefería dedicarse a la equitación, a la gimnasia, al ayuno y a los viajes. En

trono, el archiduque Rodolfo, se suicidó con su amante en el pabellón de caza de Mayerling (un suceso bastante misterioso y nunca del todo aclarado); el siguiente heredero en la línea sucesoria, Carlos Luis, hermano del emperador, falleció de disentería en Tierra Santa después de beber devotamente agua del contaminado Jordán en el presunto lugar del bautismo de Jesús; a Maximiliano, emperador de México y también hermano de Francisco José, lo habían fusilado los insurgentes...

En fin, un catálogo de desgracias. Y ahora esto.

El anciano emperador de las pobladas patillas convoca a su edecán, suspende el veraneo y ordena que la corte regrese a Viena. Así lo narra Stefan Zweig:

> En el parque de Viena, la música se detuvo de repente en mitad de un compás. No sabía qué pieza estaba tocando la banda en aquel momento, sólo noté que la melodía había cesado de golpe. Instintivamente, levanté los ojos del libro. La multitud, que como una sola masa de colores claros paseaba entre los árboles, también daba la impresión de que había sufrido un cambio: de repente había detenido sus evoluciones. Algo debía de haber pasado. Me levanté y vi que los músicos abandonaban el quiosco de la orquesta. También eso era extraño, pues el concierto solía durar una hora o más. Algo debía de haber causado aquella brusca interrupción; mientras me acercaba, observé que la gente se agolpaba en agitados grupos ante el quiosco de música, alrededor de un comunicado que acababan de colgar: su alteza imperial, el heredero del trono, y su esposa, que habían ido a Bosnia para asistir a unas maniobras militares, habían caído víctimas de un vil atentado político [...] dos horas después no se veía ninguna muestra de aflicción. La

---

uno de ellos, junto al lago de Ginebra, se topó con el albañil anarquista que la apuñaló con una lima afilada sin saber siquiera quién era: «Sólo quería matar a una persona que vivía en una felicidad insolente», declaró. La emperatriz se había hecho tatuar un ancla en el hombro, una chaladura que en su tiempo era propia de marineros y de presidiarios. Si el lector quiere indagar sobre la vida de esta interesante mujer, le aconsejo que lea la excelente y bien documentada biografía de Ángeles Caso, *Elisabeth, emperatriz de Austria-Hungría o el hada maldita*, Planeta, Barcelona, 1993.

gente charlaba y reñía y por la noche la música volvió a sonar en todos los locales.[6]

Se van aclarando detalles del atentado. Han sido nacionalistas proserbios.

¡Los nacionalismos, la peste del siglo XX (y del XXI)!

1900. La sociedad próspera, alegre y confiada que pensaba que las guerras eran cosa del pasado.

6. Zweig, 2002, p. 103.

CAPÍTULO 2

La calma que precede a la tormenta

En París, el presidente Poincaré sigue aplicadamente la tercera carrera del Grand Prix. Un ayudante lamenta interrumpir y le tiende una nota urgente. *Monsieur le président* desdobla mecánicamente el papel sin dejar de prestar atención a la carrera. Baja su mirada a las dos líneas escritas y palidece: han asesinado al heredero de Austria-Hungría.

La novedad se extiende por los graderíos.

—Han matado al archiduque de Austria-Hungría.

La gente lo comenta un poco, sin concederle demasiada importancia, antes de enfrascarse nuevamente en la carrera.

En Alemania se toman la noticia más en serio. El almirante Von Müller, jefe del gabinete naval alemán, aborda el yate imperial para comunicar el magnicidio a Guillermo II. El káiser tuerce el gesto y ordena poner rumbo a tierra.

El telégrafo difunde la noticia del asesinato por las redacciones de los periódicos de todo el mundo.

En los días siguientes se van conociendo más datos sobre el atentado (es verano y los periódicos no tienen muchas noticias). Hábilmente interrogados por la policía, los terroristas han cantado lo que saben. No es mucho, porque las personas que los dirigieron se cuidaron de ocultar su identidad.[7] Gavrilo Princip,

7. Hoy sabemos que los armó y entrenó el comandante Vojislav Tankosić, hombre de confianza del jefe de espionaje serbio Dragutin

el asesino, es un desgraciado sin oficio ni beneficio, hijo de un cartero rural. Por lo visto quiso enrolarse en el ejército serbio, pero lo rechazaron porque no daba la talla ni el peso. Entonces se unió a la organización terrorista de la Mano Negra. No se arrepiente de su hazaña; más bien se enorgullece. Ya ha encontrado su lugar en la historia. «Que me claven en una cruz y me quemen vivo —dice—. Mi cuerpo ardiendo será una antorcha que guíe a mi pueblo por el camino de la libertad.» O sea: un iluminado, un pirado.

En Valparaíso, la finca de recreo del obispo de Jaén, el canónigo lectoral de la santa iglesia catedral, don Cristino Morrondo Rodríguez, se ha sentado en un banco de azulejos con su sobrino, don Justo Morrondo Pérez, segundo secretario de la embajada española en Berlín, que está de vacaciones y ha venido a traerle las óperas de Wagner en discos para gramófono.

Don Cristino es un cincuentón de anchas espaldas y cabellera espesa que corta a cepillo, con una tonsura esmeradamente recortada del tamaño de un duro de plata. Su sobrino, por el contrario, es lampiño y espigado. Le sale a su madre, una dama de la aristocracia local. El *ABC* trae la noticia del atentado y reproduce una fotografía tomada al archiduque y a su esposa cuando salían del ayuntamiento de Sarajevo, minutos antes de la tragedia.

—Han sido los serbios, tío, no me cabe duda —comenta don Justo—. Como todo país joven, Serbia tiene grandes ambiciones. Recientemente ha duplicado su territorio, pero no le basta. Ambiciona Croacia, que le facilita una salida al mar Adriático.

—No sé mucho de Serbia —confiesa el canónigo.

—Es como la tercera parte de España, en el centro de la pe-

Dimitrijević, y que el espía Rade Malobabić los introdujo en Bosnia a través de un túnel por el que los agentes serbios infiltraban espías. En el gobierno serbio había especial interés por eliminar a Francisco Fernando porque era un hombre de talante liberal, partidario de conceder una federación abierta a los distintos pueblos que integraban el imperio. Los terroristas bosnios deseaban abortar cualquier acuerdo que impidiera la incorporación de Bosnia a la Gran Serbia.

nínsula de los Balcanes, frente a la bota italiana. Los pobladores de esas tierras eran cristianos sometidos al Imperio turco. Hace treinta y tantos años se rebelaron y echaron a los turcos.

—¿Como nosotros hicimos con los moros?

—Algo así, tío. Y también ellos fundaron unos cuantos reinos. Serbia, que es el más poderoso, reclama la provincia de Bosnia-Herzegovina que el Imperio austrohúngaro se anexionó.[8]

—¿Y los bosnios qué dicen?

—La mayoría está de acuerdo. Cuatro de cada cinco son de raza eslava, que es la de los serbios, y prefieren pertenecer a Serbia antes que al Imperio austrohúngaro, donde predomina la raza germánica.[9]

—Un lío.

—Un polvorín, más bien, tío. Mientras los turcos dominaron los Balcanes, aquello se mantuvo más o menos en calma porque al que piaba le retorcían el pescuezo, pero, ahora que se han ido, toda la península es un avispero. Tampoco ayuda el hecho de que Rusia y Austria se disputen ese territorio. Rusia se ha postulado defensora de la raza eslava, y Austria de la germánica. Serbia, cada día más crecida, le resulta a Austria como un grano en el culo, si me permites la vulgar expresión.

8. La Conferencia de Berlín, en 1878, declaró a Serbia país independiente (antes había sido principado autónomo bajo soberanía turca) y cedió a Austria la administración de Bosnia-Herzegovina, que seguía siendo nominalmente turca.

9. En realidad, el Imperio austrohúngaro agrupaba a muy distintos pueblos: austriacos, húngaros, polacos, checos, eslovenos, serbios, croatas, gitanos..., incluso italianos. En total, 52 millones de personas, de los que la mitad eran de raza y habla germanas, la predominante en Austria; y la mitad del resto, de raza magiar, la predominante en el otro socio del imperio, Hungría, que tenía su gobierno autónomo desde 1867, pero mantenía ciertas instituciones comunes con Austria. Francisco José era emperador de Austria y rey de Hungría, como queda dicho. El creciente nacionalismo, que identificaba idioma con nacionalidad y cultura, se había convertido en un elemento perturbador. La guerra acarreó la disolución del imperio y la formación de media docena de nuevos países, como en su momento se verá.

—Vulgar es —reconoce Morrondo, riendo—, pero muy demostrativa. No hablaréis así en las cancillerías, ¿eh?

—No, tío. Eso es lo malo. Si habláramos así, a lo mejor nos entendíamos.

—Y en esa competencia por los Balcanes, ¿quién es más fuerte, Rusia o Austria?

—En fuerza quizá gane Rusia, aunque está bastante atrasada, pero también ocurre que, en caso de llegar a las manos, ninguna de las dos está sola.

—¿Cómo? —se sorprende el canónigo—. ¿Es que hay más?

—Bastante más, tío. Austria es amiga de Alemania, que es, hoy por hoy, la potencia más fuerte de Europa. Y Rusia es amiga de Francia y de Inglaterra. Las tres juntas han formado una sociedad, la Triple Entente.[10]

—¿Para defenderse de Alemania?

—¿De quién si no? Fíjate si los temen a los alemanes que para hacer causa común han aparcado su tradicional enemistad, porque Francia e Inglaterra nunca han sido amigas.

—Inglaterra les quemó a los franceses a la beata Juana de Arco —apostilla el canónigo.

—Pues ahora editan postales patrióticas en las que se abrazan dos soldados, inglés y francés, desde las dos orillas del canal de la Mancha, y al fondo se ve a Juana de Arco. Tan amigos.

—¿Y Alemania qué dice? —inquiere el canónigo.

—Alemania se ve rodeada de potenciales enemigos, Inglaterra y Francia por el oeste y Rusia por el este. También ella ha formado una sociedad, la Triple Alianza, que agrupa a Alemania, Austria-Hungría e Italia.

—O sea, que Europa está dividida en dos bloques.

—Más o menos. Unos y otros llevan años preparándose para

10. La Triple Entente es el resultado de varios tratados bilaterales: la alianza franco-rusa de 1893, la Entente Cordiale (o «entendimiento cordial») franco-británica de 1903 y el acuerdo anglo-ruso de 1907. Las ententes no eran alianzas militares formales, pero se les parecían bastante. Y todas ellas apuntaban a una defensa común frente a Alemania.

una eventual guerra. Las fábricas de armamento trabajan sin descanso. A esa locura la llamamos los diplomáticos la «Paz armada».

—Una barbaridad, ¿no? ¿No se puede quedar cada uno en su casa, tan tranquilo, administrando lo suyo?

—No es tan fácil, tío. El problema es que cada parte ambiciona lo del otro, en especial Alemania, que es la más fuerte y piensa que no está ocupando el lugar de importancia que merece.

—Me extraña, con lo laboriosos que son los alemanes. ¿Cómo ocurrió eso?

—Es que Alemania es muy reciente, tío. Hasta hace poco los alemanes estuvieron repartidos en un mosaico de 38 Estados diminutos (principados, condados, reinecillos y repúblicas) que integraban el antiguo Sacro Imperio romano germánico. Cuando Napoleón abolió el imperio, en 1806, se agruparon en la confederación alemana (Deutscher Bund). De este club los miembros más importantes eran Austria, Prusia, Hanóver, Sajonia, Frankfurt y Brunswick, pero al final fue Prusia la que se llevó el gato al agua, se proclamó imperio (en 1871) y unió a los distintos Estados de habla alemana en una sola nación. Sólo quedó fuera Austria, que ahora es, en realidad, una monarquía dual, formada por la propia Austria y por Hungría.

—Ya veo, ya.

—De la noche a la mañana, Alemania, regida por los prusianos, se incorporó al club de las grandes naciones. Como el alumno tardío pero muy motivado que es capaz de aprobar dos cursos en uno, el alemán, orgulloso de su nación recién estrenada, se aplicó al trabajo, imparable, y pronto se puso a la cabeza de los países industriales.

—Eso es cierto. El periódico *La Regeneración* cada vez trae más noticias de productos alemanes —conviene el canónigo.

—Alemania fabrica más y mejor que nadie, tío. Hace tiempo que superó a Francia y ahora compite con Inglaterra y Estados Unidos.

—No hay quien frene a esos alemanes —comenta don Cristino Morrondo—. ¡Lástima que la mayoría sean protestantes!

—Tienen una debilidad como gran potencia que los atormenta y los humilla —prosigue el sobrino—, y es la falta de un imperio colonial decente. Cuando empezaron a pintar algo en la escena internacional, la tierra ya estaba repartida, pero ellos no se resignan. Tal como funciona el mundo hoy, si no tienes colonias, no creces. Las grandes potencias industriales necesitan colonias que les proporcionen materias primas baratas y, al mismo tiempo, mercados protegidos en los que vender los productos que fabrican. Pero los mejores mercados están en manos de los imperios coloniales más antiguos, en particular en manos de Inglaterra.

—¡Inglaterra!

—Ahí donde la ves, una islita apenas mayor que Portugal, domina la cuarta parte del mundo habitable.

—¿Y los alemanes? ¿No les pueden arrebatar unas pocas colonias, si tan fuertes son?

—Eso quisieran, pero para llegar a las colonias hay que hacerse a la mar, y los ingleses dominan los mares con una flota a la que no hay quien le tosa.

—¿Y por qué no construyen los alemanes otra flota?

—En eso están, tío. Últimamente se han puesto a construir barcos de guerra con esa avidez que ponen en sus empresas. Hasta han ensanchado el canal de Kiel, lo que permitirá el rápido desplazamiento de su flota de guerra al mar del Norte. Eso ha alarmado al almirantazgo inglés.

—Ya veo que no faltan motivos de fricción —comenta el canónigo.

—Los ingleses no pueden consentir que alguien les moje la oreja en el mar. Sin supremacía naval, podrían perder las colonias, dejarían de ser una gran potencia y quedarían reducidos a lo que son, una isla pobre y superpoblada. No pueden consentir que Alemania construya una flota equiparable a la suya; y si tienen que ir a una guerra por impedirlo, es muy posible que vayan.

—Ya veo que el problema es peliagudo.

—Incluso un poco más de lo que parece, tío. Hay también una enconada enemistad entre Francia y Alemania que tarde o temprano los arrastrará a otra guerra. No sé si recuerdas que, hace cuarenta años, Prusia derrotó a Francia.

—¡No me he de acordar! —exclama don Cristino—: la guerra franco-prusiana.

—Bueno: los alemanes arrebataron a los franceses las regiones de Alsacia y Lorena, sus principales reservas de carbón y acero; y, por si fuera poco, los humillaron escogiendo la galería de los espejos del palacio de Versalles para proclamar al rey de Prusia, Guillermo I, emperador de todos los alemanes.[11] Los franceses no han digerido la humillación de aquella derrota y respiran por la herida. Sueñan con la revancha. Lo primero que enseñan a los párvulos en las escuelas es que Alsacia y Lorena son francesas. *Pour l'Alsace et la Lorraine*. Reivindican esas provincias como los españoles reivindicamos Gibraltar.

—Ya veo que Europa se ha convertido en un barrio de vecinos mal avenidos —comenta Morrondo, preocupado—. Entonces, ¿tú crees que habrá guerra?

—Vaya usted a saber, tío. Hace cuatro años un escritor británico, Norman Angell, publicó un libro, *La grande ilusión*, en el que prueba que una guerra en esta Europa próspera y avanzada no es ya posible.[12]

—He oído hablar de él y creo que es un libro muy tranquilizador —opina Morrondo—: gracias a los adelantos nunca hemos vivido mejor, incluso los obreros...

—No todo el mundo está de acuerdo con las tesis de Angell —objeta el sobrino—. Un alemán, Von Bernhardi, las ha refutado en otro libro titulado *Alemania y la próxima guerra* en el que sostiene que «la guerra es la necesidad biológica de poner en práctica la ley natural sobre la que se basan todas las restantes leyes de la Naturaleza, la ley de la lucha por la existencia. Las

11. La nueva nación alemana sería el Segundo Reich. *Reich* significa «imperio»; el Primer Reich fue el Sacro Imperio romano que abarca desde el siglo x hasta su disolución en 1806; el segundo abarca desde 1871 hasta 1918, con la abdicación del káiser; y el tercero, el nacionalsocialista, abarca desde 1933 hasta 1945, el Reich o «Imperio de los mil años» de Hitler.

12. «Los nuevos factores económicos prueban claramente la locura de las guerras agresivas», afirma Angell. En el siglo xx, las inevitables consecuencias de desastre comercial, ruina financiera y sufrimientos individuales provocadas por una guerra eran tan evidentes que la hacían completamente inconcebible.

Bigotazos y botas relucientes

Francisco José.

Willy y Nicky.

Ferdinand Foch.

Pétain.

Robert Nivelle.

Von Hindenburg y Ludendorff.

Vladimir Sukhomlinov.

Erich von Falkenhayn.

naciones han de progresar o hundirse, no pueden detenerse en un punto muerto, y Alemania ha de elegir entre ser una potencia mundial o hundirse para siempre».[13]

—Un poco radical me parece, sobrino.

—Bueno, es que el autor es general de caballería. Fue el primero que pasó, al frente de sus tropas, bajo el Arco del Triunfo de París en 1870. Y como él piensan muchos alemanes, no sólo los oficiales prusianos, me temo.

—Que sea lo que Dios quiera. Esta tarde, después del vermú, vamos a orar un poco por el futuro de Europa.

—Falta nos hace, tío.

—¿Orar o el vermú?

13. «Alemania —escribe Von Bernhardi— figura, a efectos sociopolíticos, a la cabeza de todo progreso en la cultura, pero está confinada en unos límites demasiado estrechos y, en consecuencia, poco naturales. No puede alcanzar sus elevados fines morales sin un creciente poder político, una mayor esfera de influencia y nuevos territorios. Este creciente poder político, que será la base de nuestra importancia y que estamos autorizados a reclamar, es una necesidad política y el primer y más importante deber del Estado.» Los títulos de algunos capítulos hablan por sí solos y vienen a representar el pensamiento dominante en las esferas militares y económicas de Alemania: «El derecho a hacer la guerra», «El deber de hacer la guerra» y «Potencia mundial o hundimiento». Otro párrafo del libro merece enmarcarse: «Es completamente inconcebible que Alemania y Francia puedan negociar sus problemas. Francia debe ser aniquilada de tal modo que nunca pueda cruzarse en nuestro camino. Francia debe ser aniquilada de una vez como potencia mundial». (Extraigo estas citas de Tuchman, 2012.) Un alemán lúcido, Sebastian Haffner, analiza el móvil político que subyace en esta determinación: «Dentro de Europa reinaba el equilibrio y fuera de Europa reinaba Inglaterra. Pero los alemanes querían que fuera de Europa reinara el equilibrio y dentro de Europa reinara Alemania» (Haffner, 1966).

CAPÍTULO 3

Entre todos la mataron y ella sola se murió (la paz, claro)

El ministro de Exteriores austriaco, el conde Leopold Berchtold von und zu Ungarschitz, pasa por ser uno de los hombres más elegantes de Viena: alto, calvo, bien parecido, doñeador afortunado, rico y mundano. Reunido con su subsecretario, el conde Johann Forgách von Ghymes und Gács, en su enorme y abigarrado despacho de la *Ballhausplatz*, la cancillería imperial, aguarda a que el ujier sirva el café en tazas Goldscheider.

—¿Desea algo más, excelencia?

El ministro despide al ujier con un casi imperceptible gesto. Aguarda a que se cierre la puerta y bebe un sorbo del amargo brebaje antes de declarar:

—He nombrado un investigador especial y le he encomendado que encuentre algo.

—¿Algo? —inquiere el subsecretario.

—Una prueba de la implicación de Serbia en el asesinato.

El subsecretario guarda silencio mientras procesa lo que acaba de oír.

—Temo que el emperador no se muestre demasiado entusiasta con esa idea —prosigue el ministro—, pero es lo más conveniente para los intereses de la nación. —Un nuevo sorbo de café. El ministro cierra los ojos en señal de aprobación y añade mientras deposita la taza en el platillo—: Se nos está haciendo viejo. Ya no tiene la energía de antes.

El subsecretario dirige su mirada a la gran foto de Francisco

José, el rostro de expresión bondadosa orlado de pobladas y blancas patillas que preside la sala.

—Si el káiser nos apoya, el emperador no tendrá inconveniente —prosigue el ministro.

—¿Y el káiser nos apoya?

—Ya nos ha apoyado. Hemos recibido su respuesta: Alemania respaldará a Austria-Hungría. Mira cómo termina. —Le tiende la misiva. El subsecretario lee:

—«La solución adecuada es proceder contra Serbia inmediatamente.»

En realidad no son las palabras exactas del káiser. Las ha añadido por su cuenta el canciller de Alemania Von Bethmann-Hollweg antes de entregar el documento al embajador de Austria en Berlín, pero el efecto es el mismo.

O sea: Alemania le concede a Austria-Hungría un cheque en blanco. Procedan con la guerra, que nosotros los respaldamos, vienen a decir.

Envalentonados con el respaldo de Alemania, los austriacos están impacientes por declarar la guerra a Serbia. No obstante, la diplomacia exige que se guarden las formas. Que parezca que no nos dejan otra salida. El ministro y su subsecretario redactan un ultimátum que Serbia seguramente encontrará inaceptable.

—¿Cuándo lo entregamos? —inquiere el subsecretario.

—El presidente de Francia está en Rusia, en visita oficial —reflexiona Berchtold—. Aguardemos a que abandone Rusia.

En San Petersburgo, la capital de Rusia, han agasajado y vitoreado con entusiasmo al presidente de Francia. Francia sabe que tarde o temprano se las verá con Alemania; por lo tanto, le interesa estar en los mejores términos con Rusia. Está financiando su naciente industria e incluso le está construyendo algunas líneas de ferrocarril que, en la eventualidad de una guerra, agilizarán el traslado de tropas y pertrechos.[14]

14. La incidencia del ferrocarril en la guerra era fundamental, pues permitía el rápido traslado de tropas y pertrechos. En Alemania, la administración de los ferrocarriles dependía directamente del ejército. Muchas líneas férreas se tendieron teniendo en cuenta razones estratégicas más

Los rusos han tirado la casa por la ventana para recibir al francés. Incluso la banda de música imperial ha interpretado *La Marsellesa*, un himno proscrito en Rusia por revolucionario.[15]

Los revolucionarios son el problema de Rusia que se encona de día en día y no deja de crecer desde que los campesinos empezaron a emigrar masivamente a la ciudad para engrosar un proletariado urbano mal instalado y remunerado con salarios de hambre.

En San Petersburgo y otras grandes ciudades menudean las huelgas obreras y las manifestaciones. La policía del zar no se cohíbe y las reprime a sablazos y a tiros (recuerden el Domingo Sangriento).[16]

23 de julio de 1914. Austria envía su ultimátum a Belgrado, la capital de Serbia. Gracias a ese invento prodigioso, el telégrafo, que acorta tiempos y distancias, el texto circula casi inmediatamente por todas las cancillerías europeas.

Los diplomáticos europeos cursan apuestas. ¿Aceptará la orgullosa Serbia el humillante ultimátum de Austria? No es probable. En ese caso, ¿estaremos en los albores de un conflicto armado?

En San Petersburgo, el consejo de ministros discute la situación. Si Austria-Hungría declara la guerra a Serbia, ¿qué actitud debemos adoptar? ¿Entramos en guerra para ayudar a nuestros hermanos eslavos del sur?

—Rusia siempre ha apoyado a Serbia —señala un minis-

---

que económicas. En 1900, Alemania podía enviar seiscientos cincuenta trenes diarios a la frontera francesa, mientras que Rusia sólo podía enviar doscientos a su frontera. En 1914, gracias a la ayuda de Francia, la capacidad rusa había crecido a trescientos sesenta trenes.

15. En cuanto el ilustre huésped y su séquito embarcan para regresar a París, en el lujoso transatlántico *France*, orgullo de la industria naval francesa, el himno vuelve a estar prohibido, naturalmente.

16. El 22 de enero de 1905, la policía zarista dispersó una protesta pacífica con fuego de ametralladora, causando varios centenares de muertos. Recuerden en *Doctor Zhivago* a Tom Courtenay que viene herido y es curado por la bellísima Julie Christie.

tro—. Los nuevos Estados de los Balcanes son de mayoría eslava, hermanos nuestros. Debemos defenderlos de las ambiciones austriacas.

—Si ayudamos a Serbia contra Austria, es casi seguro que Alemania entrará en liza —objeta otro ministro—. Tendremos que enfrentarnos a los alemanes. ¿Podremos vencer a Alemania?

—Los generales están seguros de que podemos vencerla, siempre que movilicemos inmediatamente a la tropa —interviene un tercero—. El tiempo es un factor decisivo. Los alemanes pueden movilizarse en sólo dos semanas, pero nosotros tardaremos por lo menos seis, si no más. Debido a las enormes distancias, y a las anquilosadas comunicaciones, ¿por qué no admitirlo?, tardamos más que ningún otro país en movilizar al ejército.

Tras una larga deliberación, el consejo de ministros ruso acuerda la movilización de trece cuerpos de ejército. Es sólo una medida preventiva, prudente, por lo que pudiera venir. Lo malo es que otros países imitan a Rusia y decretan movilizaciones preventivas; y cuando toda esa maquinaria militar se pone en marcha, cuesta detenerla. Y conduce a la guerra.

Los Estados Mayores alertan a las tropas ante el supuesto de una próxima guerra que nadie o casi nadie desea (al menos, no algunos de los posibles actores).

La escalada militar prosigue. Serbia, que ha movilizado parcialmente a su ejército, acepta el ultimátum de Austria, excepto su última condición: permitir la actuación de la policía austriaca en territorio serbio para perseguir a los inspiradores del atentado. «Aceptar tal demanda sería una violación de nuestra Constitución y del procedimiento penal —advierte Serbia—. No podemos aceptar tan flagrante violación de nuestra soberanía.»

O sea: Serbia no acepta el ultimátum en todos sus puntos.

Ya tiene Austria el pretexto que buscaba para atacarla; pero Francisco José, el anciano emperador, no termina de decidirse. Sus ministros Berchtold y Forgách, los dos barones belicistas, presionan.

—Majestad, en realidad la guerra ha comenzado ya —le dicen—. Los serbios disparan contra nuestras tropas en la frontera del Danubio.

Francisco José accede por fin. Los barones telegrafían a Belgrado: «Puesto que el gobierno de Serbia no ha respondido satisfactoriamente al ultimátum, Austria-Hungría se ve en la obligación de salvaguardar por sí misma sus sagrados derechos».

El 28 de julio (al mes justo del asesinato del archiduque), Austria le declara la guerra a Serbia. El anuncio desata el entusiasmo popular en Viena.

Austria moviliza a su ejército. Serbia hace lo propio. Alemania decreta una movilización parcial y alerta a su flota; Inglaterra moviliza a la suya. Hostilidades en la frontera. El gran duque Nicolás Nikoláyevich, tío del zar, apremia a su sobrino: «La guerra es ya inevitable. Decretemos la movilización general».

Parece que Rusia se mueve. Por fin veremos trabajar al ministro de la Guerra, el general Vladimir Sukhomlinov, un anciano vivales que presume de no haber leído ni un manual militar desde que salió de la academia. Ha vivido de las rentas desde que, en 1877, destacó en la guerra contra los turcos.

A Sukhomlinov no le preocupa que el ejército a su mando sea el más atrasado de Europa. Su único afán es contentar a su atractiva mujer, treinta años más joven.

Otro personaje al que tampoco entusiasman la guerra ni el trabajo es el zar Nicolás, un hombre débil, de espíritu burgués, casero, que lo único que quiere es vivir apaciblemente con su adorable esposa, sus cuatro hijas y su hijo Alexis, el benjamín y heredero de la corona, guapo y hemofílico.

El zar cede a las presiones de los militares y firma la movilización general. En su corazón lamenta tener que declarar la guerra a su querido primo Willy (o sea, el káiser), pero si no hay más remedio...

Un correo trae la noticia: el bueno de Willy está movilizando a sus tropas.[17]

17. El káiser del Imperio alemán y el zar ruso (dos tratamientos que descienden del romano césar) se llaman familiarmente, en su correspondencia, «querido Nicky» y «querido Willy»; pero la zarina, que tiene dominado al débil Nicolás, detesta a Guillermo casi tanto como lo hace la reina madre inglesa, Alejandra, que es danesa de nacimiento y nunca ha

Los generales se alarman y el zar (que es Nicky para el primo Willy) se ve en la tesitura de llamar a filas al resto de sus reservistas. Seis millones de soldados nada menos. Sin fusiles para todos, por cierto, dada la imprevisión del ministro Sukhomlinov.

La guerra entre el Imperio austriaco y Serbia es ya inevitable, pero quizá estemos todavía a tiempo de evitar la extensión del conflicto, piensan algunos diplomáticos europeos.

Inglaterra propone celebrar un congreso europeo que reconduzca la situación antes de que sea demasiado tarde.

Alemania rechaza la idea. Natural: a los prusianos les gusta más un tiroteo que comer con los dedos.

Los consejeros militares del káiser no han calculado que Inglaterra pueda entrar en la guerra,[18] pero, ya en caliente, tampoco parece que les importe demasiado. Con esa suficiencia tan suya, dan la guerra por ganada.

1 de agosto. Alemania y Francia decretan la movilización general. Júbilo en las ciudades y en los pueblos. Alemanes y franceses, dispuestos a apalearse gustosamente. La buena vecindad es lo que tiene, que la gente comparte ilusiones.

El telégrafo difunde la noticia: los austriacos están cañoneando Belgrado, la capital serbia.

Ya empezó el tomate. Los embajadores hacen las maletas a toda prisa. Gente correctísima y esmeradamente educada, guardan las formas y se despiden de los colegas con cortesía. Mientras le sirven el té en un servicio de plata, Jules Cambon, embajador francés en Berlín, confía a Gottlieb von Jagow, ministro de Exteriores alemán:

—¡Qué desgracia, *mon cher ami*, que a cada generación le corresponda fatalmente una guerra mortífera!

Asiente el alemán con un suspiro de resignación. Los amigos están a punto de convertirse en adversarios.

---

perdonado a Alemania que rapiñara a su país los ducados de Schleswig-Holstein.

18. El embajador alemán en Londres había telegrafiado al káiser: «Si estalla la guerra, sé positivamente que tendremos a Inglaterra contra nosotros».

En Viena, el conde Berchtold dice adiós a los embajadores inglés y francés:

—No sé cuándo podré regresar a mis lugares queridos de París y Londres. *Quel dommage!*

Con el embajador ruso se muestra igualmente abrumado:

—Creo que todo esto ha sido fruto de un gigantesco malentendido.

Va a comenzar una guerra que aparentemente nadie deseaba. Ya pasaron los tiempos en que las guerras y las paces dependían de la voluntad de los reyes. Ahora se ventilan intereses más amplios, los de los dueños del dinero que lo mantiene todo, y en ese terreno rige la ley de la jungla: el más fuerte se comerá al más débil.

En la tertulia de la barbería El Siglo (fundada el 2 de enero de 1900, lo que justifica el nombre), en la del Ateneo madrileño y en las de tantos cafés de España no terminan de creerse que los reales primos de Europa, que hasta ayer aparecían tan amistosos en las revistas ilustradas, vayan a liarse a tiros por querellas de lindes. Algunos contertulios más enterados sacan a relucir los recelos mutuos y las pequeñas rencillas familiares de las emparentadas casas reales europeas.

En las cancillerías nadie pierde la compostura. Lamentan la guerra que se avecina, pero nadie mueve un dedo por detenerla. Ni gobiernos ni cuerpo diplomático. Total, los verdaderos responsables de la guerra no van a morir en ella ni van a padecer el hambre y la miseria que acarreará. El pueblo, el que va a pagar los platos rotos, celebra ruidosamente con música, cerveza y vino el comienzo de la aventura.

En Berlín, en Viena, en París, en Londres, multitudes de patriotas enfervorizados se echan a la calle con banderas y pancartas para celebrar la guerra... En París, funcionarios, obreros y modistillas desfilan por las calles cantando *C'est l'Alsace et la Lorraine, c'est l'Alsace qu'il nous faut, oh, oh, oh, oh!* En Berlín, todo el mundo se muestra encantado, incluso los intelectuales, de los que cabría esperar cierta cordura. La guerra «hará más libre y mejor a la cultura alemana», asevera el escritor Thomas Mann.[19]

19. «El país más rico de Europa era, a su vez, el más insatisfecho; el

Se dispara el consumo de cerveza, de whisky, de vino. Otra ronda, que la pago yo. Todos creen que va a ser un paseo militar, que esto está chupado, que no hay más que alargar la mano y alcanzar la victoria: una aventura corta para que nuestros muchachos se desfoguen y para Navidad en casa, desmovilizados, a contarles batallitas a los sobrinos y a pavonearse con las condecoraciones. Ellas se estremecen de placer sólo de pensarlo: mi Hans, mi Tom, mi Paul, lo guapo que va a estar de uniforme.

> El pequeño funcionario de correos que solía clasificar cartas de la mañana a la noche, de lunes a viernes, sin interrupción; el oficinista, el zapatero, a todos ellos de repente se les abría en sus vidas otra posibilidad, más romántica: podían llegar a héroes; y las mujeres homenajeaban ya a todo aquel que llevara uniforme, y los que se quedaban en casa los saludaban respetuosos de antemano con este romántico nombre [...] las futuras víctimas iban alegres y embriagadas al matadero, coronadas de flores y con hojas de encina en los yelmos, y las calles retronaban y resplandecían como si se tratara de una fiesta.[20]

Me miren la foto de una de esas manifestaciones, la celebrada en Múnich el 2 de agosto de 1914. ¿A qué personaje sobradamente conocido distinguen en el circulito? En efecto: Adolf Hitler, un muchacho que ha alcanzado los veinticinco años sin oficio ni beneficio, notable mérito cuando uno nace en el seno de un pueblo tan laborioso como el austriaco. En su descargo hay que señalar que habría sido un aventajado alumno de la escuela de Bellas Artes de Viena, de no haber suspendido reiteradamente en las pruebas de ingreso. Aquí lo tienen, encantado de que su

---

más fuerte, el más inestable. La Alemania guillermina cambió en su fuero interno esa cita del *Fausto* que dice "Es verdad que ya sé mucho, pero quisiera saberlo todo" por "Es verdad que poseo mucho, pero quisiera poseerlo todo"» (Haffner, 2006). Thomas Mann, típico representante de la intelectualidad alemana, está convencido de que Francia representa una civilización pervertida y decadente, mientras que Alemania encarna la energía y el heroísmo del hombre nuevo llamado a dominar el mundo.

20. Zweig, 2002, p. 107.

El cabo Hitler

Hitler en la manifestación que jalea el comienzo de la guerra. Múnich, 2 de agosto de 1914.

El cabo Hitler con sus camaradas de armas.

país entre en guerra. Pasado mañana mismo se alistará en la oficina de reclutamiento.[21]

La juventud de Europa se ofrece entusiasmada, la cabeza llena de ideas románticas, para esta guerra breve y gloriosa.

> Cuando fuimos a la Comandancia del distrito para alistarnos, éramos todavía una clase de veinte alumnos jóvenes que, con cierto orgullo, fueron a afeitarse juntos —algunos lo hacían por primera vez— antes de pisar las losas del cuartel. No teníamos planes para el porvenir; y eran escasos, entre nosotros, aquellos a quienes algunas ideas definidas sobre su carrera o profesión pudieran orientarles la existencia. En cambio, rebosábamos ideas vaporosas que daban a la vista, e incluso a la guerra, un matiz idealizado y casi romántico.
>
> Aprendimos la instrucción militar en diez semanas y, en tan poco tiempo, nos transformamos más radicalmente que en diez años de colegio. Supimos que un botón reluciente es más importante que cuatro tomos de Schopenhauer. Al principio, sorprendidos; después, indignados; por fin, indiferentes, constatamos que lo importante no parecía ser el espíritu sino el cepillo para las botas, no el pensamiento sino el sistema, no la libertad sino la rutina. Nos habíamos alistado llenos de entusiasmo y buena voluntad y, sin embargo, se hizo todo lo posible para que nos hartáramos. Transcurridas tres semanas, ya no nos parecía inconcebible que un ex cartero con galones tuviera más poder sobre nosotros que el que

21. Existe cierta controversia sobre si esta foto es auténtica. La tomó el fotógrafo muniqués Heinrich Hoffmann (que luego sería amigo de Hitler) en la Odeonsplatz, donde la multitud se había reunido para jalear la guerra. Resulta algo sospechoso que Hoffmann la rescatara de su archivo precisamente durante unas reñidas elecciones en las que los adversarios políticos le reprochaban a Hitler que rehuyera hacer el servicio militar cuando le tocó. Se publicó el 12 de marzo de 1931, víspera de las elecciones, en el periódico del partido nazi *Illustrierter Beobachter*. Una de las razones esgrimidas para darla por falsa es que el bigote que luce el joven Hitler es ya el de Charlot, cuando en fotos posteriores, las de la guerra, gasta un bigotazo de amplias guías. Claro que también podría objetarse que éste es su bigote «civil», mientras que el otro es el que se deja crecer, autoritario, en su etapa «militar».

antes tenían nuestros padres y nuestros profesores, y que todos los núcleos de cultura reunidos desde Platón hasta Goethe. Con nuestros jóvenes ojos despiertos veíamos que la noción clásica de patria, enseñada por los maestros, se realizaba allí, por el momento, en un abandono tal de la propia personalidad que nadie se hubiera atrevido a exigírsela al más ínfimo de sus sirvientes. Saludar, cuadrarse, desfilar, presentar armas, dar media vuelta a la derecha, media a la izquierda, golpear con los tacones, aguantar insultos y mil otras estupideces. Habíamos creído que nuestra misión sería muy distinta y nos encontramos con que nos preparaban para el heroísmo como quien adiestra caballos de circo. Sin embargo, nos acostumbramos pronto. Incluso comprendimos que una parte de todo aquello era tan necesaria como superflua la otra. El soldado tiene la nariz muy fina para estas cosas.[22]

¿Cómo sienta la declaración de guerra en Jaén, la pequeña ciudad perdida en el mapa de Europa?

En la barbería El Siglo, a la sombra de la catedral, hay tertulia mañanera, con la fresquita. Los cuatro respetables funcionarios absentistas e industriales que la componen sacan las sillas a la calle para ver pasar a las criadas camino del mercado, contoneándose, las taimadas, para fastidiar a los babosos.

Honorio Cifuentes, el boticario de la calle Álamos, tiene el *ABC* en la mano.

—¡Ya empezó la guerra!

—¡Qué va, hombre! —le replica Tuñón Mendieta, el administrador de correos—. Enseñan los dientes y se queda en nada. Te apuesto un jamón a que dentro de un mes se ha terminado.

—¡Y yo te apuesto el jamón a que habrá guerra y no se acaba antes de Pascuas! —insiste el boticario.

—Yo aparto el jamón —tercia Ramiro, el mesonero de la taberna El Gorrión—. Y el que pierda la apuesta lo paga.

—No se hable más —interviene don Cristino Morrondo, el canónigo—. Y para celebrar, cuando termine la guerra nos lo comemos, que el vino y las rosquillas los pongo yo.

Mendieta perderá la apuesta. La guerra va a durar cuatro

22. Remarque, 1968, pp. 14-15.

años y cuatro meses. Para entonces, el jamón se habrá puesto duro como una piedra y acordarán indultarlo. Hoy se venera en una vitrina de la taberna El Gorrión. Aporto foto en las páginas de color.

La guerra que empieza por un atentado preparado por unos nacionalistas exaltados (el nacionalismo es la ideología de los tontos, pero siempre hay quien saca partido de ella)[23] va a propagarse como caen las fichas de dominó empujándose unas a otras en el juego infantil: Alemania les declara la guerra a Rusia y a Francia; el Reino Unido se la declara a Alemania; Austria-Hungría a Rusia; Japón a Alemania y así sucesivamente: el Imperio otomano a los aliados, Italia al Imperio austrohúngaro (ya en 1915), Bulgaria a los aliados, Portugal a Alemania, Rumanía a Austria-Hungría, Italia a Alemania (en 1916). Finalmente, en 1917, Estados Unidos se unirá a los aliados y China le declarará la guerra a Alemania.[24]

La llamarán la Gran Guerra porque va a ser una guerra des-

23. Consecuencias del romanticismo (como movimiento histórico): nacionalismos, folclorismo, la idealización de la guerra y otros asilos de bobos que terminan generando calamidades colectivas.

24. La cronología de las declaraciones de guerra es la siguiente: Austria a Serbia (28 de julio de 1914); Alemania a Rusia (1 de agosto de 1914); Alemania a Francia y Bélgica (3 de agosto de 1914); Gran Bretaña y Bélgica a Alemania (4 de agosto de 1914); Austria a Rusia (4 de agosto de 1914); Francia y Gran Bretaña a Austria (11 de agosto de 1914); Japón a Alemania (21 de agosto de 1914); Bulgaria a los aliados (5 de octubre de 1915); Portugal a Alemania (3 de marzo de 1916); Rumanía a los imperios centrales (agosto de 1916). Incluso países a los que no les va ni les viene la política europea declararon la guerra: Cuba y Panamá a Alemania (7 de abril de 1917); Brasil (1 de junio de 1917, sin declaración expresa); Siam a Alemania y Austria (22 de julio de 1917); Liberia a Alemania (4 de agosto de 1917); China a Alemania (agosto de 1917); Guatemala a Alemania (abril de 1918); Costa Rica a Alemania (mayo de 1918); Nicaragua a Alemania (mayo de 1918); Haití a Alemania (12 de julio de 1918); Honduras a Alemania (julio de 1918). En total se vieron implicados medio centenar de países.

mesurada, a una escala hasta entonces desconocida, con ejércitos de millones de hombres procedentes de los cinco continentes que caerán a millares cada día. Una guerra total que moviliza todos los recursos de las naciones implicadas (no sólo militares, sino demográficos, industriales, científicos). Una guerra alimentada por las nuevas tecnologías, con pólvora sin humo tres veces más potente que la negra, lo que permite reducir el calibre de las balas y aumenta su alcance, con cañones enormes que consumen montañas de proyectiles; con bombas de fragmentación, con ametralladoras alimentadas por cintas de balas, con el cañón inserto en un depósito de agua que lo refrigera, con lanzallamas y gases venenosos que aseguran una horrible agonía, con enormes cañones montados en las torres móviles de los acorazados; una guerra en la que la muerte puede venir del aire (el avión) e incluso de las profundidades del mar (el submarino). Una guerra para la que las industrias del mundo desarrollado producirán millones de máquinas de muerte que, con su terrible poder, conformarán los engranajes de una gigantesca picadora de carne que se va a alimentar de millones de hombres.

Esta guerra, que hasta antes de ayer nadie creía posible, pero para la que muchos países llevaban lustros preparándose, se revela ahora inevitable: tropas alemanas invaden Bélgica y Francia; tropas francesas y rusas invaden Alemania; tropas austriacas invaden Serbia y Rusia; tropas británicas cruzan el canal en auxilio de belgas y franceses.

Italia, más lista que nadie, se mantiene al margen, expectante: si pierden los austriacos, quizá podamos quedarnos con las tierras fronterizas que les reclamamos (donde vive población de habla italiana); y si pierden los franceses, quizá podamos quedarnos con las tierras que les reclamamos (Niza, Saboya). El *sacro egoísmo*, como reconoce el primer ministro, con todo el morro.

¿Y España? Sí, hombre, para guerras estamos nosotros: hace dieciséis años que los americanos nos humillaron hundiéndonos la escuadra y nos arrebataron lo que quedaba del imperio, Cuba y Filipinas. España no está para guerras: los problemas sociales crecen, el sistema de alternancia de los partidos liberal y conservador hace aguas; el ejército está anquilosado: generales panzones, reclutas famélicos y armas obsoletas. No, a nosotros no se nos ha perdido nada en esa guerra; ¿qué íbamos a sacar de ella, aparte de hacer el ridículo, una vez más? Nada.[25]

Europa antes de la guerra.

25. Este *nada* hay que matizarlo. Los industriales (especialmente los catalanes y los vascos) hicieron un estupendo negocio vendiendo sus productos a las potencias en conflicto. Y los tratantes de caballos, mulos y asnos se hicieron ricos porque la máquina de picar carne de la guerra reclamaba continuamente animales de tiro, algunos legales y la mayoría de contrabando. Por distintos pasos de los Pirineos se produjo una emigración de animales como no se había visto desde la última glaciación.

CAPÍTULO 4

Alemania tiene un plan

Creen los alemanes que la guerra está chupada porque tienen un plan infalible para ganarla en un pispás. En realidad, todos los Estados Mayores de las grandes potencias implicadas en la *mêlée* que estamos describiendo tienen planes infalibles, pero, claro, los alemanes están convencidos de que el suyo es el mejor.[26]

El plan Schlieffen:[27] supuesto teórico para una guerra con

26. En el siglo XIX, los Estados Mayores europeos habían desarrollado la ciencia de la guerra, una disciplina cuya estricta aplicación los llevaría indefectiblemente a la victoria, o eso creían. El profeta de la nueva ciencia fue Carl von Clausewitz (1780-1831), con su obra *De la guerra* (1832). Aplicando sus doctrinas, el general prusiano Moltke había derrotado a Austria (1866) y a Francia (1871). En los albores de la primera guerra mundial, todos los generales creían en la guerra ofensiva, agresiva, de movimientos rápidos y acciones contundentes. No advertían que los últimos avances tecnológicos, en especial la ametralladora y los proyectiles de fragmentación, favorecían la guerra defensiva.

27. Schlieffen, general de monóculo, estaba entregado a la pasión de la guerra. Durante un paseo por Prusia Oriental, uno de sus acompañantes le hizo notar la belleza del río Pregel al atardecer. Schlieffen lo miró un momento y declaró: «Un obstáculo sin importancia». La anécdota me trae a la memoria otra que cuenta José Luis de Vilallonga. Durante la guerra civil, el aristócrata fue asistente de un general. En una ocasión, mientras cruzaban en automóvil la plaza de la catedral de León, el joven

Francia y Rusia. Para evitar dos frentes, primero derrotamos a Francia atacándola por donde menos se lo espera, a través de Bélgica y Luxemburgo, y tomamos París. En eso invertimos exactamente cuarenta y dos días. Rendida Francia, concentramos las tropas en la frontera rusa y derrotamos a los ejércitos del zar.

—Pero Bélgica es neutral —objetó un general escrupuloso—. Atacarla sería una grave violación del derecho internacional que la propia Alemania ha respaldado en diversos tratados internacionales.[28]

—¡Qué tontería! Le declaramos la guerra y deja de ser neutral. El fin justifica los medios.

Que Alemania invada Bélgica es lo único que le falta al embajador alemán en Bruselas, Ambrosius von Below, para confirmarse como gafe. Este distinguido y encantador solterón parece atraer los conflictos por dondequiera que vaya. Sobre la mesa de despacho pulcramente ordenada tiene un cenicero de plata agujereado por un balazo que atrae la atención de sus visitantes.

—Es un recuerdo de China: cuando la rebelión de los bóxers entró una bala por la ventana de la legación y ese cenicero me salvó la vida. El caso es que en mi anterior puesto, en Turquía, también me vi implicado en un sangriento motín. Menos mal que ahora llevo unos meses destinado en la apacible Bélgica, donde nunca pasa nada...[29]

El bueno de Von Below no se imagina que va a tener que hacer la maleta, atropelladamente, de un momento a otro, porque su país está a punto de agredir a la apacible Bélgica, el país que ha elevado a plato nacional la patata frita.

Vilallonga le hizo notar la belleza del espléndido rosetón que preside la fachada. El general miró la vidriera y comentó: «Sí que tiene una buena pedrada, sí».

28. La neutralidad de Bélgica estaba garantizada por el Tratado de Londres (firmado, también por Prusia, en 1839, y confirmado en 1871 y en 1907, en la Conferencia de La Haya, por el Imperio alemán). Se deduce que los imperialistas prusianos se pasaban por el arco del triunfo los derechos de los belgas. En el fondo late cierto desprecio racial, acrecentado por la condición católica de Bélgica.

29. Tuchman, 2012, p. 104.

El plan Schlieffen[30] echa a andar con meticulosidad germana. Hasta el más pequeño detalle está estudiado. Incluso han acuñado las medallas conmemorativas de la toma de París. El káiser Guillermo II está exultante.

—Almorzaremos en París y cenaremos en San Petersburgo. La guerra habrá terminado antes de que caigan las hojas. Cinco meses de guerra y celebraremos la Navidad en casa.

¡Ah, cómo le gusta la guerra al prusiano! Comenzó siendo un ejército para un pueblo y ahora se ha convertido en un pueblo para un ejército. «Los alemanes se lanzan a la guerra como los patos al agua», escribe en su diario la princesa Evelyn Blücher.[31] En los casinos alemanes no faltarán, a lo largo de toda la guerra, cajas de arena compactada en las que los socios aficionados a la ciencia militar, que son multitud, puedan reproducir los frentes y las batallas. Jugar a generales y estrategas se convierte en la pasión nacional.

En la alta oficialidad germana se funden, en apretada mezcla, la prepotencia con el menosprecio hacia el enemigo francés o ruso.[32]

30. Tuchman escribe: «La voz era la de Schlieffen, pero la mano era la de Fichte, que veía al pueblo alemán elegido por la Providencia para ocupar el lugar supremo en la historia del Universo; y de Hegel, que lo veía dirigiendo el mundo a un glorioso destino de apasionante *Kultur*; de Nietzsche, que les decía que el superhombre estaba por encima del ámbito vulgar y corriente; y de Treitschke, que consideraba el incremento de poder como la obligación moral más elevada del Estado. Lo que forjó el plan de Schlieffen no era Clausewitz, sino el acumulado egoísmo que dominaba al pueblo alemán» (Tuchman, 2012, p. 40).

31. Princesse Blücher, *Une anglaise à Berlin: notes intimes de la princesse Blücher sur les évènements, la politique et la vie quotidienne en Allemagne au cours de la guerre et de la révolution sociale en 1918*, Payot, París, 1922.

32. «Los alemanes sentían una terrible envidia por el país que acababan de conquistar. "Vivir como Dios en Francia" continuaba siendo uno de los dichos más populares entre los alemanes. Al mismo tiempo, consideraban que Francia era un país decadente en su cultura y debilitado por su democracia. "Es completamente imposible, para un país que ha tenido

Desconocen sus propias debilidades, o creen que con el simple ejercicio de la voluntad se superan. Son como el propio káiser, casi inválido del brazo izquierdo (que le lastimaron al traerlo al mundo), pero que lleva toda la vida disimulándolo con uniformes especialmente cortados y con poses arrogantes.

Los alemanes, que han entrado en la guerra como simples aliados del principal beligerante, su primo austrohúngaro, no tardan en tomar la iniciativa tras constatar la falta de entusiasmo del socio.[33] Los alemanes no tardarán en comprobar, con amargura, que el pueblo austriaco es menos aficionado que ellos a los sacrificios y a los heroísmos («Nos hemos esposado a un cadáver», comenzarán a admitir).

Regresemos al plan Schlieffen. Su autor, el ilustre general con monóculo, había fallecido un año atrás, lo que le ahorró asistir al desastre en que se iba a convertir una idea que parecía tan buena. Él había ideado su plan como un ejercicio teórico para demostrar al káiser que, con veinte divisiones más, Alemania podría vencer en la guerra que se veía venir.

Fallo del plan Schlieffen: no contemplaba alternativas si algo salía mal. No había plan B. Tenía que salir bien por narices. La existencia de un plan alternativo habría denotado falta de confianza en el plan principal, algo inadmisible en un prusiano. O

---

cuarenta y dos ministros de la Guerra en cuarenta y tres años, poder luchar de un modo efectivo", anunció el profesor Delbrück, el más célebre historiador alemán. Considerándose superior en espíritu, fuerza y energía, en la industria y en las virtudes nacionales, Alemania alegaba que se merecía el dominio de Europa» (Tuchman, 2012, p. 48).

33. Por decirlo en palabras de Stefan Zweig: «En vez de la "eficiencia" alemana que, al fin y al cabo, ha amargado y trastornado la existencia de todos los demás pueblos; en vez de esa desbocada urgencia de superar a los demás y de progresar a toda velocidad, a las gentes de Viena les gustaba conversar plácidamente, cultivar una convivencia agradable y dejar que todo el mundo fuera a lo suyo, sin envidia y en un ambiente de tolerancia afable y quizá un poco laxa. Vivir y dejar vivir» (Zweig, 2002, p. 15). O sea: como diría José Mota, el ansia viva los pierde. (También aplicable a la actual situación europea, con la crisis económica, los problemas del euro y todo eso.)

sea: esa falta de flexibilidad por la que sus vecinos llaman a los alemanes «cabezas cuadradas».

Francia también tenía su plan, igualmente basado en el «culto a la ofensiva» que los generales habían aprendido en los tratados de Clausewitz: atacamos impetuosamente por Alsacia y Lorena, recuperamos nuestras queridas provincias irredentas y, de ahí a Berlín, pan comido.

En las postales patrióticas francesas suelen aparecer alemanes huyendo cobardemente de *poilus* franceses que atacan a bayoneta calada.

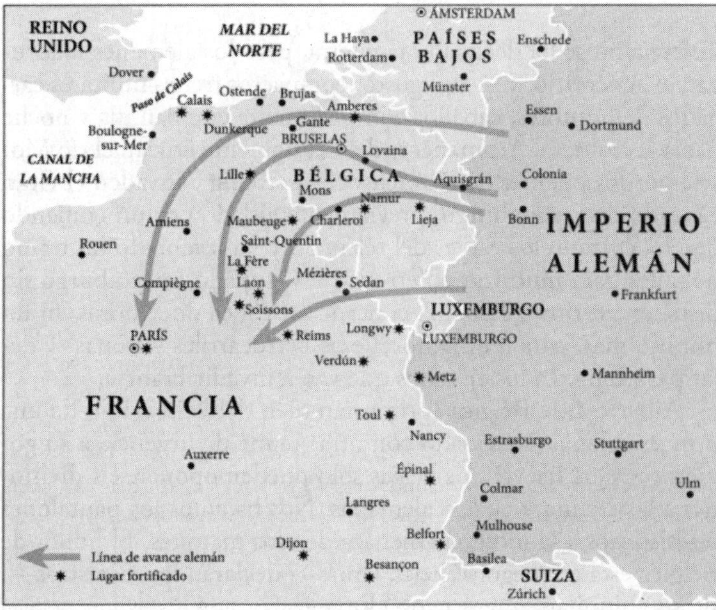

Plan Schlieffen.

CAPÍTULO 5

Dulce et decorum est pro patria mori

Todavía no se ha declarado la guerra, pero los alemanes madrugan al adversario. El 1 de agosto, compactos trenes militares cargados de hombres, caballos e impedimenta circulan día y noche hacia la frontera. Al amanecer del día siguiente cruzan el río Mosela por los puentes de Remich y Wasserbillig e invaden el Gran Ducado de Luxemburgo, previamente aislado por un comando que ha cortado los cables del telégrafo y ha levantado un tramo de raíles para inutilizar el ferrocarril. Ocupado Luxemburgo sin disparar un tiro, Alemania concede a Bélgica doce horas, ni un minuto más, para rendir «fortalezas, ferrocarriles y tropas» y dejar paso franco a los ejércitos que van a invadir Francia.

Alberto I de Bélgica (primo también del káiser, hijo de una princesa alemana y casado con otra) reúne de urgencia a su gobierno. ¿Qué hacer? Los belgas sólo pueden oponer seis divisiones a las treinta y cuatro alemanas. Nos bajamos los pantalones o resistimos a la indigna amenaza de esos matones. El honor de Bélgica está en juego. «Ceder, jamás —declaran los ministros—: si nos aniquilan, que sea con gloria.»

El ejército belga recibe la orden de volar los puentes y túneles para dificultar el avance alemán. Deciden resistir como los griegos en las Termópilas.

Ocho de la mañana. En Petit Cross, un lugarejo de la disputada frontera alsaciana, unos soldados alemanes disparan contra los aduaneros franceses a través de la frontera. Los franceses les devuelven el fuego. Tras el breve tiroteo, que no produce bajas, unos y otros se dan por satisfechos.

Los primeros tiros de la guerra.

A unos kilómetros de allí, una patrulla alemana compuesta por ocho jinetes invade territorio francés. El teniente al mando, Albert Mayer, del quinto regimiento de cazadores a caballo, ordena a sus hombres apearse para abrevar a los animales en un arroyo que discurre cerca del pueblecito de Faverois.

Cerca de allí, en la casa de labor de la familia Docourt, el cabo Jules André Peugeot, del regimiento de infantería 44, se está lavando las manos para bajar a desayunar. El cabo está al mando de la patrulla de cuatro soldados que vigila la carretera.

A las 9.45, Nicolette, la hija de nueve años de los Docourt, irrumpe en la casa gritando «¡Los prusianos, los prusianos!».

—¿Qué dices, bonita?

—¡Los prusianos, allí abajo! —señala la niña—. ¡Están dándoles agua a los caballos!

—*Merde alors!* —exclama Peugeot—. ¿Cómo es que no los ha visto el soldado Renaud, que se supone que está de guardia?

El cabo reúne apresuradamente a sus hombres y sale al encuentro de la patrulla alemana. En ese momento Renaud, que dormitaba en su puesto, sobre un altozano, advierte la presencia del enemigo y hace sonar el silbato de alarma.

El teniente Mayer, al sentirse descubierto, galopa colina arriba e intenta silenciar al centinela de un sablazo, que sólo lo alcanza de refilón. Llegan el cabo Peugeot y sus hombres en auxilio del agredido. Mayer desenfunda el revólver y dispara contra Peugeot, hiriéndolo gravemente. Los franceses devuelven el fuego y abaten al alemán. Muerto su oficial, el resto de la patrulla prusiana huye desordenadamente.

El cabo Peugeot muere minutos después en la casa de los Docourt.[34] Sus hombres trasladan el cadáver y el del teniente

34. Al cabo Peugeot lo sepultaron con honores militares en el cementerio de su pueblo, en Étupes. El del teniente Albert Otto Walter Mayer (en algunos documentos, Camille Mayer) lo sepultaron al día si-

Mayer al pajar de la granja Kremer, en el centro del pueblo. Los aldeanos acuden a contemplarlos, los dos tan jóvenes y tan guapos, comentan las mujeres. Peugeot tenía veintiún años; Mayer apenas había cumplido los veinte.

Faltan treinta horas para que el embajador alemán en París, ataviado con su uniforme diplomático bordado en oro e impecablemente cepillado, presente la carta al presidente de Francia en la que «tiene el honor de informar a su excelencia de que el Imperio alemán declara la guerra a Francia».

Francia y Alemania nuevamente en guerra. A nadie sorprende. Los dos se han venido rearmando desde que riñeron la última vez, en 1870.

Como entonces, Francia se encuentra en inferioridad de condiciones.[35]

Unas horas después, Inglaterra le declara la guerra a Alemania. ¿Lo hace de manera altruista, noblemente obligada por su compromiso de honor de defender a Bélgica? Un cartel propagandístico inglés representa a Bélgica en la figura de una doncella con los albos pechos al aire, que se debate, desesperada, entre los fornidos brazos de un gorila bestial ataviado con el uniforme alemán.

---

guiente en el pueblo donde murió. Los oficiales franceses del regimiento 44 costearon el entierro y le dispensaron honores militares. Sus restos fueron trasladados al término de la guerra al cementerio militar alemán de Illfurth, cerca de Mulhouse (su lugar de origen). En su tumba hay una inscripción que conmemora: «Primer caído alemán de la guerra mundial 1914-1918».

35. Francia sólo tiene 36 millones de habitantes, frente a los 67 millones de Alemania. Desde 1904, Francia viene empleando en gastos militares el 32 por ciento de su presupuesto, frente al 20 por ciento que emplea Alemania, pero eso sólo significa que Francia gasta 38 millones de francos frente al equivalente de 99 millones de francos que gasta Alemania. No hay color. A pesar de sus esfuerzos, Francia nunca superará militarmente a Alemania. Su gobierno lo sabe. Por eso se alía con Rusia y se esfuerza en fortalecerla militarmente ayudándola a construir ferrocarriles (imprescindibles para una movilización rápida) y en modernizar a su ejército.

Como propaganda está bien; pero creer que los ingleses se han implicado en la guerra por puro altruismo, por defender a la pobre Bélgica violada por el bruto teutón, no cuela.

El verdadero motivo de la solicitud británica tiene más que ver con la necesidad de cortar en seco la competencia de la industria alemana, que pugna ventajosamente con la inglesa por el mercado mundial. Y algo más preocupante todavía: dentro de pocos años, la flota alemana en construcción amenazará la hegemonía marítima británica de la que depende la conservación del imperio.

No parece casual que los dos partidos ingleses, siempre enfrentados a muerte, se hayan mostrado tan de acuerdo en declarar la guerra al teutón.

Un sueño: Alemania quiere quedarse con Europa. Viñeta de propaganda francesa, 1914.

CAPÍTULO 6

La violación de Bélgica

Concentrar tropas en la frontera belga les resulta a los alemanes relativamente fácil. Llevan un tiempo situando terminales de ferrocarril en sus proximidades para la eventualidad de una futura invasión. Esta circunstancia no ha pasado inadvertida para los belgas, que han replicado con la construcción de doce inexpugnables fortalezas en torno a Lieja.

—¿Cómo de inexpugnables? —se preguntan los contertulios de la barbería El Siglo.

—Absolutamente —asegura el boticario Cifuentes, que se informa en sus enciclopedias—. Unos muros de hormigón calculados para soportar el impacto de obuses de 210 mm, los mayores que existen.

Los mayores que existían en 1890, me temo. En los veinticuatro años transcurridos desde la construcción de los fuertes, la artillería ha evolucionado mucho, especialmente la artillería alemana. Ahora el káiser dispone de cañones capaces de atravesar el hormigón de los fortines belgas: los morteros de asedio Krupp de 420 mm,[36] y los morteros Skoda, austriacos, de

36. Los alemanes construyeron trece de estos morteros, que denominaron Dicke Bertha («Berta la gorda»), como homenaje a la dueña de la fábrica, una señora con problemas de sobrepeso que aceptó el honor a regañadientes. Pesaban 48 toneladas y se trasladaban al lugar de operaciones por piezas que un equipo de doscientos hombres ensamblaba en

305 mm. También dispone de globos cautivos o *Drachen* («dragones») para dirigir certeramente desde el aire el tiro de la artillería.[37]

Los alemanes confían en que los fuertes se rendirán al primer morterazo, o al quinto: tres días de asedio a lo sumo. En eso fallan las previsiones, porque los defensores de las fortalezas tienen madera de héroes y resisten diez días antes de tirar la toalla.

Son siete días de retraso en el plan Schlieffen. Roto el cerrojo de Lieja, ocupar el resto de Bélgica debería ser un paseo militar, pero los belgas oponen enconada resistencia.

El káiser intenta persuadirlos de que es mejor rendirse. Para ablandarlos, bombardea Bruselas con otra de sus innovaciones tecnológicas, el dirigible, de la que espera que aterrorice a la población civil. El bombardeo causa nueve muertos, pero la aparición de la gigantesca salchicha en el aire provoca, en principio, más curiosidad que pánico.

Lo de atacar con bombas desde el aire núcleos urbanos de la retaguardia es una gran novedad de esta guerra. Los alemanes van muy adelantados en la construcción de dirigibles, que se proponen emplear en misiones de observación, de aprovisionamiento y de bombardeo. Estos monstruos del aire presentan una estructura interna de aluminio en forma alargada que les permite moverse en el aire por medio de motores de hélice y timones.

A pesar de los bombardeos y de la pérdida de sus fuertes, los belgas resisten. Los cuarenta y dos días del plan Schlieffen se van al garete.

La prolongación de la lucha es una contrariedad, pero tampoco quita el sueño a los conquistadores. Podría decirse que

---

seis horas. Disparaban proyectiles de 930 kilos a quince kilómetros de distancia.

37. Del globo cautivo pende una cesta de mimbre desde la que un observador provisto de gemelos, mapas y teléfono examina el campo enemigo a vista de pájaro y facilita a la artillería las coordenadas de las posiciones rivales.

muchos oficiales prusianos se sienten en su elemento. El general Erich Ludendorff, que lleva toda la vida aguardando una buena guerra (lamentablemente, se perdió la guerra francoprusiana porque sólo tenía cinco años), anota en sus memorias la emoción al escuchar «el peculiar sonido de las balas cuando penetran en los cuerpos». Es un hombre de gran sensibilidad.

La sufrida infantería alemana avanza a pie. Con las carreteras repletas, muchos regimientos se desplazan campo a través, lo que ralentiza la marcha. En el Estado Mayor, los generales arrugan el ceño. En el plan Schlieffen todo está calculado con exactitud prusiana. Cada soldado debe recorrer cuarenta kilómetros diarios cargado con treinta kilos de equipo. Sólo llevamos dos días de marcha y las tropas están extenuadas.

¿Qué ha fallado?

El plan Schlieffen estaba calculado sobre la capacidad de marcha de tropas jóvenes y entusiastas en unas maniobras de pocos días en terreno propio por el que podían avanzar despreocupadamente.[38] En Bélgica, en una situación de guerra, con las cautelas que hay que tomar en territorio enemigo, los reservistas que componen el grueso de la tropa sólo recorren veinticinco kilómetros como mucho.

El general Von Kluck, comandante de las fuerzas alemanas (el mismo que cita Machado),[39] se desespera por la lentitud del avance y llama incompetentes a sus subordinados. La bronca recorre la cadena de mando de arriba abajo hasta llegar a los suboficiales, que exigen a la tropa mayores esfuerzos. A falta de un

38. Al término de la marcha, el oficial superior examinaba los seiscientos pies de los trescientos hombres de la compañía, que debían estar limpios, curados y en perfecto estado de revista para proseguir la marcha al día siguiente.

39. «Esta piedra erguida / sobre este burgo sórdido, sobre este basurero, / esta casa de Dios, decid, ¡oh santos / cañones de Von Kluck!, ¿qué guarda dentro?» Por qué el poeta anticlerical llama *santos* a los cañones no lo sabemos bien. Quizá aluda a que los cañones alemanes destruían iglesias en la católica Bélgica (y después en la católica Francia) con su fuego indiscriminado. Vaya usted a saber.

Fuertes de Lieja

Campo fortificado.

Resultado del bombardeo de los fuertes de Lieja, postal de la época.

La artillería alemana: abajo, el mortero Dicke Bertha; a la derecha, el mortero Skoda austriaco.

rango inferior al que fastidiar, la tropa descarga su descontento en la población sometida: arrasa aldeas, saquea mansiones, viola. A estas tropelías se suman los fusilamientos y represalias ordenados por el mando para responder a los sabotajes y a los ataques de francotiradores belgas.[40]

Los generales alemanes son conscientes de que en Bélgica y Francia no podrán contar con una red ferroviaria tan completa como la alemana para transportar las municiones e impedimenta del ejército. Por eso han acumulado docenas de miles de carros tirados por no menos de ochenta y cinco mil caballos o mulos.

—Oiga, ¿han pensado que los carros deben transportar también el forraje de tanta acémila?

—Me temo que no.

—Pues cuente que eso ocupará la mitad del espacio. O dejan de comer los caballos o deja de comer la tropa.

—¡Jodidos fallos de logística, con lo bien que iba todo!

Los belgas declaran a Bruselas ciudad abierta para salvarla de la destrucción.[41]

El 23 de agosto, los alemanes entran en Dinant, a orillas del Mosa. Un francotirador dispara contra el piquete de zapadores

40. Entre los fusilados destacará la enfermera inglesa Edith Cavell, organizadora de una red de escape para prisioneros. Su muerte fue hábilmente jaleada por la propaganda aliada, como muestra de la crueldad y vesania de los *huns* («los hunos», como llaman a los alemanes). En los diarios ingleses y americanos empieza a hablarse del káiser como «el nuevo Atila».

41. Una enfermera describe así la entrada de las tropas alemanas: «No había nadie en las calles, y en las casas las ventanas y las puertas estaban cerradas y atrancadas. Miles de belgas presenciaban el espectáculo desde las rendijas de las ventanas, temiendo que alguien o algo causara algún alboroto que justificara el castigo de los alemanes. Lo único que perturbaba el sobrecogedor silencio era el acompasado sonido de las botas alemanas, regimiento tras regimiento, el rodar de los cañones, y el sonido de los cascos de la caballería ulana que cruzaba la ciudad con sus pendones flameando en las lanzas» (C. B. Purdom, ed.: *Everyman at War*, 1930).

que repara el puente. En represalia, las tropas ocupantes ejecutan en la plaza mayor a 612 civiles, entre ellos a una señora de noventa y seis años y a un bebé de tres semanas.

Después le toca a Lovaina. Durante cinco días, la soldadesca asesina a 248 civiles y saquea la ciudad. Piquetes de ingenieros desmontan la maquinaria industrial para expedirla a Alemania. Los trescientos mil libros de su famosa biblioteca universitaria, entre los cuales hay manuscritos e incunables, se convierten en cenizas.

La noticia de las barbaridades alemanas encuentra amplio eco en la población británica, que comienza a considerar a los alemanes como una horda bárbara.[42] Las oficinas de reclutamiento del Reino Unido se ven desbordadas de voluntarios.[43]

Hoy, visto el asunto con el necesario distanciamiento, resulta evidente que la propaganda aliada cargó las tintas y exageró notablemente las barrabasadas alemanas. Es evidente que el mando germano consintió algunos atropellos, pero en muchos lugares la tropa se condujo de modo civilizado.[44]

42. Incluso historiadores de prestigio no vacilaron en aportar su granito de arena en la creación del mito de la brutalidad alemana: «En la plaza del mercado de Gembloux, un correo vio el cadáver de una mujer clavado en la puerta de una casa con un sable que le atravesaba el pecho. Estaba desnuda y le habían cortado los pechos», escribe Arnold J. Toynbee, *The German Terror in Belgium,* 1917. Otro relato apócrifo da pelos y señales del martirio de la enfermera inglesa Grace Hume, de veintitrés años, a la que los prusianos cortan también los pechos. Estas falsas historias no enturbian la desnuda verdad: los alemanes asesinaron a unos cinco mil civiles belgas.

43. En menor medida, esta propaganda también prenderá al otro lado del Atlántico, en Estados Unidos, donde crece el número de ciudadanos partidarios de una guerra con Alemania.

44. Especialmente con los civiles de ascendencia alemana. En Heverlee, cerca de Lovaina, respetaron el castillo y la finca del aristócrata alemán Charles d'Arenberg, al que también pertenecían muchas casas del pueblo en cuyas puertas clavaron tarjetas que advertían: «Esta casa debe protegerse. Terminantemente prohibido allanarla o incendiarla sin orden expresa de la Comandancia». En otras puertas escribieron con tiza: *Nicht phindern* («No saquearla»).

También la prensa alemana se despachó a gusto describiendo las crueles prácticas de los belgas con los pobrecitos alemanes que caían en sus garras. También acusaban a los belgas de limar la camisa de cobre de las balas para que al penetrar en el cuerpo se deformaran y causaran desgarros internos. Es lo que en el vocabulario gangsteril se conoce como «bala dum-dum».

Los ingleses desembarcados en Francia, cuatro divisiones de infantería y una de caballería, toman posiciones al sur del núcleo industrial de Mons, al otro lado de la frontera belga.

En la barbería El Siglo, como en las tertulias del resto de España, germanófilos y aliadófilos discuten acaloradamente sobre las virtudes de los dos ejércitos, el alemán y el británico.

Aduce Cifuentes que los ingleses serán una nación de tenderos, como aseveran sus adversarios, pero han levantado un imperio y nadie les tose.

—Nadie les tose hasta hoy —replica Tuñón Mendieta—. Van a ser pan comido para los prusianos. Verás cómo les dan una lección y les rebajan la soberbia.

La lección no se hace esperar, pero ocurre más bien al contrario. El alto mando alemán, también persuadido de la inferioridad del tendero británico, lanza a sus tropas en ataque frontal contra unas posiciones defendidas por fusileros fogueados en las guerras coloniales que causan una verdadera carnicería entre los germanos. «Intenso fuego de ametralladora», se justifican los generales del Estado Mayor. En realidad, los ingleses disponen de escasas ametralladoras. Lo que ha ocasionado un terrible estrago en las líneas alemanas es la mortífera precisión y la rapidez con la que estos expertos tiradores disparan sus fusiles Lee-Enfield con capacidad para diez cartuchos.[45]

45. Ningún ejército de la época se entrena como el inglés, ni siquiera el prusiano. En el campo de maniobras, al fusilero inglés se le concede sólo un minuto (el famoso *mad minute*, «minuto loco») para acertar con quince balas en un blanco del tamaño de la tapa de una alcantarilla situado a doscientos setenta metros de distancia. El *mad minute* sigue siendo, en el Reino Unido de nuestros días, una competición anual entre los felices poseedores del mítico fusil Lee-

La notable hazaña británica da pie a la leyenda de que los fantasmas de los arqueros ingleses de Agincourt se levantaron de sus tumbas para frenar a los alemanes.[46]

El emperador de Alemania y su plana mayor en una revista española.

Enfield (entre los cuales se encuentra el hermano del que esto escribe).

46. El bulo se inició con el cuento «Los arqueros», que el novelista Arthur Machen publicó por aquellas fechas. Una hoja parroquial le dio crédito como narración de un milagro ocurrido a sus tropas y de ahí partió todo. Como el propio Machen reconoce: «Al parecer, mi ficción se tomó por sólida realidad en aquella particular congregación y de ello se deriva que, aunque fallé en el arte de la literatura, acerté, sin proponérmelo, en el arte del engaño».

CAPÍTULO 7

Al enemigo, ni agua

Una batalla que no se riñe con balas se suma al esfuerzo de la guerra: la de la propaganda y la del odio al adversario.

En Inglaterra, la antipatía contra lo alemán alcanza cotas difíciles de imaginar en un pueblo supuestamente flemático. Entre la aristocracia inglesa abundan las familias de estirpe alemana. ¿Qué hacer si el propio apellido proclama ese odiado origen? Con ese sentido práctico que caracteriza a los ingleses, muchos optan por cambiarlo: en adelante los Battenberg se llamarán Mountbatten (o sea, lo traducen al aristocrático francés, porque el *berg* alemán, «montaña», se convierte en *mount*). La familia real, que solía llamarse Sajonia-Coburgo-Gotha, todo alemán, tomará en adelante el nombre de su principal castillo residencia y se llamará casa Windsor. Por la misma razón, en Rusia mudan el nombre de la capital, San Petersburgo, que es alemán, por el ruso Petrogrado (de las dos maneras significa «ciudad de Pedro»).

En los niveles inferiores, el rechazo a lo alemán se manifiesta del mismo modo. Los perros de raza alemana no entienden por qué la gente los maltrata. En Francia, al agua de Colonia le cambian el nombre y la llaman agua de Provenza. En Estados Unidos, en cuanto entren en guerra, se propondrá que las *hamburgers* («hamburguesas») se llamen *Salisbury steak* («filete de Salisbury») para olvidar su origen, la ciudad alemana de Hamburgo. Por la misma razón, las salchichas de Frankfurt (o *Frankfurters*) se llamarán *liberty sausages* («salchichas de la libertad»), y los perritos calientes o *dachshunds* («perritos alemanes») se llamarán *liberty dogs* («perritos de la libertad»).

Universidades y académicos toman partido: entre los aliados se desprecia la cultura germana por militarista y ordenancista. En Alemania se ridiculiza a la corrupta Francia (aunque secretamente envidian la *joie de vivre* francesa, para la que están congénitamente negados debido a la ética del trabajo luterana). Catedráticos de universidad alemanes dan a luz sesudos tratados para demostrar científicamente la supuesta inferioridad de la raza eslava.

En Francia se resucitan y divulgan viejos textos antigermánicos: «Obsequiosos con sus superiores e insolentes con los inferiores, los alemanes nunca serán verdaderos señores».[47]

El incisivo Voltaire dejó dicho que los antiguos buhoneros notaban cuándo habían salido de Francia y pisaban tierra alemana por el mayor tamaño de las deyecciones humanas. Autores posteriores elevan esta observación al rango de señal de identidad:

> El Señor marcó a la raza alemana con el sello de la predestinación. Tiene un metro de intestinos más que la nuestra.[48]
>
> En todas sus invasiones anteriores, las hordas germánicas habían ya llamado la atención por el desborde de evacuaciones intestinales que jalonaban su paso. En tiempo de Luis XIV se decía que con sólo mirar el aspecto y el volumen de los excrementos, el viajero podía estar seguro de haber franqueado los límites del bajo Rin o de haber entrado en el Palatinado.[49]

47. Gustave Le Bon, *Premières consequences de la guerre. Transformation mentale des peuples*, Ernest Flammarion, París, 1916, p. 32.

48. Auguste Blanqui, *La patrie en danger*, A. Chevalier Éditeur, París, 1871.

49. Alphonse Bertillon, *La policesia de la raza alemana*, 1915. Citado por Guy Bechtel y Jean-Claude Carrière en su *Dictionnaire de la bêtise*, Robert-Laffont, París, 1965. Descontando el odio entre vecinos que parece connatural a franceses y alemanes, lo de la superioridad de la raza alemana en capacidad intestinal parece probado por el hecho de que pre-

Los pueblos creían a pie juntillas, a pesar de los mil desengaños, todo cuanto salía impreso. Y así, el entusiasmo puro, bello y abnegado de los primeros días se fue convirtiendo poco a poco en una orgía de sentimientos de lo más estúpida y perniciosa. Se combatía a Francia e Inglaterra en Viena y en Berlín, en la Ringstrasse y en la Friedrichstrasse, cosa mucho más cómoda. Los letreros franceses e ingleses, antes considerados de lo más elegante, desaparecieron de los comercios. Comerciantes probos y honrados sellaban o timbraban sus cartas con la frase *Gott strafe England!* («¡Dios castigue a Inglaterra!»). Damas de la alta sociedad juraban (y lo escribían en cartas a los periódicos) que, mientras vivieran, nunca más pronunciarían una frase en francés, antes considerado de lo más *chic*. Shakespeare quedó proscrito de los escenarios alemanes; Mozart y Wagner, de las salas de conciertos francesas e inglesas. Los profesores alemanes explicaban que Dante era germánico; los franceses, que Beethoven era belga; sin escrúpulos requisaban los bienes culturales de los países enemigos, como hacían con los cereales y los minerales.

No bastaba con que todos los días miles de ciudadanos pacíficos de aquellos países se matasen mutuamente en el frente: en la retaguardia se insultaba y difamaba a los grandes muertos de los países enemigos que desde hacía siglos reposaban mudos en sus tumbas. La confusión mental se volvía cada vez más absurda. La cocinera ante los fogones, que nunca había salido de su ciudad ni había abierto un atlas desde que iba a la escuela, creía que Austria no podía vivir sin el Sandchack (diminuto distrito fronterizo en algún lugar de Bosnia). Los cocheros discutían en la calle qué indemnización de guerra se debía imponer a Francia: si cincuenta mil o cien mil millones, sin saber de qué cifras hablaban. No hubo una sola ciudad ni un solo grupo que no cayera en esa espantosa histeria del odio. Los curas lo predicaban desde los altares y los socialdemócratas, que un mes antes habían estigmatizado el militarismo como el peor de los crímenes, ahora alborotaban más que nadie para no parecer «sujetos sin patria», según palabras del em-

---

cisamente fuera un astronauta alemán el que obturó en 2011 el sofisticado retrete de la estación espacial. Ochenta millones de dólares costó la broma, para que luego critiquemos las clavadas que practican algunos fontaneros españoles.

perador Guillermo. Era la guerra de una generación desprevenida; y su mayor peligro radicaba precisamente en la fe intacta de los pueblos en la justicia unilateral de su causa.[50]

La arrogancia alemana en la prensa francesa.

50. Zweig, 2001, p. 112.

CAPÍTULO 8

La guerra en los casinos

El gobierno de Eduardo Dato ha declarado a España neutral. Somos neutrales porque no podemos ser otra cosa, añaden Cambó y Azaña. ¿Qué puede hacer un país arruinado que además tiene su propia guerra en Marruecos?

Otra cosa es, y muy distinta, que los españoles nos declaremos neutrales. La guerra entre los vecinos suministra un motivo más para la tradicional división entre las dos Españas. Si hasta ahora se han enfrentado monárquicos y republicanos, o partidarios de los toreros Belmonte o Joselito, a partir de ahora se enfrentarán, además, aliadófilos y germanófilos. El caso es enfrentarse. Y, en ocasiones, hasta llegar a las manos.

Los periódicos españoles vienen cargados de noticias de la guerra que la gente lee y comenta con avidez. En cafés, en barberías, en ateneos, en salas de banderas, en despachos, en salones, en tertulias, en plazas y mentideros se reproduce, a escala nacional, la contienda europea.

En general, los liberales y las izquierdas se declaran partidarios de Francia, mientras que los conservadores y las derechas (ejército, Iglesia, aristocracia) se inclinan por Alemania, especialmente los militares, que admiran mucho el espíritu prusiano. «Con esa disciplina y el arrojo del soldado español conquistábamos el mundo», se oye decir a algún general panzón de los que hacen el ridículo en la guerra de Marruecos.

«Alemania es el país de la ciencia; Francia es el país del cancan y del ateísmo», dicen en las sacristías.

A don Cristino Morrondo, el canónigo de la catedral de Jaén, le resulta particularmente dolorosa la noticia de que los alemanes han desnudado, para registrarles los hábitos, a unas monjitas de Lieja sospechosas de espionaje.

—Ya se ve que son luteranos enemigos de la fe —comenta en la tertulia de la barbería El Siglo—. ¡Ni a las personas sagradas respetan!

Tiene don Cristino el corazón dividido, como buena parte de la Iglesia española. Por una parte se congratula de que la libertina Francia, que hace tan sólo un decenio decidió separarse de la Iglesia y declararse laica, reciba el castigo que la Providencia le depara, pero, por otra parte, le incomoda que los luteranos alemanes pinten más que los católicos austriacos en el bando opuesto. Aunque, por otra parte, ha oído al obispo decir que el káiser es un católico encubierto que, por razones de Estado, tiene que profesar la fe luterana. Al menos menciona al Todopoderoso en todos sus discursos, un excelente indicio.

La Corte, la Iglesia y los partidos carlista y maurista son mayoritariamente germanófilos; los políticos con responsabilidad en el gobierno se mantienen diplomáticamente neutrales, aunque no es ningún secreto que Romanones, Dato, Cambó y Maura simpatizan más con la causa aliada.

Entre los intelectuales, las filias y las fobias están más claras: Unamuno concibe la guerra como una reacción de la vieja cultura europea y cristiana contra el bárbaro materialismo alemán. Antonio Machado, Pérez Galdós, Azorín y Pérez de Ayala son también aliadófilos. Baroja, siempre a la contra, es germanófilo, así como Jacinto Benavente. Ortega y Gasset, de formación filosófica alemana, no se declara abiertamente aliadófilo, sino neutral militante contra la guerra.

En cuanto a la gente común, al principio de la guerra puede decirse que los germanófilos abundan más en el interior, predominantemente conservador, y los aliadófilos en las regiones costeras, más liberales y abiertas al mundo.

Cuando la propaganda aliada divulga las salvajadas alemanas (mediante prensa subvencionada), bastantes germanófilos titubean y moderan su admiración por Alemania.

En Cataluña se admira a Francia, de cuya cultura bebe con fruición la *Renaixença* mientras indaga en el alma del idioma en busca de su propia identidad nacional. Incluso algunos catalanes (entre seiscientos y novecientos) se alistan en la legión francesa para luchar al lado de la patria de la libertad.[51] Los germanófilos catalanes, que también los hay, reprochan a los independentistas la contradicción en la que incurren: «Os quejáis de que España oprime a Cataluña, ¿y queréis luchar al lado de los aliados? ¿No veis lo que hace Francia con Córcega y Bretaña? Y sobre todo, ¿qué trato da Inglaterra a Irlanda? ¿No sería más consecuente que apoyarais a Alemania, que es un modelo de Estado federal?».

Comisiones catalanas visitan el frente y relatan sus impresiones en fervientes artículos:

> Recientemente ha regresado a Barcelona la numerosa comisión catalana que, por invitación del gobierno francés, ha realizado detenida visita a las líneas del frente occidental, desde las trincheras de Verdún a los encharcados campos del Iser y las tierras bajas cercanas de la costa flamenca, disputadas heroicamente a los invasores.
>
> La comisión, compuesta de distinguidas personalidades de la industria, del comercio y de la alta intelectualidad barcelonesa, tuvo frecuentes ocasiones de admirar, durante su viaje de estudio, realizado muchas veces bajo el fuego de los cañones de gran calibre alemanes, emplazados ante la extensísima línea de combate, la maravillosa manera con que el Alto Mando francés ha logrado organizar, no sólo los servicios de defensa y ataque, sino también los importantísimos de abastecimiento, acompañamiento, sanidad e higiene, constituyendo una obra digna del gremio bélico francés. Nuestra página inserta varias interesantes notas de esa visita de la comisión catalana.[52]

51. Incluso tuvieron una revista propia, *Trinxera*, en la que se manifestaban abiertas, e ilusas, esperanzas de que la victoria aliada repercutiese favorablemente en el anhelo independentista catalán. Sin embargo, Prat de la Riba, presidente de la Mancomunidad Catalana, se declaraba germanófilo con el argumento de que Francia había maltratado a los catalanes del Rosellón.

52. «Una comisión catalana en el frente francés», en la revista *Mundo Gráfico*, 326, el 25 de enero de 1918.

Aliadófilos y germanófilos acechan los gestos de Alfonso XIII, por ver hacia qué bando se inclina. Pero el rey, aunque reconocido bocazas, se ampara en una prudente indefinición. Es natural: hijo enmadrado de una austriaca, pero casado con una inglesa, procura mantenerse neutral, aunque quizá sus veleidades militaristas y su pasión por los uniformes y la tecnología militar lo inclinen por Alemania, de uno de cuyos regimientos de ulanos es coronel honorario.[53]

Postal patriótica alemana.

53. Estaba entonces de moda que los monarcas europeos intercambiaran coronelías honorarias de sus respectivos regimientos y se retrataran con el uniforme del ejército correspondiente. Alfonso XIII nombró al káiser coronel honorario del regimiento Numancia. ¿Qué es eso de Numancia?, preguntó el teutón. Una ciudad heroica cuyo emplazamiento se ignora, le respondieron. Y el káiser, con ese poderío suyo, encomendó su hallazgo al arqueólogo Adolf Schulten, que la localizó, en 1905, a las afueras de Soria (bueno, en realidad ya estaba localizada por Eduardo Saavedra desde 1861, pero el mérito se lo hemos dado al alemán). Alfonso XIII se hizo muchas fotos vestido de coronel alemán, lo que le granjeó un clamoroso abucheo durante su visita oficial a París, donde lo consideraban más simpatizante del enemigo que de Francia, algo que no era cierto en modo alguno porque, si exceptuamos esa vena militarista, Alfonso XIII apreciaba grandemente los aspectos más mundanos de la cultura francesa: las putas caras, la pornografía, el vino de Burdeos y la sopa de cebolla.

CAPÍTULO 9

¿Van ganando la guerra?

En la barbería El Siglo, como en todos los cafés y tertulias de reboticas, sacristías y salas de banderas de España, se preguntan los contertulios si Alemania ha ganado la guerra. Eso es lo que parece, porque los periódicos sólo traen noticias, y fotos, de reveses aliados.

También los alemanes, los que practican estrategia de salón en cajones de arena, creen que van ganando la guerra. Vista más de cerca, la cosa no está tan clara.

El plan Schlieffen hace aguas. Demasiado tarde advierte el Estado Mayor alemán que la razón principal que movió al venerado Schlieffen a diseñar su famoso plan fue convencer al káiser de que necesitaban veinte divisiones más. Al final, entre unas cosas y otras, esas divisiones no se crearon. Por otra parte, Schlieffen no contaba con la tenaz resistencia de los belgas, ni con la fulminante intervención de Inglaterra. Cuando redactó su plan, en 1905, Inglaterra y Francia estaban enemistados y no era previsible que se aliaran. A nadie se le ocurrió modificar el plan cuando las dos potencias aparcaron sus diferencias para unirse contra el enemigo común. Sumemos a ello que el Estado Mayor alemán calculó que los británicos tardarían un mes en movilizarse, pero los muy ladinos, que también saben ser eficientes cuando la situación apremia, han desembarcado una docena de divisiones, el BEF (British Expeditionary Force), tropas de calidad, huesos duros de roer. Los generales del káiser que antes habían bromeado («¿Inglaterra? Quizá envíe unos cuantos *policemen* a arrestarnos») han tenido que tragarse sus palabras.

El bondadoso alemán alimenta al hambriento.
Postal de propaganda alemana.

CAPÍTULO 10

Alsacia y Lorena

Veamos ahora qué han hecho los franceses mientras los alemanes atravesaban Bélgica.

Atacar, naturalmente. Lo que sus estrategas han diseñado: la *offensive à outrance*, o sea, ofensiva a ultranza, la plasmación del impulso vital, el *élan vital* que, predicado por el filósofo Bergson, incluso ha permeado la coriácea epidermis de las academias militares.

Los franceses admiten que los alemanes son más numerosos y más fuertes, pero creen que pueden compensar de sobra esa desventaja con valor y determinación heroica, el *élan*, o sea, el arrojo, una virtud militar que creen típicamente francesa. Por eso, en las academias militares, se exalta la agresividad a ultranza y se tiene por cierto que el *attaque brusquée*, a bayoneta calada, de la infantería francesa es irresistible, como ya se probó en tiempos del primer Napoleón.

Los alemanes han puesto casi toda la carne en el asador en la invasión de Bélgica (siete de cada diez hombres disponibles). Los franceses, que también tienen su plan (el Plan XVII lo llaman), atacan con vehemencia por Alsacia y Lorena, las provincias perdidas y siempre añoradas tras el descalabro de 1871. La población de esas provincias, más francesa que alemana, los recibe jubilosamente, con flores, abrazos y lágrimas de alegría.

Ésta es la parte dulce de la guerra. Ahora viene la amarga. Cuando los franceses alcanzan las proximidades de Metz y Estrasburgo, el 14 de agosto, se topan con una línea de fortificaciones alemanas a las que atacan impetuosamente con su caballería pesada: lanzas, sables y brillantes corazas doradas bajo el radiante sol del verano. Como la guardia imperial que derrotó a los prusianos en los tiempos del primer Napoleón.

Detrás de la caballería, en densa oleada, ataca la infantería, los *poilus* («peludos»), con sus vistosos pantalones rojos y sus quepis azules. A la bayoneta.

En Francia se tiene la errónea creencia de que los alemanes rehúyen el combate a la bayoneta. Cada cual crea sus mitos que luego la realidad se encarga de desmentir.[54]

De pronto tabletean las ametralladoras alemanas. Quinientos disparos por minuto. Una ametralladora cada cinco metros. La artillería colabora disparando granadas de fragmentación que estallan en el aire a conveniente altura y esparcen una letal rociada de balines de plomo.

Caen los franceses por docenas, literalmente segados por las balas (algunos cadáveres se encontrarán partidos por gala en dos).

El avance francés frena en seco. En el Estado Mayor, naturalmente situado en retaguardia, fuera del alcance de los cañones, los atónitos generales se preguntan en qué hemos fallado y cómo le contamos a la opinión pública que en veinte días hemos perdido trescientos mil soldados.[55]

Es la primera gran carnicería de la guerra. Pero vendrán más, porque los Altos Estados Mayores tardarán un par de años en admitir que las tácticas ofensivas pacientemente desarrolladas en los últimos veinticinco años no sirven ya, pues los avances tecnológicos favorecen la guerra defensiva.

54. En la primera guerra mundial, la bayoneta resultó un arma más psicológica que práctica. Sólo el 0,3 por ciento de las bajas lo fueron por herida de bayoneta. De lejos, el fusil de repetición y la ametralladora dominaban el campo; y de cerca, en el combate dentro de la propia trinchera, se usaban el cuchillo corto, la maza o la pala filosa.

55. No son sólo las ametralladoras. Ocurre también que la artillería francesa de campaña es más ligera que la alemana y antes de que se acerque a distancia de tiro ya la han tumbado.

CAPÍTULO 11

Al káiser no le salen las cuentas

Casi un millón de soldados alemanes avanza por territorio belga, pero no con la rapidez necesaria para cumplir el plan de ocupar París en seis semanas.

Los ingleses han tomado posiciones a la derecha del avance alemán. Son ya ciento veinte mil combatientes con sus propios medios motorizados. A falta de camiones, traen decenas de autobuses urbanos londinenses (rojos, de dos pisos, con publicidad en la jardinera) para que sus soldados puedan llegar rápidamente y descansados al lugar del combate.

Los alemanes siguen avanzando, ya en tierra francesa, y están a cien kilómetros de París. Los franceses han abandonado su Plan XVII y refuerzan la defensa de su capital con las tropas que fracasaron en Alsacia. En la ciudad cunde el pánico, acrecentado por las noticias de las salvajadas cometidas por los *boches*[56] en la mártir Bélgica.

La mitad de la población abandona la ciudad. Atestadas caravanas de coches, carros y gente a pie bloquean las carreteras. *Quelle débâcle.*

Ante la inminencia del cerco, el gobierno se traslada a Bur-

56. *Boche* es la palabra francesa para referirse despectivamente a los alemanes, equivalente a nuestro *gabacho* para aludir a los franceses. Los ingleses preferían llamarlos *huns* (hunos), como hemos visto. Más suave era el término *fritzs*, por la frecuencia de este nombre entre los alemanes.

deos después de ordenar la quema de los archivos más comprometedores. En el aire de París flotan las pavesas que expulsa el humo de las chimeneas ministeriales. Mal augurio.

Dos hombres frente a frente. El duro general Gallieni, al que han encomendado la defensa de la capital, y el príncipe Guillermo, heredero del káiser, de treinta y dos años, generalísimo del quinto ejército alemán.

Gallieni no se desanima. Construye barricadas y dispone la defensa. Guillermo se pavonea en su anticipada victoria. En unos días será el dueño de París, la capital del vicio que a él, mujeriego y vividor, se le antoja el paraíso terrenal.

Regresemos a la mesa de operaciones. El plan Schlieffen establece que la tropa debe descender por el norte, cerca del mar,[57] y, describiendo un amplio giro, atacar París por el sur, la zona donde las defensas de la capital son más débiles.

¿Qué necesidad hay de tanto rodeo?, se pregunta Von Kluck. Los franceses están para el arrastre: un golpe directo y los tumbo. Y ganamos unos días.[58]

Es cierto que el tiempo apremia. Los rusos atacan ya por la frontera opuesta. Un ejército de trescientos cincuenta mil hombres ha invadido Prusia Oriental.

Por otra parte, el káiser y su Estado Mayor están impacientes por entrar en París. Imagínense: asistir con sus brillantes uniformes a la rendición de Francia, la misma escena que vivieron sus padres o ellos mismos hace cuarenta y tres años.

¿Adónde acudimos primero: a París o a los rusos?, se preguntan Guillermo y sus generales. Después de alguna vacilación, se impone la cordura: envían para contener a los rusos a dos cuer-

57. Schlieffen, ya en su lecho de muerte, había recomendado: «Cuando avancen por Bélgica, la manga del último hombre de la derecha debe rozar la Manga» (el canal, *manche* en francés, es «manga», y de su mala traducción procede que los españoles hablemos del canal de la Mancha, cuando debería ser el canal de la Manga o, en todo caso, el canal Inglés, como lo llaman los ingleses (English Channel).

58. Por otra parte, no quiere perder contacto con el segundo ejército comandado por Von Bülow, que se ha quedado algo rezagado.

pos de ejército y una división de caballería de los que estaban destinados a tomar París.

O sea: París puede esperar.

No es el único problema.

La tropa está exhausta y la logística falla. Gigantescos almacenes de víveres se acumulan en la frontera con la intención de pasar a Francia, mientras más de dos mil quinientos camiones (más de la mitad del parque móvil) esperan a que los reparen. La falta de transporte afecta gravemente a las operaciones. En los últimos días ha habido que racionar las granadas de artillería y hasta el rancho de la tropa.[59]

Parece que el plan Schlieffen se está torciendo.

Algo debemos hacer. Y pronto. El cuartel general alemán da luz verde al plan de Von Kluck.

El general ha propuesto olvidarse del plan Schlieffen y acortar el camino atacando París por el este (el sector mejor defendido, que Schlieffen quería evitar).

Las avanzadas alemanas llegan a cincuenta kilómetros de París. Incluso una patrulla de caballería se fotografía bajo una señal indicadora: «París, 35 km».

El improvisado plan de Von Kluck acarrea más problemas de los que pretende resolver. Quizá, en su precipitación, Von Kluck no ha tenido en cuenta que los franceses han acumulado tropas a lo largo del río Marne, afluente del Sena, el foso natural que defiende París.

—Nuestro flanco derecho, el que se dirige a París, se ha separado demasiado del resto —observa preocupado un general alemán—. Los franceses podrían atacarnos por ese flanco.

—Pero estamos a dos jornadas de París —replica otro—. Los tenemos al alcance de la mano.

59. A lo largo de la guerra, el exorbitante consumo de material impondrá limitaciones a los ejércitos. «Una sola división de infantería alemana de dieciséis mil hombres y siete mil caballos contaba con diecisiete baterías artilleras. Esos cañones requerían 36 trenes de munición. Cada tren transportaba dos mil municiones de obuses pesados y 26.880 de artillería ligera» (Lozano, 2011, p. 185).

—Sí, pero si nos atacan nos aniquilarán. No nos precipitemos.

Un monoplano francés pilotado por Louis-Charles Breguet, con el teniente Watteau de observador, sobrevuela las formaciones alemanas y advierte que no avanzan hacia el oeste sino hacia el este. ¿Es posible? Realizan una nueva pasada para confirmarlo. En efecto: las carreteras y los caminos están atestados de *boches* que se dirigen hacia el este.

Regresan los aviadores con la noticia. El general Gallieni no se lo acaba de creer.

—¿Estáis seguros de que marchan en dirección este?

La confirmación no tarda en llegar cuando un oficial del Estado Mayor de Von Kluck se equivoca de carretera y va a dar de bruces en las líneas francesas con una cartera llena de mapas y documentos en los que se explica detalladamente el plan de operaciones alemán.[60]

Después de examinar los mapas, al francés le gotea el colmillo:

—Von Kluck tiene París al alcance de la mano, como una golosina, pero al intentar alcanzarla nos ha descubierto su flanco derecho —murmura a su asistente—. *Sacrebleu!* Demasiado hermoso para ser verdad.

Un memorable patinazo de Von Kluck que acarreará consecuencias.

El 5 de septiembre, tropas francesas e inglesas atacan el desprotegido flanco alemán por la brecha de casi cincuenta kilómetros que los germanos han dejado entre sus dos cuerpos de ejército. El general Gallieni requisa los taxis de París para que transporten sus soldados al frente con la urgencia necesaria.

60. En nuestra guerra civil ocurrió algo parecido: los republicanos encontraron la orden de operaciones del ejército nacional, firmada por el general Varela, en el bolsillo de la guerrera del cadáver del capitán Vidal Quadras, muerto en el puente de Toledo cuando evacuaba su tanqueta Fiat-Ansaldo inutilizada por una explosión. El teniente coronel Vicente Rojo y su Estado Mayor analizaron el documento y dispusieron la defensa de Madrid de la manera más eficaz.

Cogido en falta, Von Kluck comprende que la penetración aliada puede abocarlo a una derrota de consecuencias desastrosas. Se olvida de París y ordena una prudente retirada.

Corrección de líneas, reagrupamiento de tropas se llama eso. Sin abandonar el suelo francés, por supuesto. Que se note que vamos ganando. Todavía tenemos en nuestro poder el 80 por ciento de los yacimientos de hierro franceses.

Las líneas alemanas se establecen en el río Aisne. Parece que los alemanes han dejado de avanzar y pasan a la defensiva. Los abatidos parisinos, que llevan medio mes levantando barricadas y temiendo lo peor, vuelven a concebir esperanzas.

Los alemanes intentan recuperar el resuello. Íbamos a tomar París en seis semanas y mira dónde estamos, con dos frentes abiertos, francés y ruso, y sin esperanzas de regresar a casa para Navidad.

O sea: el infalible plan Schlieffen ha fracasado.

El único consuelo es que, al retirarse por la región de la Champaña, arramblan con cuantas botellas del prestigioso espumoso pueden llevar y destrozan el resto. En algunas bodegas, el champán llega a media pierna.

Los ingleses cruzan el río Aisne e intentan avanzar por la meseta, pero se topan con una serie de blocaos alemanes que les cierran el paso cerca de Venizel.[61]

Los alemanes se han pertrechado generosamente con ametralladoras. La ametralladora, considerada el arma del futuro por los estrategas del káiser, actúa como una guadaña: un giro de sólo quince grados barre con sus balas una extensión de doscientos metros. Las ametralladoras contiguas solapan esa extensión por sus dos extremos y abren fuego cruzado, de manera que ningún espacio escape a su granizada de balas. Los ingleses caen acribillados, una oleada tras otra, sin conseguir aproximarse a menos de cien metros de las posiciones enemigas.

61. Un *blocao*, germanismo que procede del alemán *Blockhaus*, es una pequeña fortificación de madera y sacos. Los españoles la usaron mucho en la guerra de Marruecos. Cuando se dispone de medios, el blocao se sustituye por el *búnker* (otro germanismo introducido en el español), que es una construcción de hormigón.

Habrá que cambiar de táctica, empiezan a pensar los generales con la lentitud que los caracteriza. Mientras tanto, la guerra debe continuar. Lo perentorio es cubrir los huecos que dejan las bajas, alimentar la hoguera de la guerra con carne de cañón (o sea, carne proletaria).

En su Estado Mayor, los bigotudos generales del káiser trazan nuevos planes. Si fuesen capaces de aplicar un juicio claro, comprenderían que han perdido la guerra y quizá darían marcha atrás, pero eso no entra en sus cálculos. El espíritu prusiano sólo cree en la guerra ofensiva hasta alcanzar la victoria. Ahora tendrán que mantener dos frentes: en el este, conteniendo a los rusos; y en el oeste, a los ingleses y franceses. Justo lo que querían evitar con el plan Schlieffen.

A Moltke (jefe del Estado Mayor) los continuados disgustos lo tienen al borde de la histeria. Es un hombre sensible que en sus pocos ratos de ocio toca el chelo y que, inducido por su mujer, cree en el espiritismo, la novedosa religión que permite a los vivos hablar con los muertos.[62] Ya se ve que no está a la altura de su ilustre tío, el vencedor de Napoleón III. El káiser lo releva y lo sustituye por Erich von Falkenhayn.

Von Falkenhayn se atiene al plan Schlieffen: rodear al enemigo por el norte. A buenas horas, mangas verdes. Los aliados, que lo ven venir, refuerzan el sector.

30 de octubre. Los alemanes atacan por Ypres. Los veteranos ingleses los reciben con sus ametralladoras y sus fusiles, el *mad minute*. Caen tantos alemanes, en su mayoría pipiolos recién salidos de los institutos, con sólo dos meses de entrenamiento, que en Alemania se habla de la *Kindermord*, la «matanza de los inocentes».[63]

En la primera compañía del regimiento List, formada por doscientos cincuenta soldados, sólo quedan cuarenta y dos: entre

62. Si ello fuera cierto, lo del espiritismo, es seguro que el difunto Schlieffen se le habría aparecido para advertirle: «Atente a mi plan, refuerza la derecha y no me distraigas más tropas, majadero».

63. Matanza, sí, pero se ve que se quedaron cortos: uno de los alemanes era el cabo Hitler y a ése lo dejaron con vida.

ellos un joven llamado Adolf Hitler, enlace de comunicaciones, que ese día tiene la suerte de hallarse lejos del frente y, por lo tanto, del peligro. A lo largo de la guerra, el joven Hitler ascenderá a cabo y logrará dos condecoraciones: la Cruz de Hierro de segunda clase y la de primera. Cuando escriba sus memorias, podrá presentarse como un héroe. Al parecer no lo fue tanto. Sus camaradas de regimiento lo tenían por un *Etappenschwein* («cerdo de retaguardia»), el nombre que adjudicaban a los enchufados que se mantenían lejos del tomate.[64]

Exercice avec les mitrailleuses au camp de Beverloo

Ejercicio con ametralladoras. Postal francesa.

64. Hitler se las compuso para alejarse del frente en los momentos de mayor peligro, cuando la carnicería arreciaba en la batalla del Somme y en las ofensivas del verano y el otoño de 1918. A pesar de ello, ingresó en el hospital militar aquejado de «histeria de guerra», un detalle que ocultaría a sus biógrafos, al tiempo que presumía de haber obtenido la Cruz de Hierro de primera clase y de haber sido herido dos veces, la última por contacto con gas mostaza que lo cegó temporalmente y le valió la licencia definitiva.

CAPÍTULO 12

Esto ya no es lo que era (la guerra romántica)

Acaba el primer asalto con ventaja clara para Alemania, que ha llevado la destrucción a suelo francés y ocupa la región más rica de Francia, casi todas sus minas, tanto de hierro como de carbón.

Los contendientes están tan agotados que necesitan un respiro.

En las academias militares se sigue enseñando la guerra como en tiempos de Napoleón, cuando los fusiles tenían un alcance efectivo de doscientos metros o menos y eran difíciles de cargar. Lo mismo cabe decir de los cañones. Los ejércitos luchaban cuerpo a cuerpo. La táctica consistía en rebasar lateralmente al enemigo, embolsarlo y atacarlo por la espalda. Los ejércitos estaban preparados para la guerra ofensiva, la que permite librar las batallas en territorio enemigo. Ahora la guerra de movimientos se acabó. Una sola ametralladora servida por dos hombres desarrolla la potencia de fuego de cien fusileros. Las ráfagas de ametralladora, en barridas regulares, siegan las filas de asaltantes como la guadaña siega el heno.[65] A su efecto hay que sumar el de

65. La ametralladora es un invento del norteamericano Hiram Stevens Maxim (1884), que emigró a Inglaterra, donde se nacionalizó y mereció el título de lord, otorgado por la reina Victoria en recompensa por su contribución al bienestar de la Humanidad. Las ametralladoras más empleadas en la Gran Guerra serán: la alemana MG 08 (Maschinegewehr 08) calibre 7,9 mm, de 62 kilos de peso (afuste incluido), capaz de cuatrocientos disparos por minuto, con cintas de lona de doscientos cin-

los modernos fusiles de repetición, diseñados por los distintos ejércitos a finales del siglo XIX, que disparan hasta siete u ocho balas por minuto, y pueden matar a un kilómetro de distancia.[66]

Por su parte, el cañón de retrocarga permite también varios disparos por minuto. Convenientemente guiado por telémetro y por los observadores de los globos cautivos, acierta con bastante precisión a varios kilómetros de distancia. El cañón puede disparar granadas de fragmentación que estallan en el aire y proyectan un mortífero chorro de postas.

A pocos metros de la trinchera enemiga, un campo de alambre de espino frena a los asaltantes y permite a los defensores disparar casi a quemarropa a blancos estáticos.

¿Qué está fallando?

Ametralladoras, alambradas, granadas de fragmentación y fusiles de repetición permiten aniquilar a cualquier tropa atacante antes de que logre acercarse a su objetivo.

Regimientos enteros pierden tres de cada cuatro hombres el día que entran en combate.

Ésta no es la guerra para la que los generales se han preparado en las academias. Las innovaciones en la tecnología militar imponen un cambio de táctica y de mentalidad, un cambio radical para el que ningún ejército está capacitado.

Los generales se ven obligados a renunciar a la guerra con-

---

cuenta cartuchos y un alcance útil de quinientos a mil quinientos metros; la francesa St. Étienne modelo 1907, calibre 8 mm, 26 kilos de peso, sin trípode, y un alcance útil de quinientos a mil quinientos metros (mediada la guerra introdujeron la más ligera y efectiva Hotchkiss Mle 1914, de 24 kilos sin trípode, capaz de seiscientos disparos por minuto); la inglesa Vickers, calibre 7,70 mm, 12 kilos de peso más un trípode de 20, que dispara entre cuatrocientas cincuenta y seiscientas balas por minuto.

66. Los fusiles de tiro rápido y preciso que se incorporan a la guerra son: por Alemania, el Mauser 1898 de 7,9 mm; por Francia, el Lebel 1886-1893 de 8 mm; por Inglaterra, el fusil Lee-Enfield de 7,7 mm; por Austria-Hungría, el Mannlicher 1895 de 8 mm; por Rusia, el Mossin Nagant 1891 de 7,62 mm; por Bélgica, el Mauser-Lee 1889 de 7,65 mm; por Italia, el Carcano 1891 de 6,5 mm; por Serbia, el Mauser serbio 1890 de 7 mm.

Trincheras

LA BATAILLE SOUS VERDUN, 1916
Un Boyau d'accès
THE BATTLE AROUND VERDUN, 1916
An access Branch
Paris

vencional, de ataques frontales. Hay que rodear al enemigo y atacarlo de flanco. Tras la primera batalla del Marne, en septiembre de 1914, los dos bandos intentan flanquear al contrario (la «carrera hacia el mar»). Sin éxito.

Para evitar que te rodeen, lo mejor es presentar un frente continuo. Tan continuo que muy pronto la línea de trincheras de 560 kilómetros se extiende desde la costa belga hasta la frontera de la neutral Suiza, una línea que permanecerá casi inalterada en los tres años siguientes.

El frente se inmoviliza con las primeras lluvias. Aguardemos a que regrese el buen tiempo. Las exhaustas tropas cavan trincheras y construyen refugios, por si esto fuera para largo. A la inicial y mortífera guerra de movimientos en campo abierto la sucede la tediosa guerra de posiciones, el ejército soterrado en trincheras a salvo de la artillería y de las ametralladoras. La guerra se atasca en el inmundo lodazal del frente, tierra removida por la artillería, yermo trufado de casquería humana y equina, rociado de chatarra bélica.[67]

67. Todavía hoy, transcurrido un siglo, la tierra de Verdún y el Somme, lugares de las principales batallas, sigue tan contaminada de residuos bélicos y tan repleta de inestables proyectiles sin estallar que se ha dejado baldía.

CAPÍTULO 13

Los caballeros teutónicos cabalgan de nuevo

Veamos ahora lo ocurrido en el otro frente, el ruso, desde que comenzó la guerra.

A los generales rusos no les entusiasma la idea de atacar a Alemania, porque a la que aborrecen es a Austria-Hungría, la opresora de los pueblos eslavos (Serbia y Balcanes) de los que ellos se consideran defensores. No obstante, para congraciarse con su aliado francés, deben atacar a Alemania y obligarla a distraer tropas del frente occidental.

Atendiendo a esa necesidad, los rusos han diseñado su Plan 19 (por los 19 cuerpos de ejército implicados), que consiste en abrir dos frentes: el A contra Austria y el G contra Germania, o sea, Alemania. Para ello dividen sus efectivos, lo que, unido a la escasa preparación de la tropa y a la deplorable calidad del armamento, no constituye, en buena lógica militar, un inicio brillante. A pesar de ello, el 20 de agosto derrotan a los alemanes en Gumbinnen y los empujan hasta el Vístula. El káiser, enfurecido al ver a esos zarrapastrosos bebedores de vodka hollar la sagrada tierra alemana (el corazón de la antigua Prusia, nada menos), encomienda un contraataque inmediato a sus dos generales más capaces, Von Hindenburg y Ludendorff (el que pulverizó los fuertes de Lieja). Tome nota el lector de estos nombres, que corresponden a dos tipos corpulentos y bigotudos a los que podemos considerar, en lo militar, pareja de hecho, un perfecto tándem prusiano, «los terribles gemelos», las dos *prime donne* del arte de la guerra.

Los gemelos cuentan con menos de la mitad de efectivos del enemigo, pero conocen mejor el terreno, puesto que juegan en casa. Además, han descifrado las señales de radio de los rusos y están enterados de sus planes.

El resultado es una clamorosa derrota de las tropas del zar en Tannenberg: cincuenta mil muertos,[68] cien mil prisioneros y quinientos cañones capturados. Una patrulla alemana encuentra en la espesura del bosque el cadáver del general Alexander Samsonov, responsable del desastre, con un tiro en la sien y un revólver en la mano.

En los días siguientes, la cerveza circula generosamente en los casinos y clubes militares de Alemania. En pleno delirio patriótico, los vates nacionales declaran que esta victoria es sólo comparable a la del mítico Arminio, el héroe germano por excelencia, el que aniquiló las tres legiones romanas de Publio Quintilio Varo en el bosque de Teotoburgo (año 9) y «liberó» Germania de la presencia de Roma.[69]

La victoria de Tannenberg se inscribe en los anales de Alemania como su victoria más gloriosa.[70]

68. En realidad el topónimo más cercano, que debería dar nombre a la batalla, era Grünfliess, pero los alemanes prefirieron nombrarla batalla de Tannenberg para que pareciera la revancha de la derrota que los polacos y los lituanos (raza eslava) infligieron en ese otro lugar a los caballeros teutónicos (germanos) en 1410.

69. En efecto: los romanos, que habían pensado extender su imperio hasta el Elba, se conformaron con llevar la frontera hasta el Rin, lo que dejó a los alemanes sin romanizar, una grave carencia de la que ellos ya no se resienten, pero Europa sí, sin ningún género de dudas.

70. Para conmemorar la victoria de Tannenberg levantaron en 1924 un extraño monumento en forma de fortaleza medieval de planta octogonal con una torre cuadrada en cada ángulo (nuevamente la referencia medievalizante a los caballeros teutónicos). El monumento era, en realidad, un cementerio militar. En su interior presentaba un graderío que le prestaba cierto aspecto de coso taurino, con el ruedo enlosado y presidido por una sencilla cruz. Allí trasladaron los restos de unos diez mil caídos de la guerra. Cuando el mariscal Von Hindenburg falleció, ya anciano, el 2 de agosto de 1934, Hitler lo hizo sepultar en la cripta existente bajo

Más al sur, los serbios están acogotando a los austriacos, que tienen que tragarse su orgullo y solicitar la ayuda de Alemania.

En la barbería El Siglo, se sigue la guerra con interés a través de la prensa, especialmente del *ABC.* Como el resto de España, la parroquia del establecimiento se encuentra dividida en dos bandos irreconciliables, los aliadófilos y los germanófilos.

Pepe, el barbero jefe, que se precia de no pertenecer a ninguno de los dos, dado que el negocio requiere su neutralidad, resume el estado de la cuestión:

—O sea, que los que liaron la guerra, los austriacos y los serbios, ahora no pintan nada; y los que se atizan de verdad son los alemanes con los rusos, por un lado, y con los franceses y los ingleses, por otro.

—Más o menos —admite el boticario Cifuentes.

Parece que la guerra se va a prolongar un poco más de lo que se esperaba, pero el káiser está seguro de que la victoria final será suya. Ya ha calculado las ganancias: Francia y Rusia tendrán que cederle importantes (y ricas) parcelas de territorio; Bélgica se convertirá en un protectorado del Reich y todos los que han levantado la mano contra Alemania tendrán que pagar cuantiosas indemnizaciones por la «sangre y tesoro» alemanes invertidos en la contienda.

—El cuento de la lechera —concluye Tuñón Mendieta, el de correos.

—Un caradura es lo que es —remata el tabernero de El Gorrión.

---

la torre central (contra los deseos del difunto, que había dispuesto su inhumación en el bosque de su finca de Neudeck). En 1945, el ejército alemán en retirada exhumó los restos de Von Hindenburg y de su esposa y voló las dos torres principales del monumento. Los polacos usaron el resto como cantera de materiales de construcción hasta 1952, año en que el gobierno polaco arrasó lo que quedaba de él. *Sic transit gloria mundi.*

CAPÍTULO 14

El lobo se merienda a las tres vacas

Desde que comenzó la guerra, casi toda la flota alemana de superficie permanece anclada en sus bases. La superioridad naval británica es tan abrumadora que sería suicida aventurarse a salir a mar abierto. Numerosas flotillas de la Royal Navy patrullan el mar del Norte para mantener el bloqueo decretado sobre el tráfico marítimo alemán.

Sin embargo, Alemania podría eludir el bloqueo naval o incluso atreverse a atacar a las naves británicas si utilizara submarinos, esas naves sumergibles de reciente invención tan difíciles de detectar.

Una empresa privada de Alemania diseña siete enormes submarinos con capacidad para transportar setecientas toneladas. Con ellos espera burlar el cerco enemigo y suministrar a la industria nacional materias primas de gran valor estratégico. El primero de ellos, el *Bremen*, desaparece en su viaje inaugural, seguramente por accidente, lo que desanima a los inversores.

Queda descartado el submarino de carga.

Sin embargo, el submarino de guerra, armado con un cañón y torpedos, se revela un arma capaz de alterar la guerra en el mar.

La armada del káiser diseña dos clases de submarinos: torpederos, para atacar naves enemigas, y minadores, que dejan minas explosivas como el pez que desova. Ambos ingenios son letales. Al buque torpedeado o al que colisiona con una mina se le abre

Submarinos

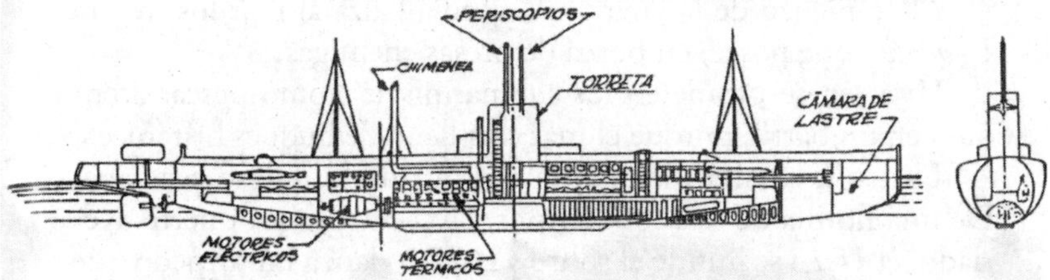

Dibujo y corte longitudinal del submarino *U-25*, del tipo Germania Krupp, 1915.

Los submarinos en dos postales de propaganda alemanas.

Submarino minador.

El submarino *U-118* varado en una playa danesa.

una vía de agua del tamaño de un túnel del metro, que le brinda muchas facilidades de irse a pique.

Al comienzo de la guerra, Alemania lanza al mar los treinta *U-boote*[71] que posee, en busca de presas enemigas.

Va a ser, se prometen los submarinistas, como pescar arenques en un barril, porque el mar está lleno de buques británicos.

El debut resulta menos prometedor de lo que se esperaba. De una flotilla de seis submarinos, el *U-9* regresa a puerto averiado, el *U-13* se hunde él solito y el *U-15* lanza un torpedo que falla y se va al fondo, arrollado por el crucero inglés *HMS Birmingham*.[72]

Por un momento, parece que el submarino tampoco será la solución. Sin embargo, un mes después, los alemanes se sacan la espinita cuando el *U-21* torpedea y hunde al crucero británico *HMS Pathfinder*.

La puesta de largo, con todos los honores, del arma submarina alemana se produce cuando el *U-9* hunde a los cruceros *HMS Aboukir*, *HMS Hogue* y *HMS Cressy*, en el plazo de una hora, con tal destreza y disimulo que los británicos creyeron que se habían metido en un campo de minas sin llegar a sospechar que eran víctimas de un submarino.[73]

Una navecilla insignificante que desplaza apenas quinientas toneladas ha vencido a tres colosos treinta veces más pesados (treinta y seis mil toneladas suman) y, sobre todo, más caros. Veintinueve hombres (la tripulación del submarino) han aniquilado de una tacada a mil quinientos.

El lobo se ha merendado a las tres vacas.

71. *U-Boot*, abreviatura del alemán *Unterseeboot*, «nave submarina».

72. Esas siglas, *HMS*, que preceden a los nombres de los buques de la Royal Navy son las iniciales de *His Majesty's Ship*, «Barco de Su majestad».

73. En descargo de la armada inglesa hay que precisar que las tres valetudinarias naves se conocían en el almirantazgo como «el cebo vivo», porque su papel se reducía a servir de señuelo para atraer a la escuadra alemana hacia aguas abiertas, donde otros barcos más modernos y capaces dieran cuenta de ella.

La hazaña desencadena la euforia en Alemania. El káiser ordena construir a ritmo acelerado nuevos sumergibles.[74]

El modus operandi de los submarinos alemanes es, al principio de la guerra, razonablemente civilizado: cuando localiza un mercante de los aliados, el submarino emerge y lo hunde a cañonazos bajo la línea de flotación (con el cañoncito que lleva instalado en cubierta), después de permitir que los tripulantes se pongan a salvo en los botes salvavidas. De este modo, ahorra los preciosos torpedos y los reserva para los buques de guerra.

Como contramedida, los ingleses no tardan en fletar buques Q o buques trampa, mercantes aparentemente inofensivos que, cuando emerge el submarino para cañonearlos, lo fríen con su propia artillería, que llevan oculta tras unos mamparos. Así hunden seis submarinos en 1915.

La existencia de buques Q obliga a los alemanes a cambiar de táctica. En lugar de emerger y exponerse a un ataque, torpedean a los buques enemigos sin previo aviso. El elevado gasto de torpedos supone una grave contrariedad para la flota submarina, porque limita el tiempo de singladura de los sumergibles y los obliga a regresar a menudo a la base para municionarse.

74. Al terminar la guerra, Alemania habrá construido unos 167 submarinos de navegación oceánica, unos 154 costeros (designados UB) y unos 105 minadores (designados UC, encargados de depositar minas explosivas flotantes o ancladas a distintas profundidades para dificultar la navegación del enemigo).

CAPÍTULO 15

Tschüss, Kolonien (o sea: adiós a las colonias)

Alemania había llegado tarde al reparto colonial. Tan sólo consiguió unas cuantas posesiones de segundo orden que, en cuanto comenzó la guerra, aisladas de la metrópoli y faltas de una escuadra que las defendiera, quedaron a merced del enemigo.[75]

La única colonia alemana que resistió hasta el final de la guerra fue el África Oriental Alemana, hábilmente defendida por el coronel Paul Emil von Lettow-Vorbeck.

El 4 de noviembre de 1914, un contingente inglés reforzado con tropas coloniales indias intenta conquistar la colonia alemana. Para ello desembarca cerca de Tanga, un pueblecito perdido entre marismas palúdicas. Al principio, el resultado de la batalla parece indeciso. Los alemanes son pocos, pero se ayudan con *áskaris* de la tribu wahehe, sus tropas coloniales. De pronto una nube negra brota de los pantanos: un gigantesco enjambre de

75. Los japoneses conquistan el enclave alemán de Tsingtao (hoy Shandong, en China) y las islas del Pacífico central (Marshall, Marianas y Carolinas); los australianos y neozelandeses les arrebatan las del Pacífico sur (Papúa, Samoa, Salomón y las Bismarck); en África, ingleses y franceses atacaron las colonias alemanas: el África Oriental Alemana o *Deutsch-Ostafrika* (aproximadamente las actuales Tanzania, Ruanda y Burundi), el África del Sudoeste Alemana o *Deutsch-Südwestafrika* (actual Namibia) y el África Occidental Alemana o *Deutsch-Westafrika* (Camerún y Togo, más o menos).

abejas que irritadas por el tiroteo que perturba su apacible hábitat se ensaña con los alborotadores, especialmente con los indios (no se sabe si por el color o por el olor). Los exasperados indios abandonan las armas y huyen en todas direcciones. Muchos se ahogan en los pantanos; otros caen en las manos poco misericordiosas de los *áskaris*. La operación británica resulta un fracaso y lo peor es que deja en manos de los alemanes toneladas de armas y munición con los que Von Lettow-Vorbeck resiste hasta el final de la guerra.

En la prensa inglesa más seria aparecerá la noticia de que los alemanes han conseguido adiestrar abejas para que ataquen a las tropas británicas. Eso no es *fair play*, pero ya se sabe que de los malvados alemanes cabe esperarlo todo. Los apicultores británicos se enzarzan en una erudita polémica sobre si se podrían lograr los mismos resultados con la abeja inglesa. Por lo visto, no. La abeja inglesa es ferozmente independiente, virtud que comparte con los pobladores humanos de las islas. La abeja inglesa nunca se dejaría manipular para intervenir en asuntos ajenos.

El coronel Von Lettow-Vorbeck, alto, rubio, simpático, bien plantado, resistirá toda la guerra practicando una hábil guerra de guerrillas que obliga a los ingleses a distraer de Europa a un crecido contingente de efectivos. El León de África, como lo llaman, resistirá hasta diez días después de la rendición oficial de Alemania, como aquellos soldados españoles, los últimos de Filipinas, que no se creían que la guerra hubiera terminado y seguían luchando.

von Lettow Vorbeck.

CAPÍTULO 16

La guerra en las trincheras

Han pasado tres meses desde que comenzó la guerra. Los ejércitos están exhaustos, como dos púgiles que se abrazan en el centro de la lona, sin fuerza para derribar al contrario, pero sin ánimo tampoco para arrojar la toalla.

Las cargas contra las ametralladoras a pecho descubierto, mientras en el cielo estallan granadas de fragmentación, han abierto un caño de sangre que ningún país puede mantener mucho tiempo. Es cuestión de números. A este ritmo no habrá quintas de reclutas que puedan reemplazar a los soldados muertos, ni hospitales que puedan atender a tanto herido, ni caridad social para consolar a tanto mutilado.[76]

Después de las terribles desgracias, los generales se ven obligados a aceptar que el país no puede afrontar tantas pérdidas. Se acabó la guerra de movimientos. Mientras se nos ocurre algo, atrincherémonos, tomemos aliento y pensemos en nuevas tácticas.

Las primeras trincheras surgen casi espontáneamente, en la zona de Ypres, cuando los ingleses excavan zanjas que conectan los embudos abiertos por la artillería, lo que les permite despla-

76. Los franceses recurrieron a los moros y negros de sus colonias africanas; los ingleses a sus tropas coloniales, indios principalmente; pero los alemanes no tenían tropas coloniales que traer a Europa, dado que la flota inglesa señoreaba el océano.

zarse a resguardo del enemigo.[77] La tierra de Flandes es blanda y se presta a ello.[78] Después, las trincheras se extienden a lo largo de todo el frente, en dos líneas casi paralelas, alemana y aliada, desde el canal de la Mancha hasta Suiza. Como se componen de varias líneas en profundidad, unidas por ramales de comunicación, no es exagerado calcular que las trincheras aliadas rebasarían los diez mil kilómetros de zanjas; y las alemanas, más complejas siempre, hasta el doble.

Al principio, tanto alemanes como aliados están mal equipados para la guerra de trincheras. Los picos y las palas que precisan sus zapadores tienen que requisarlos en las granjas y pueblos cercanos al frente.

Con los ejércitos soterrados, la artillería de tiro tenso, tradicional, resulta ineficiente. Hay que equipar a las tropas con morteros de tiro parabólico, proyectiles que caigan verticalmente, como llovidos del cielo, de efectos devastadores cuando aciertan dentro de la trinchera enemiga. En esto, como en casi todo, los alemanes llevan la delantera.[79]

La trinchera típica consta de tres zanjas quebradas y paralelas, comunicadas entre sí por otras transversales. La más avanzada es poco más que un parapeto en el que se apostan centinelas

77. El atrincheramiento es, en realidad, muy antiguo (los asedios en las guerras del siglo XVII se hacían a base de trincheras), pero rediseñado por ingenieros militares alemanes se vuelve más complejo.

78. Se excavarán trincheras incluso cuando el terreno no se preste a ello. En el frente de los Alpes, en el que se enfrentarán austriacos e italianos, las trincheras se adaptarán a las quebradas del terreno. A veces tendrán que tallarlas en suelos rocosos. En los otros frentes en los que el territorio importa menos (el ruso y los de Oriente), apenas se practican trincheras.

79. Los alemanes emplean morteros de una variedad de tamaños, desde el diminuto *Granatenwerfer*, que lanza bombas de racimo, a los pesados *Ladungswerfer*, que lanzan «torpedos aéreos» cargados con cien kilos de explosivo a casi un kilómetro de distancia, pasando por los *Minenwerfer*, de tamaño mediano. Los aliados, al principio, tienen que improvisar y llegan a lanzar bombas de mano con ballestas artesanales confeccionadas con los flejes de suspensión de los automóviles.

y escuchas para vigilar el campo enemigo. A unos setenta metros detrás de esa primera línea, se excava la trinchera principal (llamada «de apoyo»), mejor acondicionada, en la que se refugian los de la trinchera delantera en caso de bombardeo artillero. Detrás, a unos trescientos metros, está la trinchera de reserva, donde se ubican refugios, cocinas, almacenes, servicios sanitarios, etc.

Al principio, la trinchera más avanzada sirve de señuelo para que unos pocos soldados atraigan los tiros de la artillería enemiga mientras que el grueso de la tropa se concentra en la segunda y principal. Con el tiempo, la artillería aprenderá a machacar por igual las tres líneas.

Detrás de la línea de trincheras suelen disponerse, a cierta distancia, otros sistemas de reserva por si el primero cae en manos del enemigo. Los alemanes, más laboriosos que sus adversarios (el frente se ha paralizado en territorio francés y los acuciados por recuperar lo perdido son los de enfrente), excavan en algunos sectores hasta tres sistemas completos de trincheras, distantes entre ellos un kilómetro, lo que les asegura una defensa en profundidad.

Cada cuerpo de ejército tiene asignado un sector del frente en el que se alternan dos divisiones de primera línea y una tercera de reserva, acantonada en la inmediata retaguardia.

Entre las trincheras aliadas y las alemanas, se extiende una «tierra de nadie» de extensión variable. Al principio de la guerra pueden distar unos treinta metros, pero, en cuanto aparecen catapultas para lanzar granadas de mano, las trincheras se vuelven tan incómodas (y peligrosas) que en lo sucesivo las sitúan a una distancia que oscila entre los cien y los doscientos cincuenta metros.

Avanzada la guerra, los alemanes desarrollan el concepto de defensa en profundidad (luego copiado por los aliados), consistente en instalar nidos de ametralladoras avanzados que baten el terreno delante de la primera línea y permiten el fuego cruzado sobre el enemigo, mucho antes de que se acerque a la trinchera.

La trinchera nunca es una zanja recta, sino una línea en zigzag para evitar el tiro en enfilada, si el enemigo la invade, y para reducir el efecto de las granadas que acierten en ella. Suele constar de un pasillo más hondo, suficientemente ancho para que dos personas puedan cruzarse, y un «escalón de fuego» de medio metro de alto en el que se apostan los tiradores para vigilar el campo enemigo. A veces el borde está protegido con sacos terreros o con planchas de hierro en las que se abren mirillas y aspilleras para la fusilería.

Delante de la trinchera se dispone un campo de alambradas, sostenidas por piquetes de hierro clavados en el suelo, de unos diez o doce metros de anchura.[80]

Dentro de la trinchera, a intervalos regulares, se excavan refugios donde se puede descansar o dormir. Los aliados los cavan a un par de metros de profundidad, bastante precarios, con techos de troncos o chapa reaprovechada. Los alemanes, por el contrario, realizan verdaderas obras de ingeniería con bastiones de hormigón, casamatas para los nidos de ametralladora y alojamientos espaciosos, construidos con vigas de hierro, muy sólidos y profundos (hasta en tres niveles, a seis o más metros de profundidad). Algunos, destinados a oficiales, se empapelan y amueblan. Incluso no falta un insólito piano.

En la frontera franco-alemana, el terreno es blando y favorece la excavación de trincheras y refugios, pero en algunas zonas la capa freática es tan superficial (especialmente en Flandes) que las trincheras se inundan y los soldados se pasan el día chapoteando en el barro. No hay más solución que elevar la trinchera con parapetos de sacos terreros.

La humedad de las trincheras, que a veces obliga a las tropas a permanecer con los pies metidos en agua, causa una enfermedad típica, el «pie de trinchera»: el frío y la humedad ablandan la piel y provocan llagas supurantes proclives a degenerar en gangrena. Cuando esto ocurre, hay que amputar el miembro. Las botas impermeables no son solución, porque el pie suda copiosamente hasta empapar el calcetín, con los mismos resultados.

El drenaje de la trinchera plantea auténticos problemas de

80. Alemania suministraba al frente occidental unas siete mil toneladas semanales de alambre de púas.

ingeniería. En muchos casos se opta por excavar en el fondo un canal de evacuación sobre el que se extiende una tarima de traviesas o tableros.

Los alemanes procuran instalar sus trincheras en terreno alto (a veces corrigiendo para ello la línea del frente), lo que, además de proporcionarles la ventaja de una mejor visión del campo, les asegura que sus trincheras no se inundarán en caso de lluvias torrenciales. Los aliados, menos cuidadosos, padecen con mayor frecuencia el pie de trinchera.

El frente occidental.

CAPÍTULO 17

Francotiradores y otros incordios

En las trincheras se vive bajo la amenaza constante de los francotiradores, unos soldados escogidos por su puntería y cierto instinto asesino a los que se les suministra un fusil con mira telescópica para que cacen al acecho a los incautos que asoman la cabeza en la trinchera enemiga. A cambio de realizar esta paciente tarea, los francotiradores están exentos de obligaciones rutinarias.[81]

La pieza más preciada que puede cobrarse un francotirador es otro francotirador enemigo. Para proteger a los propios se fabrican planchas blindadas provistas de mirilla y se idean elaborados camuflajes, incluidos falsos cadáveres de soldados o de animales aparentemente abandonados en tierra de nadie a los que el francotirador accede por un túnel.[82]

81. La proliferación de francotiradores obliga a los franceses a modificar el uniforme: los vistosos pantalones rojos y el quepis azul y rojo con el que comenzaron la guerra (los colores de su bandera, junto con el blanco) cambian a un azul desvaído, casi gris, que se confunde mejor con el terreno. Los ingleses ya habían abandonado sus tradicionales uniformes rojos para vestirse de caqui después de las penosas experiencias sufridas en Sudáfrica, en la reciente guerra de los bóers.

82. Ese emocionante juego de gato y ratón de los francotiradores se explica magistralmente en la película de Jean-Jacques Annaud *Enemigo a las puertas* (2001), ambientada en el cerco de Stalingrado durante la segunda guerra mundial.

Cuando los francotiradores comienzan a utilizar balas de alta penetración diseñadas para atravesar un parapeto de sacos de arena y la cabeza del incauto que se cree seguro a su resguardo, aparecen los periscopios de trinchera (un tubo con un espejo inclinado en la parte alta y otro en la baja) e incluso petos de hierro pesadísimos e incómodos, pero lo suficientemente gruesos como para detener una bala.

Otra innovación defensiva es el casco de acero. Al principio de la guerra nadie lo usaba, pero, en cuanto se comprueba que tres de cada cuatro bajas se producen por heridas de metralla en la cabeza (de las que nueve de cada diez heridos mueren porque todavía no se conocen los antibióticos), los franceses adoptan el casco Adrian-1915 y los ingleses el Brodie-1915. En la trinchera opuesta, los alemanes abandonan su Pickelhaube, ese característico casco terminado en punta, meramente decorativo (como que era de cartón piedra), y adoptan el Stahlhelm-1916, de sólido diseño, con una amplia cogotera y visera lateral inclinada.[83]

No deja de ser paradójico que la guerra moderna recupere el

83. El Adrian *modèle 1915* pesa unos setecientos gramos y consta de cuatro piezas sobre una plancha de palastro de acero de entre 7 y 10 milímetros. Se fabricaba en tres tallas y en color *bleu horizon* o *bleu artillerie.* El Pickelhaube prusiano era un diseño del rey Federico Guillermo IV de Prusia en 1842. Su sustituto, el Stahlhelm, de una aleación de acero-cromo-níquel, y más de un kilo de peso, se divulgó en la campaña de Verdún, en 1916. Estaba dotado con dos tornillos saledizos a ambos lados que servían para sostener un refuerzo frontal capaz de detener una bala (ya que un casco de acero de espesor normal no protege de balas cercanas). En estos tornillos se localizaban los agujeros de ventilación del casco, que en tiempo ventoso creaban una desagradable corriente de aire, por lo que había que taparlos con barro. El Stahlhelm se modificó en 1933 para hacerlo menos claustrofóbico, ya sin tornillos, y de nuevo en 1940. La forma del casco alemán (que inspirará el de muchos ejércitos modernos, incluido el español), con esos saledizos laterales, le otorga cierto aspecto de puchero, como nota Pepe Blanco en la copla intitulada *Venimos en desafío*, cuando se lamenta de que «Hoy las mujeres modernas / visten como los guerreros: / llevan medias negras bastas / y en la cabeza un puchero. / Y en la cabeza un puchero».

Francotiradores

Francotirador alemán con el compañero de equipo que le señala los blancos.

Escudo facial de francotirador alemán que lo protege de los francotiradores enemigos.

Árbol hueco que sirve de escondite a observadores o francotiradores. Obsérvese la entrada practicada en la parte inferior.

Traje de camuflaje de francotirador que actúa desde la tierra de nadie.

El cazador cazado: el cadáver del francotirador en su escondite.

obsoleto equipo medieval: a las espesas corazas de hierro que protegen de la metralla y de las balas (y que, por su peso excesivo, sólo se pueden llevar durante un corto periodo en la trinchera o en puestos de avanzada) se suman los cuchillos de carnicero y las mazas artesanales guarnecidas de clavos o los pinchos ideales para la lucha cuerpo a cuerpo dentro de la trinchera donde, debido a la angostura, un fusil armado de bayoneta estorba más que ayuda.

Corazas de hierro.

CAPÍTULO 18

Placeres de retaguardia

En los periodos de calma, la vida en la trinchera resulta bastante monótona: fuera de los turnos de guardia los hombres conversan, fuman, escriben cartas, le dan al naipe, o matan el tiempo en actividades artesanales que producirán un peculiar «arte de trinchera»: tallas en madera, cartuchos de fusil convertidos en encendedores, candelabros hechos con fundas de obuses, monederos realizados con carcasas de granadas de mano..., objetos así. No hay mucho más que hacer en esas zanjas claustrofóbicas de las que uno no puede asomar la cabeza sin temor a que los francotiradores le levanten la tapa de los sesos.

El soldado obligado a permanecer durante semanas en infectas zanjas padece una tensión nerviosa que a menudo se manifiesta en problemas psíquicos. Para distraerlo y elevarle la moral se instituyen las «madrinas de guerra», corresponsales voluntarias que escriben al amadrinado largas cartas y que, sobre todo, reciben sus confidencias. La redacción de una carta y la espera de la respuesta se revelan una medicina casi milagrosa contra las depresiones y la «fatiga de trinchera».

La de las madrinas es una correspondencia no necesariamente amorosa, aunque, por supuesto, lo que el soldado espera es conocer personalmente a la chica, quizá durante un permiso, y merecer un trato de mayor proximidad. Sugerentes postales de la época nos muestran al *poilu* en amoroso diálogo con su madrina o incluso encamado con ella.

Soldados y madrinas intercambian también regalos en cumpleaños, Navidad o fechas señaladas. Las madrinas obsequian a sus ahijados con paquetes de comida o ropa de abrigo, a menudo tejida por ellas mismas. A cambio reciben alguna obra de artesanía en la que los manitas invierten sus horas muertas: broches confeccionados con esquirlas de metralla, lapiceros a partir de cartuchos de balas, monederitos con carcasas de granadas de mano, cosas así.[84]

El mando establece turnos de una semana en primera línea, otra en la línea de apoyo y hasta un mes en la retaguardia, donde existen cantinas y lugares de diversión o de juego e incluso se puede asistir a espectáculos de cabaret o de circo representados por artistas que el ejército contrata.

De estos espectáculos de cabaret surge una canción que se convierte en el himno oficioso de los *poilus*, *La Madelon* (o, más exactamente, *Quand Madelon*), interpretada por Polin Bach y otros cantantes de menos entidad, y finalmente coreada por la tropa en cualquier ocasión gozosa o en el tedio de la trinchera. La canción cuenta la historia de una cantinera alegre y hospitalaria llamada Madelon, o sea, Magdalena, aunque, con la deformación del prolongado uso, el nombre se transforma en *Mamelon*, o sea, pezón.[85]

84. La costumbre de las madrinas de guerra se transmitió a España durante las guerras de Marruecos. En la prensa española de la época menudean las peticiones de madrinas para los soldados destacados en tierras africanas. La institución ganó popularidad hasta el punto de que Miguel Mihura publicó en 1922 una comedia en dos actos titulada *La madrina de guerra*. Durante la guerra civil española, muchas jóvenes falangistas y «margaritas» navarras aceptaron con entusiasmo este madrinazgo como una contribución de la mujer al triunfo de las armas nacionales. En el bando republicano no hubo tantas por miedo a la «quinta columna» fascista (un aumento significativo de la correspondencia con la retaguardia desbordaría de trabajo a la censura militar, que leía todas las cartas del frente).

85. La canción se hizo popular también años después en la legión española con la siguiente letra: «Al obtener un descanso en la pelea, / el militar siempre va a calmar su sed / a un cabaret donde bebe y se recrea,

Los británicos, por su parte, popularizan *It's a Long Way to Tipperary*, una copla de *music hall* que comenzó su andadura como himno nostálgico del séptimo batallón del regimiento Connaught Rangers y que pronto suena en todas las trincheras de Flandes.[86] También se escuchan otras canciones alusivas a la guerra, como *When this Lousy War is Over* («Cuando esta guerra de mierda termine»), cuya letra expresa con razonable claridad el anhelo del soldado: «Cuando esta guerra de mierda termine, / se acabó el servicio de las armas; / cuando me vista de civil, / anda que no voy a ser feliz».

En todos los frentes florecen, como flores del mal, los prostíbulos o *maisons de tolérance*. Los hay de distinta categoría y precios, todos ellos sujetos a la autoridad de *madames* toleradas por la jurisdicción militar.

Aparte de las prostitutas registradas, existen otras que ejercen a tiempo parcial, y figuran como chicas de servicio en cafés, hoteles y bares. No se cuentan entre ellas las amantes de oficiales pudientes a las que sus protectores alojan en hoteles o pensiones cercanas al frente.

Al mando le tiene sin cuidado la moral, pero le preocupan las numerosas bajas que causan las enfermedades venéreas (por ejemplo, ciento cincuenta mil ingleses las contrajeron

---

/ Tabarín se llamaba el cabaret. / La cantinera es una moza / llena de fuego y de pasión / que a todos trata con cariño, / bella y gentil: la Madelón. / Que a todos dice sí, que a nadie dice no, / que bella y complaciente es la Madelón. / La Madelón es canto de victoria, / la Madelón a todos trata igual. / La Madelón da amor a todo el frente / desde el soldado al general. / Un capitán seductor y enamorado / de Madelón locamente se prendó, / y olvidando recuerdos del pasado, / su blanca mano le pidió. / Muerta de risa al escucharle, / díjole así la Madelón: / "¡Cómo voy a amar a un solo hombre / si necesito un batallón! / Mi mano, capitán, a nadie la daré: / la necesito yo para dar de beber". / La Madelón es dulce...».

86. También la hemos visto, entonada por los submarinistas alemanes, en la estupenda película de Wolfgang Petersen *Das Boot* (1981), lo que demuestra que, como la memorable *Lili Marleen*, fue una canción compartida por los dos bandos en la segunda guerra mundial.

durante la guerra). Por eso reparte condones generosamente y legaliza el comercio sexual obligando a las practicantes a inscribirse en el registro de la policía y a visitar semanalmente al médico.

No todos los soldados usan medidas profilácticas. Muchos van buscando precisamente contraer una sífilis o una gonorrea que los aparte del frente, aunque sólo sea por un tiempo. En el hospitalillo el tratamiento es simple, pero doloroso: cánula inserta en el canal urinario, jeringazo de permanganato, grito en el cielo y listo: que pase el siguiente.

—¿Duele?

—¡Mucho!

—En la cura llevas la penitencia —le dice el sanitario—. La próxima vez usa una goma, que para eso se os da.

En el putiferio, como en todo lo demás, los alemanes son los más organizados; su «Policía Moral» edita una tabla de tarifas en la que leemos: «Tiempo con las mujeres. Toda la noche: 30 marcos. De dos a tres horas durante la noche: 20 marcos. Una hora durante la noche: 10 marcos. Cualquier tiempo entre las 9 de la mañana y las 6 de la tarde: 10 marcos».

Las categorías de los burdeles están bien marcadas: elegantes *meublés* para los rangos superiores del ejército y modestos berreaderos para la tropa. Cada oveja con su pareja. Las cortesanas finas para los oficiales; las putas baratas, para la tropa. Un personaje de Remarque asevera que «las internas de los prostíbulos de los oficiales, por orden de la Comandancia General, están obligadas a llevar camisas de seda y, para los clientes que sobrepasen el grado de capitán, deben tomar antes un baño».[87]

En las poblaciones conquistadas, es norma que los oficiales se reserven los prostíbulos que antes frecuentaban los oficiales enemigos y los soldados se conformen con los de su rango. Está visto que la guerra no afecta (todavía) a la tradicional división de las clases sociales.

87. Remarque, 1968, p. 6.

En la zona alemana, los burdeles distinguidos son palacetes de aspecto digno sin señal exterior alguna, salvo los coches elegantes aparcados a la puerta; los menos lujosos suelen distinguirse por un cartel o algún tipo de anuncio. En la parte francesa, los burdeles de oficiales lucen un farolillo azul y los de la tropa uno rojo.

El cabo John Wood anota en su diario del Somme:

> Habíamos oído hablar de la famosa Lámpara Roja con un gran número 3 pintado en ella, pero nunca pensamos que fuera verdad. Nunca olvidaré mi primera impresión. Media hora antes de la apertura ya había una larga cola de soldados frente a la puerta, como los aficionados cuando hay fútbol en Blighty. Cuando faltaban seis minutos para las seis se encendió la bombilla, y a las seis en punto se abrió la puerta y la gente se agolpó para entrar.
>
> Dentro había seis mujeres, calculo que de edades comprendidas entre los veintiocho y los cuarenta años, ataviadas con sedas y atractiva ropa interior. Una escalera conducía a las habitaciones superiores, pero antes de subir había que entregar a la *madame* un franco (el precio de la cama); a la chica se le pagaba aparte.

El soldado Eddie Bigwood, al que acababan de asignar a un batallón que había sufrido enormes pérdidas durante la primera batalla del Somme, va de putas en Ruán. En el primer prostíbulo le sorprende que las chicas sólo lleven puesta una ligera combinación de encaje; en el segundo ve a cinco chicas completamente desnudas.

El joven soldado William Roworth pierde su virginidad «con una chica desaseada en un cuartito sucintamente amueblado con una cama turca escasa de ropa y sábanas».

El capitán Robert Graves testimonia que «en Francia no había cortapisas: los chicos tenían el bolsillo repleto y la perspectiva de morir dentro de unas pocas semanas. No querían morir vírgenes».

El subteniente Dennis Wheatley cuenta su visita a uno de los más lujosos prostíbulos de Francia. «En la habitación octogonal con el techo y las paredes cubiertas de espejos y un diván bajo en el que una rubita desplegaba sus encantos. Me recibió amablemente y más tarde nos desayunamos tortilla, melón y champán.»[88]

Hizo bien en divertirse este chico, Wheatley, porque poco después, en Passchendaele, estuvo expuesto a un ataque químico y lo licenciaron definitivamente con los pulmones abrasados.

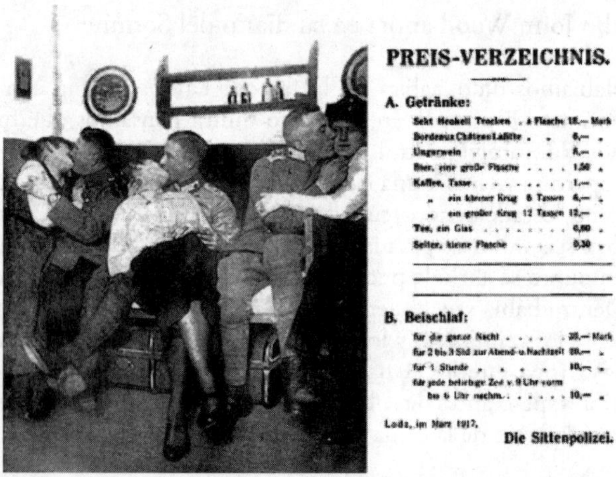

El descanso del guerrero y sus tarifas.

88. Clare Makepeace, «Sex and the Somme», *Mail Online*, 29 de octubre de 2011.

CAPÍTULO 19

Vida de ratas

A los generales les incomodan los frentes estáticos. No es ésta la guerra de lucimiento, de resonantes victorias con la que ellos sueñan para ascender en el escalafón e incluso labrarse un nicho marmóreo en la Historia. Romper el frente, ésa es la obsesión; o sea: asaltar la trinchera enemiga, conquistarla, irrumpir en su retaguardia, conquistar extensos territorios... La gloria.

Ametralladoras y alambradas parecen haberse confabulado para quebrantar esos sueños. ¿Cómo anularlas? Mediante una adecuada preparación artillera. Durante casi tres años, los generales repetirán la misma táctica: primero acumulan considerables cantidades de artillería, cañones de todos los calibres, reservas inmensas de granadas; después, bombardean las trincheras enemigas durante horas o, mejor, durante días: cientos de miles de granadas si fuera necesario, un auténtico despilfarro. El resultado son algunos kilómetros de tierra abrasada a uno y otro lado del frente en los que no crece vegetación alguna, un yermo sembrado de restos de metralla y de casquería humana o animal: hombres y bestias de carga despedazados.

Los globos cautivos o los aviones de reconocimiento aportan fotografías de un devastado paisaje, hectáreas de tierra revuelta en las que apenas se distinguen las líneas de las trincheras.

Cada ataque se hace preceder de una preparación artillera que puede durar días o solamente horas. Guiada desde los globos cautivos, la artillería castiga la primera línea de trincheras para destrozar sus alambradas y aniquilar a sus defensores, o al menos dejarlos tan conmocionados que no ofrezcan resistencia. La metralla mutila y produce heridas espantosas, pero incluso aquellos a los que no alcanza pueden morir por el aplastamiento de la onda expansiva, que no produce ninguna herida visible.

Secuela lógica del horror de los bombardeos es la neurosis de trinchera, o neurosis de guerra, que trastornará a muchos hombres. Dado que la psicología, la ciencia del alma, está en mantillas, los tribunales militares tienden a tratar a los afectados como simples cobardes, por lo que algunos acaban ante un pelotón de fusilamiento. Como es natural, con los oficiales aquejados del mismo mal se observan mayores miramientos.[89]

En cuanto la artillería termina la preparación previa, alarga el tiro para que la infantería ocupe la trinchera castigada. El bombardeo de la inmediata retaguardia dificulta al enemigo la llegada de refuerzos.

Como teoría es impecable, pero en la práctica la preparación artillera pierde efectividad, porque el enemigo se guarece en sus refugios, a metros bajo tierra, y en cuanto amaina el bombardeo vuelve a ocupar sus puestos para repeler el asalto. Por otra parte, la imprecisión de la artillería y las deficientes comunicaciones entre la primera línea y la retaguardia permiten que a menudo la artillería bombardee a las tropas propias y cause bajas debido a eso que eufemísticamente se conoce como «fuego amigo».

No se termina ahí el peligro. Cuando el sufrido infante logra llegar, y conquistar, la primera trinchera del adversario, detrás encuentra otra y después otra (especialmente en las líneas alemanas, donde los ingenieros no dan abasto en la tarea de trazar trincheras y refugios).

Cuando se acerca la hora del asalto, pasan los furrieles repartiendo coñac barato que sustente el valor suicida necesario para exponerse en campo abierto a las ametralladoras. Se obedece en

89. La neurosis de trinchera, *shell shock* o estrés postraumático, afectó a cientos de miles de soldados. Se caracterizaba por el descontrol de los esfínteres, insomnio, temblor compulsivo y pérdida del habla. Algunos afectados se recobraron, pero otros muchos lo padecieron crónicamente.

silencio sacramental la sobrecogedora orden de calar bayonetas. Inmediatamente después, sin espacio para la reflexión, suenan los silbatos de los suboficiales. ¡Al ataque! Los hombres escalan torpemente el talud de la trinchera o trepan por improvisadas escaleras de mano para exponerse a las primeras balas de los francotiradores enemigos. Alguno recibe el balazo nada más asomar y cae de espaldas en la zanja. Sus compañeros se sobreponen al pánico, azuzados por los sargentos que los insultan y les advierten que matarán como a un perro al que se retrase o titubee en lugar de acompañar a sus valientes camaradas. Enloquecidos de terror, los hombres se esfuerzan en sortear las alambradas propias por senderos previamente señalados por los zapadores. Avanzan como autómatas, insensibles a los desgarros de las púas aceradas, mientras desde la trinchera enemiga hacen puntería en ellos como en patos de una caseta de feria. Cuando por fin dejan atrás las alambradas deben correr, a la máxima velocidad que les permitan el miedo y los más de veinte kilos de equipo que cargan a la espalda, por un terreno irregular de tierra abrasada, plagada de embudos, entre chatarra bélica y restos humanos o equinos en distinto grado de putrefacción, testimonio del inútil sacrificio de anteriores asaltos.

La artillería remueve la tierra, sepulta a los vivos, desentierra a los muertos y modifica el paisaje hasta dejarlo irreconocible. El frente termina reducido a una larga franja gris de tierra torturada, un paisaje lunar de cráteres y cenizas. Al principio, los soldados se aferran a la superstición de que una granada no cae jamás en el mismo punto donde haya caído otra. Hasta que descubren que la nueva explosión borra el embudo de la anterior después de destripar o sepultar a los que se han refugiado en él.

No hay más opción que cruzar esa tierra de nadie a cuerpo descubierto, porque la salvación consiste en refugiarse en la trinchera enemiga después de aniquilar a sus defensores. Mientras tanto, el enemigo, que no está tan castigado como el alto mando piensa (ha soportado la preparación artillera a salvo en sus profundos refugios o en la segunda línea), termina de instalar sus ametralladoras y abre fuego sobre los atacantes. Al monótono concierto de las ametralladoras se suma el de las granadas de fragmentación, que liberan rociadas de postas.

Cada ataque se resuelve en una terrible e inútil mortandad. Regimientos enteros se sacrifican sin avance significativo: apenas unos cientos de metros que el contraataque enemigo recupera casi inmediatamente.

El frente se convierte en una trituradora. Literalmente. Después de cada asalto, la tierra de nadie queda sembrada de cadáveres. Como escribe Jünger:

> El amasado campo de batalla era espantoso. Los muertos se mezclan con los vivos. Al cavar agujeros descubrimos muertos unos sobre otros en capas superpuestas. Compañías que aguantan metidas en sus agujeros el bombardeo de la artillería que las aniquila y las sepulta bajo las masas de tierra que remueven las explosiones.[90]

Los cadáveres más próximos a la trinchera pueden recogerse por la noche, pero el resto queda sin enterrar y expuesto a los elementos y a las ratas durante días o meses. El hedor de tanto cadáver descompuesto, amasado con el barro removido una y otra vez por la artillería, empieza a percibirse a unos tres kilómetros de las trincheras. Compañero inseparable de los soldados, lo impregna todo: ropas, utensilios, alimentos, incluso el papel de las cartas.

Cuando oscurece, piquetes de soldados aprovechan la forzosa inactividad de los francotiradores para renovar las alambradas destruidas por la artillería. Es también el momento de municionar las posiciones y de arrimar vituallas a las cocinas.

90. Ernest Jünger, *Tempestades de acero,* Tusquets, Barcelona, 2005. Son las memorias del autor, combatiente alemán en el frente occidental, escritas poco después de la guerra. Tiempo después declaró: «El tiempo sólo refuerza mi convicción de que era una vida ardua y buena, y de que la guerra, con toda su destructividad, era una incomparable escuela del valor»; o sea: que después de todo, la guerra no está tan mal. Similares descripciones del horror encontramos en el libro clásico de la primera guerra mundial, de Henry Barbuse, *El fuego. Diario de una escuadra*, Montesinos, Barcelona, 2010.

Los horrores de la guerra

Cadáveres insepultos en el frente occidental.

Fosas tan superficiales que la artillería desenterraba los cadáveres.

A veces, los contendientes de un sector llegan al acuerdo tácito de no dispararse a determinadas horas, esas que pueden utilizarse para hacer las necesidades fuera de la trinchera sin agobio de francotiradores enemigos. La connivencia con el enemigo está severamente perseguida, pero a veces se cuenta con oficiales razonables que hacen la vista gorda.

En algunos sectores, los soldados permiten que los camilleros del enemigo recojan cadáveres y heridos después del asalto. Incluso a veces los camilleros de un bando acercan los cadáveres a las posiciones del otro, para facilitarles la labor (y de paso mitigar la hedentina en las proximidades de su trinchera). Como queda dicho, esos intercambios están terminantemente prohibidos, pero los oficiales de primera línea los consienten de modo tácito. Claro, el alto mando que dicta las normas permanece confortablemente instalado en palacetes campestres o en las alcaldías de los pueblos de retaguardia, lejos de las trincheras, adonde no alcanza el hedor de la putrefacción.

Los generales se procuran tropas de refresco antes de intentarlo de nuevo. La pérdida de un tercio de los efectivos significa el relevo de la compañía. Unos días de asueto en retaguardia mientras la tropa se completa con las nuevas levas de reclutas o por fusión con otras compañías igualmente diezmadas.

Las condiciones higiénicas son deplorables. La abundancia de carne insepulta favorece la proliferación de ratas. Los hombres de las trincheras se acostumbran a convivir con ellas como conviven con los piojos, la humedad, la suciedad y la miseria. Esas atroces condiciones de vida, agravadas por la alimentación deficiente, favorecen la disentería, el cólera, la tuberculosis, el tifus y la pulmonía, a los que hay que sumar la congelación en invierno y el pie de trinchera en las estaciones lluviosas. Faltos de antibióticos, la más pequeña herida puede infectarse y causar la muerte.

La metralla provoca gran cantidad de mutilados cuyo tratamiento hará progresar notablemente la cirugía plástica, aunque de esos remiendos apresurados resulten rostros horribles que, a

Los rostros de la guerra

Los cinco mutilados que asistieron a la conferencia de Versalles.

Las horribles heridas y sus remiendos.

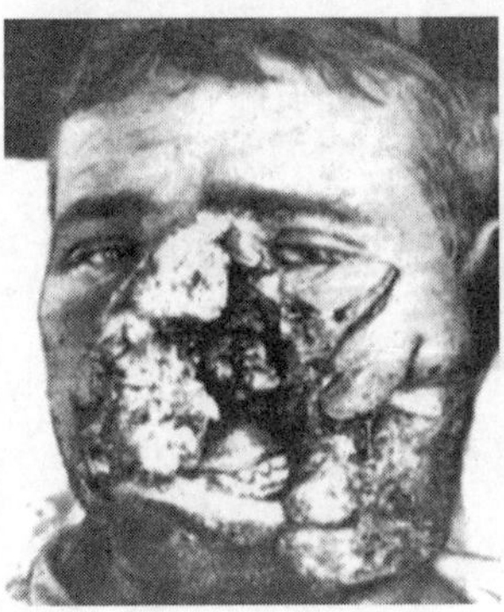

menudo, deben ocultarse detrás de máscaras que los afectados usarán de por vida. Otra consecuencia de la despiadada guerra de trincheras es la gran cantidad de adictos a la morfina o al alcohol, que después de la contienda tendrán graves problemas de adaptación en la sociedad civil.

Los generales tardarán un tiempo en encontrar una táctica alternativa a la inútil y onerosa guerra de trincheras. Como siempre, serán los alemanes los primeros en probarla con sus *Sturmtruppen* o tropas de asalto, que veremos páginas adelante.

Alambradas delante de una trinchera.

Maza de trinchera.

CAPÍTULO 20

Aliadófilos y germanófilos

A medida que se prolonga la guerra, la discusión entre germanófilos y aliadófilos sube de tono en España. Como las personas, los periódicos se decantan por uno de los dos bandos dependiendo de si el director recibe un sobre mensual de la embajada francesa o de la alemana. Si uno lee *El Correo Español* o *ABC*, ganan los alemanes; si lee *El País* o *El Diario Universal*, los aliados. Los únicos que parecen neutrales son *La Época* y *El Imparcial*.

Los intelectuales se expresan a través de manifiestos. En 1915, Unamuno, Menéndez Pidal, Marañón y Azorín, entre otros, firman el «Manifiesto aliadófilo».

La revista *España* publica un «Manifiesto de los amigos de la unidad moral de Europa», inspirado por Eugenio d'Ors, quien parece decantarse por la neutralidad: «¿Votáis por Francia? ¿Votáis por Alemania...? ¡Mi voto es por Europa!».[91]

Inmediatamente los aliadófilos, entre ellos Unamuno, motejan al catalán de criptogermanófilo. Él lo asume y se inclina paulatinamente hacia Germania (es un esteta), quizá para compensar la deriva aliadófila del resto de la intelectualidad.

Si los intelectuales relegan su pasión a los papeles, el pueblo llano, menos sutil, contrasta a menudo sus opiniones a garrotazos. Algunos cines suprimen el noticiario que se proyectaba an-

91. Lo malo es que después desbarra al otorgar su voto a «la reconstrucción mística del Imperio de Carlomagno, desde Colonia al Ebro».

tes de la película para evitar que los comentarios expresados en voz alta degeneren en reyertas, en las que el distinguido público propende a deteriorar el mobiliario de la sala.

Los que a río revuelto siguen haciendo el gran negocio con la guerra son los industriales vascos y catalanes, que venden a los beligerantes productos manufacturados.

Al principio de la contienda, una humilde lavandera francesa escribe a Alfonso XIII suplicándole que la ayude a encontrar a su marido, desaparecido en la batalla. Alfonso XIII realiza gestiones y consigue aclarar el paradero del francés. Esa noticia, divulgada por la prensa europea, anima a muchas otras personas con familiares desaparecidos a solicitar la mediación del rey de España.

En el palacio real de Madrid se recibe tal aluvión de cartas que el rey decide crear una oficina, Pro Captivis, para encauzar su iniciativa humanitaria.[92] El principal gestor de la mediación española es el diplomático Rodrigo de Saavedra y Vinent, segundo marqués de Villalobar, que desde su legación en Bruselas defiende ante las autoridades alemanas los intereses de los países aliados (una lista que crece de día en día) y se preocupa por mejorar las condiciones de vida de los prisioneros internados en campos de concentración.

92. Se calcula que el rey desembolsó en esa oficina una cantidad equivalente a seiscientos mil euros actuales de su peculio personal. Recientemente, Fernando González de Canales ha realizado un documental sobre la labor del rey: *Alfonso XIII, redentor de cautivos* (2005).

CAPÍTULO 21

Pilotos a ladrillazos

30 de agosto de 1914. Poco después del mediodía, un aeroplano biplaza alemán Rumpler *Taube* («paloma»), con sus distintivas cruces teutónicas, negras, sobre las alas, sobrevuela París y deja caer cinco bombas de dos kilos y medio y un mensaje prendido en una banderola: «A las autoridades: el ejército alemán está a las puertas. Ríndanse».

Esto de la aviación es una novedad. En 1903, los Wright, dos hermanos norteamericanos gerentes de una fábrica de bicicletas, consiguieron que volara el primer aeroplano, un armazón de listones de madera, lona y tirantes en el que habían instalado un motorcito de diecinueve caballos de potencia que movía un par de hélices. El piloto iba tendido sobre el ala inferior, junto al motor, y controlaba el artefacto mediante cuerdas atadas a las puntas de las alas. Ése fue el primer aeroplano.

Un decenio después, al comienzo de la guerra, la aviación estaba todavía en pañales, pero todos los ejércitos europeos poseían algunos aviones de observación con los que esperaban sustituir a las patrullas de caballería en la exploración del territorio enemigo.

Al principio de la guerra, los aviadores estaban todavía imbuidos de espíritu deportivo y saludaban al adversario cuando se cruzaban con él. Después se les ordenó estorbar la observación de los aviones enemigos, lo que acabó con las cortesías y determinó la extensión de la guerra al medio aéreo. Las primeras agresiones consistieron en sobrevolar al adversario y lanzarle un ladrillo sobre el fuselaje (todavía fabricado con listones de madera forrados de lona).[93]

El 5 de octubre de 1914, un Voisin III-89 francés pilotado por el sargento Frantz, con el mecánico Quenault como observador, derribó a tiros un Aviatik alemán: la primera victoria aérea de la historia.

Este primer derribo constatado aconsejó que se armara a los observadores con carabinas. Un mes después, todos los biplazas de observación instalaban soportes móviles para ametralladoras.

Se acabó la deportividad de los pilotos. En el cielo se abrió un nuevo frente de combate.

Voisin III.

93. El piloto ruso Alexander Kazakov ideó derribar aviones enemigos dañándoles los planos de dirección (de planchas de madera revestidos de lona) con ayuda de un garfio arrastrado por una soga. El artilugio, que entrañaba sobrevolar al enemigo a pocos metros, le dio resultado el 31 de marzo de 1915, cuando abatió mediante este procedimiento a un aparato de observación austrohúngaro.

CAPÍTULO 22

Navidad, dulce Navidad

Nochebuena de 1914. Frente de Ypres. Sector del Bridoux-Rouge, defendido por británicos de la séptima división de los húsares de Northumberland.

Los soldados están de enhorabuena. En esta fecha tan entrañable y familiar que pasarán fuera de sus hogares, el ejército los obsequia con una cena especial: sopa de col, salchichas ahumadas, empanada de carne y riñones, pastel de manzana, sidra y medio litro de whisky por cabeza. Un banquetazo si se compara con el rancho habitual, que es pura bazofia.

En alguna chabola suena una gaita escocesa. Su música distante llega hasta el puesto avanzado de escucha que ocupa el centinela Tom Brough.

Embutido en el grueso tabardo de paño que conserva el calor del compañero al que relevó, envuelta la cabeza en una bufanda que le llega hasta los ojos, el gorro de lana embutido hasta las cejas, Tom vigila la trinchera alemana distante sólo sesenta metros.

En la noche sin luna, el centinela escucha más que ve. Le ha parecido percibir algún sonido, como si reinara cierto trasiego en la trinchera enemiga. Además, una luz difusa se refleja levemente en la niebla cada vez que alguien aparta la cortina para entrar o salir de un refugio. El centinela redacta mentalmente el parte que va a escribir dentro de un par de horas, cuando lo releven: «Cierta actividad en la trinchera enemiga». Una duda lo asalta.

¿No estará incurriendo en negligencia, no debería avisar inmediatamente al sargento?

Tom intenta tranquilizarse. No es probable que los alemanes estén preparando un ataque en fecha tan señalada, y menos de noche, pero tampoco se puede descartar. Con los *fritzs* nunca se sabe. Hay que permanecer alerta.

De pronto varias lucecitas, como de candelas infantiles, se elevan de la trinchera alemana. Son claramente visibles a través de la niebla. No se trata de bengalas, porque apenas se alzan a un metro de altura. Tom empuña el cable de alarma. Acaricia nerviosamente el pulsador con la yema del pulgar. ¿Qué traman los *fritzs*? En otro segmento de la trinchera se elevan más luces. ¿Lamparillas? Tom se esfuerza en distinguir de qué se trata.

—Parecen... No parecen: son. ¡Son árboles de Navidad!

En la trinchera alemana van creciendo los árboles de Navidad, pequeños abetos triangulares, oscuros. Docenas de ellos. Diminutos árboles de Navidad, con lamparillas colgando de las ramas, brillan cada pocos metros, por encima de los parapetos, a lo largo de la trinchera. Al propio tiempo se oye una música de gramófono y un centenar o más de gargantas entonan a coro el villancico *Stille Nacht, heilige Nacht*, «Noche de paz».

La letra está en alemán, pero la música es universal.

Tom está decidiendo qué hacer, si oprimir el botón de la alarma o qué, cuando su sargento llega hasta él por el estrecho conducto que comunica con la trinchera.

—¿Qué pasa, soldado?

—Los *fritzs*, que cantan villancicos y ponen árboles de Navidad.

La noticia corre por las chabolas de las trincheras inglesas. Salen los hombres a mirar las luces y a escuchar los cánticos del enemigo.

—Esos cabrones tienen hasta árboles de Navidad —comenta uno después de observar con los prismáticos.

Un grupo de galeses, todos gente coral, arranca a cantar el villancico *Deck the halls*, tan popular en su tierra. Los ingleses se animan y cantan los suyos; y los escoceses los de su añorada patria.

Con una bocina, un cabo de la trinchera inglesa grita hacia las luces alemanas:

—¡Eh, los vecinos!: ¿os sabéis *Morgen, Kinder, wird's was geben*?

Silencio. Los coros se interrumpen en las dos líneas. Deliberaciones en la trinchera alemana. Medio minuto después llega la respuesta, en vacilante inglés, amplificada por otra bocina:

—Claro. Os lo vamos a cantar.

Un coro bien afinado entona: *«Wie wird dann die Stube glänzen / von der grossen Lichterzahl! / Schöner, als bey frohen Tänzen / ein geputzter Kronensaal. / Wisst ihr noch, wie vor'ges Jahr / es am heil'gen Abend war»* («La sala brillará, con tantas luces / más bonitas que los bailes felices en los palacios rutilantes. / ¿Te acuerdas de la Nochebuena del año pasado?»).

La evocación de la Nochebuena anterior, cuando reinaba la paz en Europa, pone un nudo en muchas gargantas. Brillan las lágrimas en los ojos de los *fritzs* que, como sus hermanos de desventura, los *tommies* y los *poilus*, acudieron a la guerra pensando que sería poco más que un paseo militar, que para Navidad estarían de regreso en casa contando cómo habían desfilado triunfalmente en Berlín o en París.

—Ahora os cantamos uno de los nuestros —informa el inglés de la bocina.

Y los galeses entonan: *Boar's Head Carol.*

Así pasan la noche, intercambiando villancicos, músicas, cánticos. En las dos trincheras hay acordeones que acompañan con música.

El alba empieza a clarear sobre el devastado paisaje cubierto por un sudario de escarcha. Algunas banderas blancas se alzan en la trinchera alemana. Unos y otros se vigilan en silencio a través de la torturada tierra de nadie, en la que cadáveres descompuestos exhalan el hedor de la muerte. Después de un momento, un corpulento alemán tocado con gorro de lana antirreglamentario, de los que tejen con amor las madres, las esposas o las novias, asoma la cabeza y agita un palo en cuyo extremo ha prendido un trapo blanco. Después se atreve a salir completamente. Desarmado, sortea las alambradas con parsimonia, cuidando de no engancharse los pantalones en las púas de acero. Avanza hacia el enemigo por la tierra de nadie agitando el trapo blanco. Otros camaradas lo imitan y van apareciendo detrás del parapeto festoneado con árboles de Navidad.

De la trinchera inglesa emergen otros soldados. Los indecisos se animan, intercambian sonrisas nerviosas; ¿por qué no? Es Navidad. Salen a recibir a los alemanes en tierra de nadie. Uno que chapurrea el idioma del káiser grita saludos. El alemán corpulento le responde en pasable inglés.

—*How are you?*

—*Hallo!*

—*Guten morgen!*

Los dos grupos que hasta ayer se mataban se encuentran a mitad de camino en medio de la desolación, entre embudos cenagosos, cadáveres semienterrados y chatarra bélica oxidada. Alemanes e ingleses se contemplan, astrosos, barbudos, sucios, tan parecidos si no fuera por el uniforme, tan humanos, tan distintos de como los presentan las caricaturas de la propaganda.

Están a la distancia del cuerpo a cuerpo, pero esta vez sin bayonetas. Y ahora, ¿qué?

Después de un momento de vacilación, un inglés pelirrojo extiende la mano hacia el bávaro que tiene delante. El bávaro se la estrecha y mira a sus compañeros, sonriente, como si hubiera culminado una hazaña. Los otros se apresuran a imitarlo. Los enemigos de ayer cruzan sonrisas y saludos que entienden más por el tono que por el significado. El inglés rubicundo hurga en su bolsa de costado, donde suele llevar las granadas, y extrae una tableta de chocolate que recibió ayer con el aguinaldo navideño de la novia. Reparte las onzas entre los alemanes. Uno de los alemanes lleva un mazo de salchichas dentro de un papel parafinado. Las distribuye entre los ingleses. Un escocés saca una petaca de whisky.

Los alemanes la pasan de mano en mano y van dando tragos prudentes para que alcance a todos.

—*Gut!* —aprueba uno chasqueando la lengua.

—*Yes, yes, very good.*

En un momento intercambian cigarrillos, cerillas, mecheros,

La tregua de Navidad, 1914

Soldados alemanes y británicos confraternizan en el día de Navidad.

THE ILLUSTRATED LONDON NEWS

The Daily Mirror

CERTIFIED CIRCULATION LARGER THAN ANY OTHER DAILY NEWSPAPER IN THE WORLD

WHY DELAY? THE DAILY MIRROR OVERSEAS WEEKLY EDITION contains all the Latest and Best War Pictures and News, and is therefore the Best Weekly Newspaper for your friends abroad. You can obtain it from your Newsagent for 3d. per copy.

AN HISTORIC GROUP: BRITISH AND GERMAN SOLDIERS PHOTOGRAPHED TOGETHER.

Foes became friends on Christmas Day, when the British and Germans arranged an unofficial truce. The men left the trenches to exchange cigars and cigarettes, and were even photographed together. This is the historic picture, and shows the soldiers of the opposing Armies standing side by side.

monedas, navajitas, incluso botones que se arrancan del uniforme, los botones metálicos con el emblema del regimiento, como recuerdo de la insólita reunión. Se muestran fotos de familia, la novia, la madre, los hijos.

Pasan así el día. Los que al principio no se atrevieron a salir se deciden y se unen a los otros. Hay un trasiego de las trincheras a la tierra de nadie para intercambiar saludos, recuerdos, productos escasos en el otro lado, para constatar que son gente normal, buena gente tal vez, que por circunstancias de la vida, más vale no ponerse a analizarlo, se ve obligada a matarse en una guerra absurda. Los *tommies* y los *fritzs*, hijos del pueblo unos y otros, labradores, pequeños empleados, artesanos, obreros, funcionarios, aprendices..., tienen mucho más en común entre sí de lo que pueden tener con los generales o los políticos que los han implicado en esta mortal aventura, los que en este momento, lejos del frente, de los piojos y de las ratas, estarán celebrando una Navidad tan distinta, con mesas bien provistas, en cómodas mansiones caldeadas, cerca de sus mujeres y de sus hijos, en familia.[94]

No todo es jolgorio y fiesta. También se retiran los cadáveres que infectan la tierra de nadie, cada bando los suyos, para darles digna sepultura. Algunos tan descompuestos que se deshacen en pedazos al arrancarlos del barro.

Durante todo el día siguen confraternizando alemanes e ingleses en la tierra de nadie. Un grupo improvisa una pelota de

94. En la guerra murieron bastantes generales de rango bajo: 81 alemanes, 55 franceses y 78 británicos, pero las grandes *vedettes* de los Estados Mayores escaparon incólumes. «La imagen que ha perdurado de la primera guerra es la de "leones" (los soldados) dirigidos por "burros" (los oficiales). Era preciso culpar a alguien del empate de la guerra de trincheras, y los generales británicos y franceses eran los candidatos más evidentes. Es indudable que, frente al horror de las trincheras, hubo comportamientos de los mandos que no ayudaron a su imagen: las dos horas diarias del almuerzo de Foch, las diez horas de sueño de Von Hindenburg, las prácticas cotidianas de equitación de Haig entre senderos preparados con arena por si se caía, o el abundante champán y caviar en las comidas de los oficiales rusos» (Álvaro Lozano, 2011, p. 95).

El atentado de Sarajevo

Los archiduques salen del ayuntamiento de Sarajevo.

Los archiduques.

Gavrilo Princip y su pistola.

Cromo, 1919.

Casaca que vestía el archiduque, con las marcas del atentado.

El Gräf & Stift Double Phaeton, modelo 1911, de los archiduques en el Museo Militar de Viena.

La Triple Entente

Postales de la Entente Cordiale. El milagro de Juana de Arco: franceses e ingleses unidos contra los bárbaros.

Francia, Inglaterra y Rusia en buena amistad.

Los imperios centrales

Los imperios centrales: Alemania, Turquía y Austria-Hungría.

Francisco José y Guillermo unidos en una medalla conmemorativa.

La violación de Bélgica

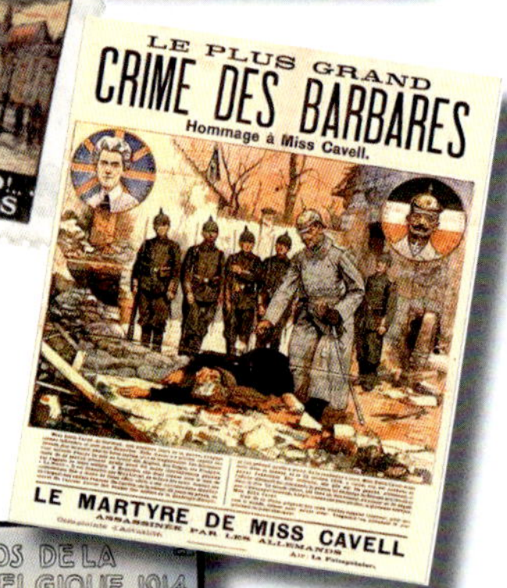

Los prusianos posan.

La guerra es divertida
(para los prusianos)

La propaganda aliada

La propaganda germana

Dios destruya a Inglaterra.

La patria es una mujer

Germania.

Britania.

Francia descabellando al águila alemana.

Italia.

¡América, despierta!

El descanso del guerrero

Amor en tiempos de guerra

Herzliebchen mein unter'm Rebend
Herzliebchen mein unter'm Rebendach,
Mein Liedchen ist jetzt aus.
Und bist mein Schätzchen Du noch nicht wa
So geh' ich still nach Haus.

Lustig, ihr Leute, Soldaten sind da.
Lieb und Ort wechseln wir bis uns in's Haupt-quartier
Einstens der knöcherne Sensenmann ruft, der Sensenmann ruft.

DES VOLKES DANK
IST EUCH GEWISS!

8019
Das schönste Weihnachtsgeschenk.

Steh' ich in finstrer Mitter-nacht.

¡Angelitos!

Le Rêve qui console
Le rêve dans lequel, souvent je te revois
Ma fille, me console et calme mon émoi.

L'Ecole de la Gloire
Les Honneurs !

UNE PAGE D'AMOURS

Graine de Poilu
Y en a-t-il encore, des Boches ?

Tommy's Kiddie

Незванный гость,
хуже Татарина.

GRAINE DE POILU

Die herzlichsten Grüße
zum Osterfest.

ГЛАЗА, НЕ ПУЛИ,
А СЕРДЦЕ
НАСКВОЗЬ РАЗЯТЪ

Die Söhne des Kronprinzen am Maschinengewehr.
Eigenhändige Aufnahme Ihrer Kaiserlichen Hoheit
der Frau Kronprinzessin in Zoppot.

¡Al ataque!

Le Petit Journal
SUPPLÉMENT ILLUSTRÉ
DIMANCHE 30 MAI 1915
LA BATAILLE DE L'ARTOIS
Nos soldats enlèvent, maison par maison, le village de Carency

Ein russischer Angriff gegen den Uzsokpass unter schweren Verlusten für den Feind abgeschlagen.

Cómo se vieron

El *boche* hambriento mendiga pan al *poilu* bien nutrido.

La guerra en caricaturas

Das europäische Gleichgewicht 1914

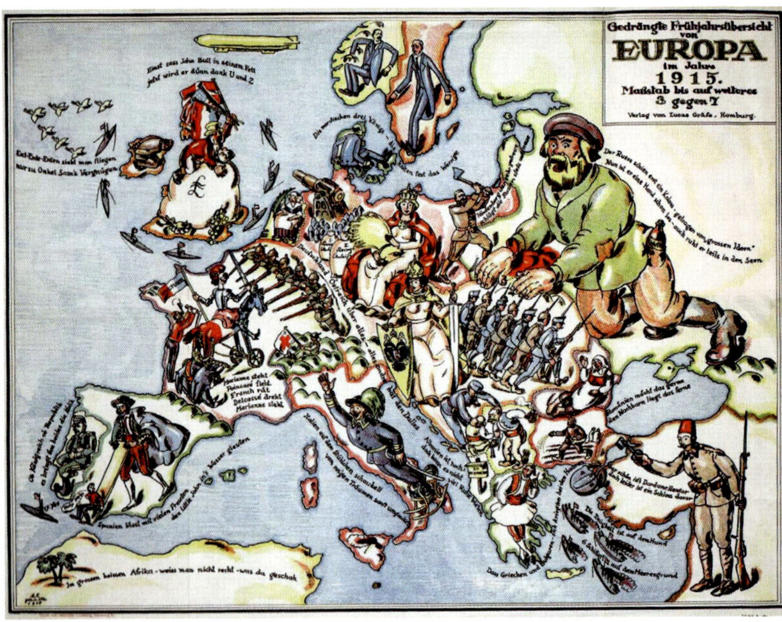

trapo y disputa un partido de fútbol, unos treinta jugadores por bando, entre el regocijo y los comentarios jocosos de los espectadores. Alguno más técnico lamenta el deplorable estado del césped, todo lleno de embudos de granadas y sembrado de cascotes.

A la caída de la tarde, cada cual regresa a su trinchera y recupera su fusil. Los sargentos establecen los turnos de centinela y escucha. La rutina de cada día.

Inevitablemente se divulga la noticia de lo ocurrido en el frente y llega a oídos del alto mando y de los generales y oficiales de rango superior, muchos de ellos pertenecientes a aristocráticas e ilustres estirpes militares que llevan generaciones viviendo de la guerra.

No les hace gracia, ni alcanzan a ver el lado humano del asunto. Confraternizar con el enemigo es un delito grave, rayano en la traición. Es conculcar las más elementales leyes de la guerra, es un contradiós. La guerra no es ningún juego de niños («En efecto, mi coronel: es un juego de generales»). A la vista de lo ocurrido, se depuran responsabilidades. Se interroga a los oficiales responsables de los sectores implicados. Se confeccionan listas. Se celebran consejos de guerra. En los sectores del frente ocupados por franceses apenas se han producido casos de confraternización, pero, no obstante, se reprende severamente a los culpables.

—Urge tomar medidas para que hechos tan vergonzosos como éstos no vuelvan a producirse —asevera un general.

En eso concuerdan los Estados Mayores de uno y otro bando, en el fondo integrados por lo que los ingleses llaman *birds of one feather*, o sea, pájaros del mismo plumaje: gentes del mismo pelaje, los intérpretes autorizados del genuino patriotismo, la estirpe militar.

Se confiscan las fotos que tomaron los soldados para perpetuar el acontecimiento (aunque alguna se filtrará a la prensa); se censuran las cartas de los que cuentan a la familia lo ocurrido el día de Navidad. Borremos este episodio, que constituye un baldón, del historial del regimiento.

En las sucesivas Navidades de la guerra, el Alto Mando de cada parte se ocupará de abortar cualquier conato de confraternización con el enemigo, a veces por el expeditivo procedimiento de ordenar fuego artillero para que ningún soldado se aventure por tierra de nadie.[95]

Una de las fotos supervivientes de la tregua de Navidad.

95. El suceso inspiró la película de Christian Carion *Feliz Navidad* (2005). El 11 de noviembre de 2008, se inauguró un discreto monumento a la tregua de Navidad de 1914 en la localidad francesa de Frelinghien. El acontecimiento se acompañó con una jornada de convivencia entre descendientes de los soldados que protagonizaron el episodio de 1914, lo que incluyó la disputa de un partido de fútbol entre soldados del primer batallón de los fusileros de Gales y los de un batallón alemán. Ganaron los alemanes 2 a 1. En nuestra guerra civil fueron frecuentes los encuentros de fraternización, favorecida por el hecho de la nacionalidad común. En mi novela *La mula* gloso uno de esos encuentros en el frente de Peñarroya.

CAPÍTULO 23

Las mujeres, qué habilidosas son

La guerra que iba a durar tres meses se prolonga y no se le ve el fin. Lo peor es que exige un elevado tributo en hombres y material que no sabemos adónde conducirá.

Con las masivas levas de soldados, cientos de miles de puestos de trabajo quedan desiertos. Para que el país siga funcionando hay que ocupar esos puestos con jubilados y mujeres.

La verdadera liberación de la mujer la acarrea la guerra, aunque el feminismo viene preparándole el terreno desde tiempo atrás.[96]

Las mujeres ocupan más de la mitad de los puestos de trabajo dejados por los hombres que están en el frente. Para sorpresa de todos, demuestran estar tan capacitadas como ellos: en las fábricas de armamento manejan máquinas complejas; en el campo, aran y recogen la cosecha; en las oficinas, cursan el papeleo...

96. La causa remota de este fenómeno debe buscarse en la sociedad industrial del siglo XIX. Debido a la coyuntura económica, los industriales necesitaron de pronto abundante mano de obra y, como la demanda superaba a la oferta, tuvieron que emplear incluso a mujeres y niños. Al propio tiempo, la producción en serie abarató los productos manufacturados e inundó el mercado de bienes de consumo, especialmente cuando llegaron los electrodomésticos que aliviaban las tareas del hogar. Esta circunstancia animó a las mujeres a buscar trabajo remunerado fuera del hogar para reforzar el sueldo del marido y acceder a esos bienes.

Mujeres en la guerra

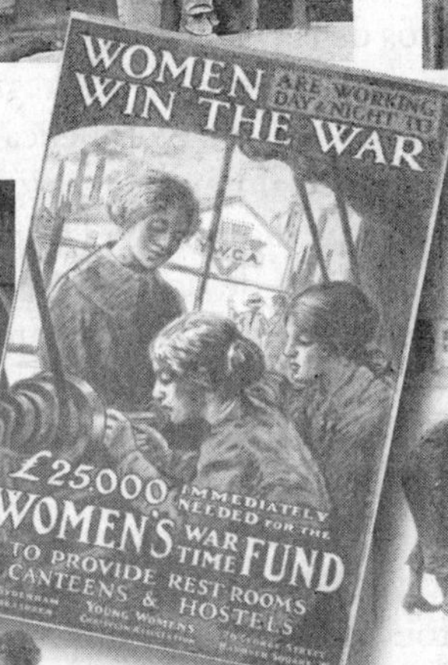
WOMEN
ARE WORKING DAY & NIGHT TO
WIN THE WAR
£25,000
IMMEDIATELY NEEDED FOR THE
WOMEN'S WAR TIME FUND
TO PROVIDE REST ROOMS
CANTEENS & HOSTELS
YOUNG WOMENS

Son eficaces policías, conductoras de autobuses, tenderas y, por supuesto, enfermeras, el oficio más demandado. Chicas de la alta burguesía o de la aristocracia, antes destinadas a ser mujeres-florero en espera de un buen partido, cursan estudios de enfermería y trabajan en hospitales y puestos de socorro en contacto con el horror, con turnos de doce horas, viviendo en albergues precarios. Una de ellas le escribe al padre: «A menudo me pregunto qué pensarás cuando volvamos a vernos después de estos largos años. Me consta que me he vuelto terriblemente tosca y ruda por el trato con hombres y ya no soy en absoluto dulce, bonita ni atractiva».[97]

Los movimientos de la población, las parejas separadas por la guerra, las urgencias sexuales de los que regresan del frente o han de regresar a él y la propia situación bélica contribuyen a cierto relajamiento moral, especialmente notorio en las grandes ciudades. Muchas mujeres que duermen solas, porque tienen al hombre en el frente, se proveen de un amante, sobre todo si además de compañía les ofrece alguna mejora material (las guerras favorecen el enriquecimiento de acaparadores y emboscados).[98]

Cuando termine la guerra, una insumisa generación de chicas liberadas que se ha acostumbrado a disponer de su propio dinero rehusará reintegrarse a las tareas del hogar. La reclamación de igualdad de derechos por un incipiente movimiento feminista, hasta entonces testimonial y hasta pintoresco, habrá calado profundamente en la mujer.

97. Englund, 2011, p. 553.

98. En Alemania, el dueño de un cinematógrafo que intenta evitar un escándalo público en su negocio avisa a los espectadores de que un hombre uniformado acaba de llegar con intención de sorprender a su esposa y al amante. «Los afectados pueden abandonar la sala por la discreta salida de emergencia que encontrarán a la derecha», sugiere. El aviso provoca una estampida: «Trescientas veinte parejas se ausentan de la sala al amparo de la penumbra» (Englund, 2011, p. 703).

CAPÍTULO 24

Turkish delight (o sea, delicias turcas)

Unos apuntes de historia: los antiguos turcos habían levantado un inmenso imperio que abarcaba desde Marruecos hasta Irak y desde el mar Caspio hasta el Sudán. Administrado por sultanes disolutos y por funcionarios corruptos, en los albores del siglo XX ese imperio había perdido buena parte de sus tierras europeas (los Balcanes) e iba camino de perder las asiáticas. En esta postración se hallaba cuando, en 1908, los militares jóvenes pertenecientes al partido reformista Jóvenes Turcos depusieron al sultán Abdul Hamid II y proclamaron la república.

Los Jóvenes Turcos se habían propuesto regenerar al país y suprimir las caducas estructuras político-administrativas y religiosas que lo habían conducido a la ruina. Querían europeizar Turquía y liberarla de las servidumbres que le habían impuesto Inglaterra, Francia y Rusia a lo largo del siglo XIX. Los Jóvenes Turcos estaban convencidos de que para modernizar su país deberían liberarlo de «núcleos tumorales», como denominaban a los cristianos armenios y a otras minorías étnicas y religiosas.[99]

99. Azuzados por los clérigos islámicos (como ahora vuelve a ocurrir en determinados países de Asia y África), los nacionalistas se propusieron erradicar de la faz del Imperio otomano a toda minoría disidente. Con la tolerancia, cuando no la participación activa de las autoridades y del ejército, se persiguió a la población armenia. Los musulmanes asalta-

Cuando estalló la guerra europea, las simpatías del gobierno de la joven república turca se inclinaron naturalmente por Alemania, con la que venían manteniendo un idilio desde hacía veinte años. Un centenar de instructores alemanes estaba entrenando al anquilosado ejército turco, y otros tantos ingenieros y técnicos enviados por el káiser tendían ferrocarriles que modernizarían el país (y al propio tiempo procurarían a Alemania una vía terrestre, segura, para acceder a los mercados de Oriente sin temor al bloqueo naval británico).

El programa de actualización del ejército turco abarcaba también a la marina. Después de los recientes descalabros de las guerras balcánicas, los turcos habían decidido jubilar sus achacosos navíos de madera y sustituirlos por modernos acorazados. El problema era la financiación. Las arcas del Estado estaban exhaustas y la economía de la nación medio intervenida por Francia e Inglaterra.

Los Jóvenes Turcos hicieron un llamamiento al patriotismo de sus compatriotas para que cada cual aportara su granito de arena en una suscripción pública con destino a la armada. Dotemos a la marina de naves modernas y recuperemos nuestra antigua grandeza, pensaban los Jóvenes Turcos.[100]

De las más remotas aldeas llegaron a Estambul las modestas aportaciones de los campesinos, de los pastores, de los artesanos, de los oficiales locales deseosos de hacer méritos. El dinero recaudado alcanzaba para adquirir dos acorazados modernos. Confiaron su construcción a los astilleros ingleses de la empresa Vickers. En 1914 los navíos estaban acabados, pagados y listos para la entrega. Las tripulaciones turcas estaban ya en Inglaterra, entrenadas y listas para recibirlos. En los costados de las naves se habían inscrito sus nombres: *Sultan Mehmet Reshad* y *Sultan*

---

ban las aldeas, asesinaban a los hombres, violaban a las mujeres, esclavizaban a los niños, saqueaban los bienes e incendiaban lo que no podían llevarse.

100. Sepa el lector que el pueblo turco está muy orgulloso de su historia y especialmente de la de sus marinos, que en su época de mayor esplendor señorearon casi todo el Mediterráneo (recordemos Lepanto).

Osman-i Evvel.[101] En Estambul se les había preparado un clamoroso recibimiento.

Entonces, ¡zas!, empieza la guerra y la marina inglesa decide confiscar los barcos en provecho propio. Durante el tiempo que dure la contienda —advirtieron los del almirantazgo—, los retendremos en concepto de alquiler, pero compensaremos a Turquía con mil libras diarias por cada barco.

—Pero, oiga, los barcos son nuestros y están pagados.

—Lo siento: es lo que hay.

Ya se conoce los hijos de la Gran Bretaña que pueden llegar a ser los ingleses. Al atropello unen el desprecio del que los turcos son acreedores, dado que no pertenecen a la raza blanca.[102]

La noticia de la iniquidad inglesa, el latrocinio de los queridos barcos, se propagó por todo el Imperio turco levantando oleadas de indignación. Que se metan las dos mil libras diarias donde les quepa, respondió Estambul, pobre pero orgulloso. Arrieritos somos y en el camino nos encontraremos.

Ya se ve que no iban a necesitar los turcos grandes estímulos para apoyar a Alemania en la guerra, especialmente después de

101. Este último era, en realidad, un barco encargado por Brasil, que a última hora rescindió el contrato porque no tuvo dinero para terminar de pagarlo. Montaba catorce cañones de gran potencia en siete torres artilleras, lo que lo convertía en el acorazado más potente del mundo (aunque a costa de un blindaje más débil del que llevaban de serie los acorazados o *dreadnoughts*).

102. Este desprecio se sustentaba incluso con razones científicas. En la segunda mitad del siglo XIX, eminentes científicos, todos ellos pertenecientes a la dominante raza blanca, instituyeron una especie de darwinismo social que dividía a los pueblos del mundo en fuertes o colonizadores (los blancos) y débiles o colonizados (los morenos). El primer ministro británico, lord Salisbury, acuñó la exacta expresión que designaría a los dos bloques: *naciones vivas* (Inglaterra, Alemania, Estados Unidos, Francia) y *naciones moribundas*, o sea, el resto (Portugal, España y Turquía entre ellas). De un lado, los que contaban con potentes marinas de guerra y con ejércitos equipados y entrenados; del otro, los que vivían de sus exiguas rentas, países desindustrializados incapaces de afrontar las ingentes inversiones que la guerra moderna requiere.

que el *Breslau* y el *Goeben*, dos cruceros del káiser que huían de la escuadra inglesa, se refugiaran en el puerto de Estambul y se pusieran a disposición del gobierno turco.[103] Poco después, los dos navíos germanos recorrían bajo pabellón otomano las costas del mar Negro y bombardeaban las ciudades rusas de Odesa, Sebastopol y Feodosia.

Los aliados captaron el mensaje: Turquía se une al enemigo. Los embajadores se intercambiaron las formales declaraciones de guerra y los turcos proclamaron la *yihad*, la guerra santa islámica.[104]

La beligerancia turca no desagradó a Inglaterra. ¿Qué mejor pretexto que una guerra justa para despojar al débil Imperio otomano de sus territorios en Oriente Medio?

Impacientes por entrar en combate y demostrar sus virtudes militares, los turcos acometieron Rusia por la frontera común del Cáucaso. En pleno invierno, con un par. Esta precipitación les costó la derrota de Sarikamis. Enfurecidos por tan decepcionante comienzo, los Jóvenes Turcos buscaron un culpable al que responsabilizar del desastre. ¿Qué mejor chivo expiatorio que los armenios, ese pueblo cristiano sospechoso de connivencia con el enemigo ruso?[105]

Rusia había contenido a los turcos. De momento. Pero ahora se le abría un frente nuevo. Como el ejército alemán, el ruso se veía obligado a combatir en el oeste con Alemania y en el este con Turquía. El zar solicitó ayuda a sus aliados.

En el almirantazgo inglés, el joven y dinámico Winston Churchill consideró la situación. ¿No disponemos de la flota de

103. El mismo día de la confiscación, el gobierno turco firmó un tratado secreto con Alemania: el abajo firmante se compromete a declarar la guerra a Rusia si ataca al otro miembro.

104. Entre las razones del gobierno turco para declarar a los infieles europeos la *yihad*, figuraba que el káiser Guillermo II era musulmán porque ¡descendía de la hermana de Mahoma!

105. Cometieron en ellos el primer genocidio del siglo XX: el exterminio de unos setecientos cincuenta mil de ellos, entre hombres, mujeres y niños durante y después de su deportación, en penosas condiciones, a Mesopotamia y al levante sirio.

guerra más potente del mundo? Vayamos directamente contra Estambul. Si la capital turca cae, todo el Imperio otomano se desplomará con ella. Será una conquista fácil y provechosa. Menuda ampliación del Imperio británico: suceder a los turcos en el dominio de extensos territorios y llevar a los musulmanes que los pueblan los beneficios de la civilización occidental (y, de paso, arramblar con sus recursos). Además, dominando los Dardanelos, ese estratégico estrecho de sesenta kilómetros de largo que separa Asia de Europa, podremos socorrer a Serbia y a Rusia por la puerta falsa. Cuando lo hagamos, los alemanes tendrán que distraer tropas del frente occidental para sostener el oriental. Y Rusia nos pagará la ayuda con trigo ucraniano, tan necesario para que la población de Inglaterra y Francia no sufra la necesidad que está sufriendo la alemana.

Un plan brillante. El único obstáculo eran los fuertes artillados turcos que guardaban la boca del estrecho de los Dardanelos. Habría que batirlos para despejar el terreno a la Royal Navy en su marcha triunfal hacia Estambul.

El 19 de febrero de 1915, una formidable escuadra inglesa amaneció frente a los Dardanelos. Tronó poderosa la artillería de los cruceros *HMS Indomitable* y *HMS Indefatigable* y pulverizó, con pasmosa facilidad, los fuertes otomanos de Ertugrul, Sedulbahir, Orhaniye y Kumkale.

El almirantazgo inglés recibió la noticia con satisfacción. La Royal Navy, una vez más, había demostrado quién domina las olas, aunque sólo hubiera sido con estos astrosos turcos. Esto va a ser pan comido. Ya hemos saltado la cerradura. Empujemos la puerta, que la casa es nuestra.

Las cosas no resultaron tan fáciles como se esperaba. En realidad, aconsejados por el general alemán Liman von Sanders, los turcos habían desartillado aquellas fortificaciones decrépitas instaladas casi al nivel del mar, para tender una trampa a la armada enemiga dentro de los estrechos.[106] Los dieciséis acorazados in-

106. Cinco meses antes, el comandante turco de la zona, Cevat Pacha, había adivinado casi al detalle el plan que todavía no habían diseñado los ingleses.

gleses y franceses que formaban la escuadra aliada se internaron en las serenas aguas del callejón para toparse con un tupido campo de minas (más de trescientas) y con el certero fuego de cuarenta morteros de 120 mm emplazados en los acantilados adyacentes.

Tres acorazados chocaron con sendas minas. El francés *Bouvet* se fue a pique en menos de dos minutos, arrastrando consigo a casi toda su tripulación. El *HMS Ocean* siguió su ejemplo. El *HMS Irresistible* quedó ingobernable, ofreciendo un estupendo blanco estático a los cañones turcos, mientras su colega el *HMS Inflexible*, peligrosamente escorado, se retiraba del combate.

Tres acorazados a pique y otros tres gravemente dañados. Suficiente por el momento. Se retiran.

Los turcos lanzan sus gorras al aire, se abrazan y aclaman a Alá, el clemente, el misericordioso, que no deja de la mano a sus criaturas. Los consejeros alemanes, que han sido el instrumento divino en manos de Alá, respiran, aliviados: salvados por la campana, cuando sus baterías casi habían agotado las municiones.

Lejos del fuego, los aliados se lamen las heridas mientras consideran la situación. Hay que limpiar de minas estas aguas traicioneras. Con dragaminas, los barquitos especializados en esa labor.

Vale, dragaminas. Pero los dragaminas no van armados, y si los exponemos a la artillería turca los perdemos en un santiamén. Un problema de difícil solución: los dragaminas no pueden operar hasta que los acorazados silencien la artillería de los fuertes, pero los acorazados no pueden acercarse a la distancia idónea para disparar sobre los fuertes hasta que los dragaminas les limpien las aguas de trampas explosivas.

¿Qué hacemos? El almirantazgo decide que no hay más solución que atacar los emplazamientos artilleros enemigos por tierra. Mejor aún: olvidémonos de los barcos y conquistemos Estambul por tierra.

Lord Kitchener, secretario de Estado de Guerra, no cree necesario distraer tropas del frente occidental. Bastarán los australianos y neozelandeses que llevan meses entrenándose en Egipto, piensa. Si acaso, reforzados con unos miles de hombres.

El general Hamilton, que comandará la fuerza, también lo considera empresa fácil. «Dejemos que mis soldados batan a los turcos en campo abierto. Somos superiores a los anatolios, sirios y árabes.» (Otra vez el desprecio del enemigo moreno, reforzado por la aparente facilidad con que los rusos habían derrotado a los turcos cuatro meses atrás, en Sarikamis.)

Londres aprueba el plan. El 25 de abril de 1915, un ejército integrado por setenta y cinco mil ingleses, franceses, australianos y neozelandeses[107] desembarca en las pedregosas playas de la península de Galípoli. Sobrados, con poco equipo, el indispensable, puesto que no esperan encontrar mucha resistencia. En uno de los buques de desembarco, una pancarta direccional reza: «A los harenes de Constantinopla».

Las previsiones de un paseo militar hasta la antigua capital bizantina se muestran, una vez más, excesivamente optimistas. Liman von Sanders y sus instructores alemanes han emplazado la artillería turca en los acantilados y han sembrado generosamente de minas las playas de desembarco.[108] Al anochecer del primer día, los aliados han sufrido cuatro mil bajas, casi la sexta parte de la tropa desembarcada, y sólo han conseguido conquistar una estrecha cabeza de playa.

Lo que se prometía un paseo militar se convierte en otra mortífera guerra de trincheras. Los aliados permanecen meses atascados entre las playas y los acantilados, en una ratonera, deshidratados (el agua hay que traerla de Egipto), comidos de moscas y enfermos de disentería.[109]

107. Los treinta mil hombres del Australian New Zeland Army Corps (ANZAC) que llevaban meses entrenándose en Egipto, dominio británico; los 16.762 que aporta Francia y los 10.007 de la división Naval. A ellos se añadieron contingentes de tropas coloniales de India, Ceilán e Inglaterra.

108. A este propósito, me vean el estupendo film australiano *Gallipoli* (1981), que consagró a su director Peter Weir, con el guapo Mel Gibson de protagonista (sin sacar todavía los pies del plato, o sea, del plató).

109. Mientras tanto, su comandante en jefe, el general Ian Hamilton, permanecía en el cómodo camarote del *HMS Queen Elizabeth*, buque insignia de la flota.

Dirigidos por el inflexible comandante Mustafá Kemal, los turcos atacan en sucesivas oleadas, con desprecio de sus vidas, hasta el punto de que en algunos sectores la acumulación de cadáveres dificulta la observación del campo.

—¡No os pido que ataquéis, os pido que muráis! —les advierte Mustafá Kemal—. El tiempo que nos lleve morir es el que necesitan otras fuerzas para llegar aquí y ocupar nuestro puesto.

Un jefe que sabe animar a la tropa, ya se ve. Él mismo acaudilla el primer ataque y salva la vida de milagro cuando un trozo de metralla destroza el reloj que lleva en el bolsillo superior de la guerrera, sobre el corazón.[110] Es que el destino lo reserva para mayores empresas. Con el tiempo será conocido como Kemal Atatürk, o sea, «el padre de los turcos».

Los horrores del frente occidental se reproducen en Galípoli. Cientos de cadáveres acumulados en la estrecha franja de las playas se descomponen bajo el ardiente sol. Al hedor que lo impregna todo se suman el tormento de una plaga de moscas y la disentería.

Pasan los meses. La llegada del invierno no mejora la situación. Los aguaceros provocan torrenteras que arrasan las superficiales tumbas, y arrastran los cadáveres descompuestos hasta las trincheras. Los que se asaron en verano se hielan ahora. Las bajas temperaturas multiplican los casos de congelación.

Después de sufrir un cuarto de millón de bajas, el mando aliado acepta que ha fracasado y tira la toalla.[111] El problema ahora no es avanzar hacia Estambul, sino retirar las fuerzas de las playas sin que los turcos lo adviertan, contraataquen y hagan una carnicería.

110. Después le regaló el reloj al comandante alemán, como recuerdo, y éste le correspondió con un reloj de oro que hoy se venera en el museo-mausoleo de Kemal Atatürk de Ankara, al que los *tour operators* turcos llevan a los turistas por fuerza. Es que está en el programa, te dicen.

111. Winston Churchill se sintió responsable del fracaso y dimitió como Primer Lord del Almirantazgo. Tuvo que redimirse, en servicio y entrega a la patria, como simple comandante de batallón en Francia. Luego retomó su carrera política en el gobierno de coalición de Lloyd George.

El mando aliado lo planea cuidadosamente y, por una vez, acierta. Aguardan a una noche sin luna y evacuan las trincheras con sigilo dejando en ellas improvisados lanzagranadas que se disparan cuando una lata agujereada llena de arena pierde peso y libera un resorte.

En sólo una noche, las tropas aliadas se embarcan en las gabarras traídas a la playa que las transportan a los barcos. Una brillante operación saldada sin una sola baja.[112]

Cuando los turcos descubren que el enemigo ha abandonado las trincheras de las playas, respiran aliviados (incluso sus aliados alemanes se congratulan).[113]

También fallan los optimistas cálculos británicos en su campaña de Mesopotamia (actual Irak) con tropas coloniales indias, un ataque preventivo que sólo pretendía alejar a los turcos de los campos petrolíferos que surtían de crudo a la Royal Navy (los navíos británicos se habían reconvertido recientemente de carbón al petróleo).

Los ingleses se habían propuesto tomar Bagdad, pero de nuevo el menosprecio del enemigo turco los metió en un callejón sin salida. Con diez mil británicos sitiados y sin provisiones en Kut-al-Amara, Londres ofreció al gobierno turco rescatarlos por dos millones de libras (quería ahorrarse la humillación de rendir un ejército a la *coloured people*),[114] pero los turcos, pueblo orgulloso

112. Se ha sugerido que los turcos descubrieron el plan antes de que los últimos aliados se hubieran puesto a salvo, pero estaban demasiado ocupados saqueando lo que habían dejado detrás, en particular los depósitos de impedimenta, como para preocuparse de otra cosa.

113. La campaña de Galípoli les estaba resultando tan gravosa que empezaban a pensar en tirar la toalla y recurrir a los buenos oficios de Estados Unidos para que los ayudaran a desmarcarse del conflicto. Este fracaso aliado traerá cola. Con el estrecho en manos turcas, Rusia no podrá recibir refuerzos de sus aliados, lo que favorecerá, en última instancia, el estallido de la revolución de 1917.

114. Los ingleses de entonces (y no estoy muy seguro de si los de ahora también) dividían al mundo en tres grupos raciales: los *whites*, blancos, raza superior; los *blacks*, negros, raza inferior; y los *coloured*, raza intermedia en la que se admite cierta gradación de más o menos moreno

y digno, aunque medio descalzo, rechazaron la oferta: el gustazo de humillar a los británicos no tenía precio.

Los ingleses entregaron sus armas y se rindieron. Los campos de concentración turcos estaban en Anatolia, con el desierto por medio. Miles de prisioneros perecieron de hambre y privaciones, así como del trato indelicado que les dispensaban los guardianes.

Adelantemos acontecimientos antes de regresar a la ensangrentada Europa: a pesar de los fiascos de Galípoli y Kut-al-Amara, los ingleses derrotarán a los turcos en Oriente. Primero detendrán la ofensiva otomana contra el canal de Suez (la vía de comunicación más directa de Britania con su imperio); después favorecerán la rebelión de las tribus árabes de la región (por medio de agentes como Lawrence de Arabia, que les prometen la independencia).[115]

Aquí se observa la legendaria habilidad de los políticos de la pérfida Albión (o sea, Inglaterra). A los árabes les prometen las tierras arrebatadas a los turcos;[116] pero a los franceses les prometen al mismo

---

que está en relación directa con su proporción de impureza racial. Mucho me temo que los latinos y mediterráneos en general (turcos incluidos) figuramos en el grupo de los *coloured*. El término exacto que solían usar era *dagos*, palabra que deriva de «Diegos», un nombre de pila muy frecuente entre los españoles del tiempo de la Armada Invencible.

115. Thomas Edward Lawrence (1888-1935), menudo, enclenque, cabezón y licenciado en estudios medievales por la Universidad de Oxford, no parecía llamado a ser un hombre de acción, pero a base de mucho ejercicio físico y disciplina espartana se convirtió en un fibrilla, superó sus complejos y llegó a ser un agente secreto excepcional muy valorado por su «extraordinaria capacidad para conseguir lo que quiere» recurriendo a métodos poco convencionales. Logró unir a las tribus árabes contra el turco, lo que le valió reconocimiento y fama. Es posible que fuera homosexual y que lo violaran los turcos. Es indudable que era un buen escritor, como lo prueba su obra *Los siete pilares de la sabiduría*. Murió en un tonto accidente de moto, lo que posiblemente le evitó una penosa vejez.

116. A Husein, el jerife de La Meca, le prometieron que su familia reinaría sobre un estado que abarcara las actuales Arabia Saudita, Siria, Líbano, Israel, Jordania e Irak (aunque Inglaterra se reservaría ciertos enclaves estratégicos en la costa de Siria y Líbano y al sur de Irak). A la familia rival de Husein le prometieron más o menos lo mismo. Fíese usted

tiempo Siria, Líbano y otras provincias otomanas, y a los judíos les prometen un «hogar nacional en Palestina»[117] (la Declaración Balfour). Engañando a unos y a otros, montan la trifulca y luego, elegantemente, se despreocupan. Menuda la liaron, que todavía colea.

Desembarco de vituallas en Galípoli.

---

de los británicos. Por eso el idealista Lawrence de Arabia, genuino amigo de los árabes, renunció a los honores que le correspondían y prefirió iniciar una nueva vida alistándose en la RAF con nombre supuesto. En 1918, al finalizar la guerra, Francia e Inglaterra se repartieron aquellas tierras del antiguo Imperio otomano y trazaron las fronteras de Siria, Líbano e Irak de una manera bastante caprichosa que obedecía a sus necesidades del momento.

117. La Declaración Balfour del gobierno británico, publicada en 1917, reza: «El gobierno de su majestad ve con buenos ojos el establecimiento en Palestina de un hogar para los judíos, y utilizará sus mejores medios para facilitar la consecución de esta causa. Sin embargo, debe quedar claro que no debe hacerse nada que perjudique los derechos civiles y religiosos de las comunidades no judías existentes en Palestina, o que merme los derechos y el estatus político del que gozan los judíos en cualquier otro país».

CAPÍTULO 25

El genocidio armenio

Los Jóvenes Turcos sueñan con una nación unida y fuerte equiparable a cualquier Estado europeo. Ya basta de que Turquía sea «el enfermo de Europa». Para conseguirlo se proponen homogeneizar el país: una buena poda de excrecencias raras que deje un tronco vigoroso, de raza turca pura y de religión islámica.

Una de las comunidades racial y culturalmente distintas que los Jóvenes Turcos se proponen aniquilar es la armenia, que tiene su propia historia (más antigua que la turca), su propio idioma y su propia religión, la cristiana (que profesan desde que en 315 su rey Tirídates III se convirtió al cristianismo).

Los armenios formaban un pueblo aparte, instalado en la meseta Armenia, entre el Cáucaso y el río Éufrates, en torno a los lagos Seván y Van, mucho antes de la constitución del Imperio otomano. El reino armenio se sometió a los conquistadores árabes en 661 a cambio de que éstos respetaran su religión y su autonomía política. En el siglo XIX, Rusia se autoproclamó protectora de los armenios alegando que eran cristianos (un pretexto para inmiscuirse en la política turca). A cambio de esa protección, los armenios respaldaron a Rusia en sus ambiciones, especialmente en el Cáucaso. Esa relación conflictiva explica que, entre 1894 y 1896, el sultán turco Abdul Hamid II azuzara contra ellos a las tribus kurdas, que perpetraron una matanza de unos trescientos mil armenios, primer capítulo del genocidio.

Como hemos visto un poco más arriba, en 1914 Turquía estaba en guerra contra Rusia, la amiga de los armenios. ¿Qué mejor ocasión para exterminarlos acusándolos de connivencia con el enemigo? Los Jóvenes Turcos desarrollaron su plan en tres fases: primero arrestaron y eliminaron a los dirigentes armenios (líderes políticos o religiosos, intelectuales y potentados); después, alegando razones de defensa nacional, desarmaron e internaron en campos de concentración a la población masculina en edad de portar armas; finalmente, deportaron a los desiertos de Siria y Mesopotamia al resto de la población (niños, mujeres, ancianos) con el deliberado propósito de que durante el traslado, que se hizo a pie, perecieran de hambre, agotamiento y enfermedades. En tres años eliminaron a un millón de personas, el grueso de la población armenia (y, de paso, también a la minoritaria facción cristiana de los asirio-caldeos).

Otra comunidad numerosa en el Imperio otomano, la griega, se salvó del exterminio porque emigró a Grecia en los años veinte, al tiempo que los turcos que habitaban Grecia se mudaban a Turquía. Los restos de las iglesias griegas de Capadocia, excavadas en la roca y cubiertas de frescos coloristas, se han convertido hoy en una poderosa atracción turística.

Estampa armenia del genocidio.

CAPÍTULO 26

Sueños de centinela

Hace frío en el frente ruso. El centinela Hans Leip, un muchacho de veintidós años, distrae su vigilia componiendo versos. Hans tiene el corazón dividido entre Lili, la hija del chacinero de su pueblo, de la que solía estar enamorado en la vida civil, y la enfermera Marleen, a la que ha conocido hace poco en un hospital del frente. La verdad es que cada una de ellas lo atrae por motivos distintos. En Lili admira la virginal inocencia y que está más buena que un bollito recién horneado. En Marleen, que es una mujer densa y experimentada, una jaca que ha vivido la vida y no le hace ascos a nada. En lo físico son muy distintas, reflexiona el joven Hans; y sin embargo, ¡qué bien se complementarían! Marleen es robusta y provista de una delantera nutricia que atrae las miradas masculinas como un poderoso imán. La lejana Lili es una rubita pecosa y algo escurrida, pero destila ternura e inocencia y Hans gusta de imaginarse instruyéndola en todo lo que lleva aprendido con Marleen. El muchacho las funde o las confunde en una imagen onírica en la que se ve despidiéndose de ella, o de ellas, a la puerta del cuartel, bajo un farol de pocos vatios que apenas ilumina la escena con su luz amarillenta. Sobre ese motivo compone un poema nostálgico, «Das Lied eines jungen Soldaten auf der Wacht» («La canción de un joven soldado de guardia»). Cuando termine la guerra, de la que Hans escapará con vida, el compositor Norbert Schultze lo transformará en la canción *Lili Marleen* (en realidad, *Das Mädchen unter der Later-*

ne, «La chica debajo de la farola»), que se hará famosa entre los soldados de la segunda guerra mundial, tanto alemanes como aliados.

En el tiempo en que el joven Hans pone en verso sus amores, a miles de kilómetros de distancia, en la dulce Francia, el piloto Roland Garros (cuyo nombre se asocia hoy al famoso torneo de tenis) no consigue conciliar el sueño, no por motivos románticos esta vez, sino dándole vueltas al asunto de cómo ametrallar aparatos enemigos. Los aviones biplazas lo tienen fácil, porque el piloto vuela y el observador maneja la ametralladora, pero en los monoplazas el piloto debe atender a los dos menesteres y casi siempre desatiende uno de ellos, lo que da lugar a accidentes mortales. La instalación de una ametralladora en el ala superior, por encima de la cabeza del piloto, de manera que dispare en diagonal por encima del giro de la hélice, le parece a Garros muy insatisfactoria. Lo ideal sería disparar en la misma dirección del vuelo, apuntando con el aparato; pero claro, se interpone la hélice, que es de madera y, si recibe un balazo, adiós avión: entras en barrena y te estrellas.

De pronto una idea ilumina la noche como un relámpago: ¿y si instalo en las palas de la hélice un refuerzo de acero que las proteja de las balas? De ese modo, cuando dispare una ráfaga, algunas balas rebotarán en la hélice, pero otras pasarán entre sus giros y alcanzarán al enemigo.

Al día siguiente explica la idea a los mecánicos. La encuentran disparatada. Usted verá, maestro. Por hacer una prueba con el avión en tierra, nada se pierde. La hacen y, en efecto, algunas balas impactan en la hélice, pero el deflector de acero las desvía. Otras, la mayoría, se cuelan entre dos pasos de hélice y van directas al blanco. Parece una chapuza, pero si joroba a los *boches*...

El 1 de abril de 1915, Roland sale de caza con el deflector en la hélice. Al rato, en el cielo despejado, descubre una motita oscura que evoluciona sobre las trincheras. Toma altura y se acerca. A un kilómetro de distancia, distingue las cruces negras de un Albatros B.II de reconocimiento. Un avión enemigo. Se lanza contra él, apuntado con el avión, le larga una ráfaga, ra-ta-ta-ta, y le pasa por encima. El Albatros se incendia, entra en barrena y se precipita a tierra dejando atrás una estela de espeso humo negro.

¡Funciona! En quince días, Roland consigue otros tres derribos. Otros colegas suyos instalan la placa deflectora. Durante unos días, los alemanes quedan en franca inferioridad de condiciones..., hasta que Garros se ve obligado a realizar un aterrizaje de emergencia detrás de las líneas alemanas y los teutones descubren el artilugio que permite disparar a través de la hélice. No sólo lo adoptan, sino que lo mejoran diseñando un mecanismo que sincroniza el disparo de la ametralladora con el paso de la hélice.[118]

La hélice tuneada de Roland Garros, 1915.

118. El invento es obra de los ingenieros Heber, Leimberger y Luebbe, de la fábrica Fokker, en Schwerin, que trabaja para los alemanes. Con esta innovación, los nuevos monoplanos Fokker E se adueñan del cielo... hasta que los aliados descubren el secreto al examinar los restos de un avión alemán derribado. Sus rápidos y maniobreros Nieuport 11 Bébé franceses, y los británicos Airco DH.2 y F.E.2b, dotados con hélice sincronizada, devuelven la supremacía aérea a los aliados a partir de enero de 1916.

CAPÍTULO 27

A río revuelto, ganancia de pescadores

Europa se ha convertido en un alto horno en el que se funden imperios y fronteras. A río revuelto, ganancia de pescadores: es lo que piensan los gobiernos de tres países que se incorporan tardíamente a la guerra con la esperanza de sacar tajada: Italia (mayo de 1915), Bulgaria (octubre de 1915) y Rumanía (agosto de 1916).

Procedamos por partes.

Italia se ha declarado neutral (y eso que sobre el papel era aliada de los imperios centrales). Los italianos, como los españoles, tienen el corazón dividido. Los germanófilos, que suelen pertenecer a la Iglesia o a la aristocracia, simpatizan con los austriacos simplemente porque son católicos (sin reparar en que los que llevan de verdad la voz cantante en esta guerra son los alemanes, mayoritariamente protestantes). Los aliadófilos, por el contrario, prefieren que Austria pierda la guerra, lo que le permitiría a Italia recuperar los territorios de lengua italiana al sur de los Alpes (parte del Tirol, el Trentino y Trieste, la «Italia irredenta»).

Los aliados presionan sobre el gobierno italiano para que se les una en la lucha. Alemania, temerosa de que esto ocurra, presiona a los austriacos para que cedan a Italia los territorios en litigio a cambio de apoyarlos en la guerra.

Mientras Austria titubea y se lo piensa (al fin y al cabo le están pidiendo que ceda parte de su territorio soberano, carne de su carne, como quien dice), los aliados le prometen a Italia sus territorios irredentos.

Por prometer, que no quede.

Italia no se lo piensa dos veces y declara la guerra a los imperios centrales el 23 de mayo de 1915.

El plan de campaña del Estado Mayor italiano es simple: aprovechando que los austriacos se las ven y se las desean para contener a los rusos y a los serbios, los atacamos por los Alpes con un millón de hombres y a ver cómo se las arreglan.

Sorpresa: los austriacos se las arreglan. No sólo se las arreglan, sino que propinan a los confiados italianos una somanta de palos.[119]

La falta de entusiasmo del soldado italiano (que se repetirá en la segunda guerra mundial) es sólo la prueba de que pertenece a un pueblo antiguo y sabio, más inmune a los cantos de sirena que otros pueblos menos avisados de Europa.

¿Qué se nos ha perdido en esa guerra?, se preguntan los reclutas arrancados de sus campos y de sus novias y embutidos en los uniformes verdigrises de paño basto.

El italiano es difícil de manipular con discursos patrioteros. Al campesino analfabeto de la Calabria o de la Campania transportado a los Alpes en vagones de ganado para combatir a los austriacos, al muchacho que de pronto se ve arrastrando cañones por escarpados senderos por los que no se aventurarían ni las cabras, o asaltando a cuerpo limpio, a la bayoneta, fortines austriacos festoneados de ametralladoras, no se le puede pedir que actúe en esta «guerra de los *signori*» con el mismo entusiasmo que el francés educado en el odio a los alemanes, esos que le arrebataron a su Patria la Alsacia y la Lorena, o al alemán al que le han inculcado la idea darwinista de que pertenece a una raza

119. El general Luigi Cadorna, que había prometido que desfilaría en un par de meses por las calles de Viena, no ha pasado a la historia, o sólo ha pasado a la historia de la lengua porque los lunfardos de Buenos Aires, cuando tienen que expresar que algún aparato no funciona correctamente, lo llaman *cadorna*: «Esta moto es una cadorna», por no decir que es una mierda.

superior y a un imperio sin tierra que necesita urgentemente el espacio vital de esos pueblos inferiores que se repartieron el mundo excluyéndolos a ellos del banquete.[120]

El ejército austriaco, que estaba alicaído después de las palizas recibidas de mano de serbios y rusos, se crece ante un adversario tan flojo como el italiano (aunque muy superior en efectivos) y recupera parte de su maltrecha moral.

Como Italia, Bulgaria ha estado observando el desarrollo de la guerra hasta ver con cuál de los bandos le conviene aliarse para sacar tajada. Finalmente ha fichado por Alemania, que le promete un suculento trozo de su vecina Serbia.

La entrada de Bulgaria en la guerra desencadena una carambola de mucho efecto. De pronto a Serbia, que luchaba encarnizadamente con los austrohúngaros, se le abre un frente a la espalda.[121]

El ejército serbio, desbordado por todas partes, consigue apenas salvar los muebles y se retira, con cuantiosas pérdidas, por el único camino que le queda libre: las montañas que lo separan de la costa albanesa, donde los barcos aliados aguardan para trasladarlo a Corfú.

¿Y los rumanos? Desde el principio de la guerra, Rumanía ha presenciado, con disimulado placer, los descalabros de los austrohúngaros (a los que está uncida por pactos secretos). Si sus poderosos padrinos se van al garete, como parece que ocurrirá, quizá ella pueda ocupar la ambicionada región de Transilvania, donde mucha población rumana anhela unirse a la madre patria. Los británicos se la ofrecen en bandeja si se une al bando aliado. Rumanía accede e invade con su viejo pero numeroso ejército el territorio de su antiguo aliado. Allí está esperando el general Von Falkenhayn (el mismo que viene de Verdún, deseoso de sacarse

120. «De cada mil soldados italianos, 330 eran analfabetos, frente a 220 del Imperio austrohúngaro, 68 de Francia o uno en Alemania» (Lozano, 2011, p. 136).

121. De hecho, incluso editan una postal en la que vemos a un serbio luchando a brazo partido con un austriaco y un alemán mientras un búlgaro lo apuñala alevosamente por la espalda.

esa espinita con una gran victoria). En seis meses de cómoda campaña, los austriacos vapulean a los rumanos, les ocupan el país y rapiñan sus campos petrolíferos y sus trigales, una bendición para la depauperada Alemania.

El serbio se defiende del austriaco y del alemán mientras el búlgaro lo apuñala por la espalda. El griego observa la escena. Postal de la época.

CAPÍTULO 28

Morir como ratas

Quedó atrás la Navidad que todos esperaban pasar en casa, tras una guerra breve y triunfal. La victoria y el regreso al hogar parecen más lejos que nunca.

10 de marzo de 1915. Los ingleses han planeado romper el frente en Neuve-Chapelle, Flandes. Previamente sus aeroplanos de reconocimiento han sobrevolado las trincheras enemigas fotografiando cada detalle. La artillería las machaca durante media hora antes de que tropas británicas e indias calen sus bayonetas y se lancen al asalto. Los alemanes salen de sus profundos refugios y rechazan el ataque con artillería y fuego de ametralladora. Los pocos asaltantes que alcanzan las alambradas las encuentran casi intactas. Un desastre: trece mil bajas británicas. Peccata minuta para los generales.

A este paso, la guerra de trincheras podría prolongarse eternamente. Los Estados Mayores se estrujan el magín ideando fórmulas para salir de ese punto muerto.

En Alemania germina una idea. ¿Por qué no gaseamos al enemigo y lo hacemos morir como ratas?

O sea, el mismo tratamiento que darían a una plaga de parásitos en un alcantarillado o en un trigal.

El primer ensayo lo hacen con los rusos. Les lanzan veinte mil granadas rellenas de bromuro de exilo líquido, que se evapora en forma de gas, pero el frío lo congela e impide que haga efecto.

Descartemos el bromuro de exilo. ¿Qué otro gas barato y letal podemos usar?

—¡Hombre, el cloro! ¿Cómo no se nos había ocurrido antes?

Alemania dispone de enormes cantidades de cloro, un subproducto de la industria de los tintes en la que es indiscutible líder mundial.[122] Científicos del instituto tecnológico Kaiser Wilhelm de Berlín idean la manera de arrojar nubes de cloro gaseoso contra las trincheras enemigas.

22 de abril de 1915. Luce una bella mañana de primavera sobre las praderas y bosquecillos de Ypres. Desde hace días, un ejército de técnicos alemanes se esmera en colocar una serie de cilindros metálicos en ordenadas filas apuntando al enemigo.[123] La operación se completa a las doce de la mañana.

Ahora sólo falta soltar el gas. Los técnicos están pendientes de los anemómetros. Sopla una ligera brisa del este hacia las trincheras enemigas. Dirección y velocidad del viento óptimas, indica el ingeniero al cargo. Lo que esperábamos. A las 17.00 liberan el gas. El siseo del cloro al escapar de los depósitos se percibe a

122. El gigantesco conglomerado de empresas de la IG Farben (designación abreviada de Interessen-Gemeinschaft Farbenindustrie AG, «grupo de empresas de la industria colorante») se funda oficialmente en 1927, aunque en su origen parte de la asociación de media docena de empresas familiares durante la primera guerra mundial, con el fin de atender las crecientes demandas del ejército. En la segunda guerra mundial suministraría el famoso gas Zyklon B con el que se gaseó a los judíos en los campos de exterminio. Después de la guerra resultaba políticamente incorrecto prolongar la existencia de la compañía (que además había utilizado mano de obra esclava), por lo que fue desmembrada, o quizá debiéramos decir blanqueada, en una serie de compañías de distinto nombre: AGFA, Bayer, BASF y Hoechst. Otras grandes empresas alemanas sólo indirectamente implicadas en el holocausto merecieron mejor trato y continúan existiendo con idéntico nombre, entre ellas la fabricante de tintas Pelikan, fundada en 1832, que suministraba la tinta indeleble con la que se tatuaba un número en el antebrazo de los esclavos. Esta participación de la industria química alemana en las guerras mundiales ha inspirado la miniserie televisiva *Sins of the Fathers* (1986, presentada en español como *Padres e hijos*), dirigida por Bernhard Sinkel y protagonizada por Burt Lancaster, Julie Christie y Bruno Ganz.

123. Concretamente, 5.730 cilindros para otras tantas bombonas que contienen 160 toneladas de cloro.

Gases

Preparación de los cilindros para la liberación de los gases.

El viento arrastra los gases liberados.

Cochecito de bebé preparado para posibles ataques con gases.

distancia, en el silencio del paisaje. Se forma una espesa nube verde grisácea que el viento arrastra hacia las posiciones enemigas. Cuando el gas invade las trincheras, los argelinos que las ocupan se llevan la mano a la garganta, trastabillan y caen en el fondo de la zanja. Al constatar los terribles efectos de aquella extraña niebla, los de las líneas de reserva huyen despavoridos hacia la retaguardia. Siete kilómetros de frente quedan desguarnecidos.

Un éxito espectacular, dicen los informes, pero silencian que no se ha explotado lo suficiente por la reticencia de las tropas a avanzar sobre el terreno envenenado.

Los alemanes experimentan los ataques con gas en distintos sectores del frente, con idénticos resultados.

En Londres están enfurecidos. ¡Gases venenosos como arma de guerra! ¡Qué villanía impropia de caballeros! Los informes no pueden ser más desalentadores. En uno de ellos, correspondiente tan sólo a un sector del frente, leemos: «Noventa hombres perecieron en la propia trinchera. De los 207 afectados restantes, que fueron trasladados al hospital de campaña, 46 murieron casi de inmediato y doce tras prolongado sufrimiento».

O sea, que lo del gas funciona. Impropio de caballeros, pero efectivo. En fin: dado que los alemanes los utilizan, por nosotros que no quede. Administrémosles su propia medicina.

Se la dan con creces a partir de septiembre, aprovechando que los vientos dominantes en la zona de Ypres soplan hacia las trincheras alemanas. Incluso se inventan el proyector de gas Livens, un mortero capaz de disparar los cilindros de gas hasta a dos kilómetros de distancia, lo que permite alcanzar la retaguardia enemiga.[124]

Desde el principio de los conflictos humanos, a cada nueva arma ha correspondido una defensa. ¿Cómo resguardarse del gas venenoso? Lo más inmediato sería huir de él, ya que el cloro se detecta fácilmente por el color y el olor. Pero eso implica aban-

124. En total los alemanes lanzaron a lo largo de la guerra unas sesenta y ocho mil toneladas de gases; los franceses unas treinta y dos mil y los británicos unas veinticinco mil (Lozano, 2011, p. 194).

donar las trincheras, lo que no entra en los cálculos del alto mando. Entonces, ¿qué? Los químicos señalan que el cloro es muy soluble en el agua. Basta cubrirse la nariz con un trapo mojado y sus efectos se reducen considerablemente. Los soldados creen que lo ideal es un trapo mojado en orines, de manera que procuran tenerlo siempre a mano, por si acaso.

La guerra química abre la caja de Pandora. ¿Quién le pondrá límites a esta locura? Pronto aparecen en el campo de batalla nuevos gases, más mortíferos, e incluso cócteles de gases: a la mezcla de fosgeno y cloro que idean los franceses replican los alemanes con otra, aún más letal, de fosgeno y gas mostaza,[125] un poderoso vesicante que produce espantosas ampollas y puede consumir la carne hasta el hueso. El gas mostaza resulta especialmente corrosivo en los tejidos blandos: genitales,[126] nariz, tráquea, bronquios y pulmones.[127]

La experiencia de los gases, a pesar de las contramedidas que se adoptaron, fue tan terrible que en la segunda guerra mundial se renunció a emplearlos, aunque todos los ejércitos equiparon a sus soldados con máscaras antigás, por si acaso.[128] El pánico a los gases perduraba de tal modo que la propia Alemania, que había desarrollado los gases venenosos tabún, sarín y somán, no se atrevió a usarlos ni siquiera cuando iba perdiendo la guerra. Los

125. Lo llaman gas mostaza porque su olor recuerda al de la mostaza. También se conoce como iperita, derivado del nombre de Ypres, el frente donde más se empleó.

126. A daños en los genitales estaban especialmente expuestos los escoceses, que, como es sabido, debajo del *kilt* no llevan calzoncillos. Típicamente tozudos, algunos batallones terminaron usando mallas femeninas. Cualquier cosa, con tal de no renunciar a su *kilt*.

127. El soldado afectado por el fosgeno tarda en morir dos días, ahogado lentamente mientras expulsa, entre náuseas, litros y litros de baba amarilla. De estas experiencias terribles hablan muchos sanitarios en sus memorias. «Las quemaduras por gas deben de ser atroces —recuerda una enfermera—: soldados endurecidos que aguantan sin rechistar la cura de heridas graves aúllan de dolor cuando los quema el gas.»

128. La máscara de gas es ese característico estuche acanalado, cilíndrico, que suelen llevar los soldados alemanes a la espalda.

contuvo el miedo a que los aliados replicaran más contundentemente con la misma medicina.[129] Quizá influyera algo el hecho de que el propio Hitler había resultado gaseado en el frente de Ypres.[130]

129. Entre 1923 y 1927, y especialmente después del desastre de Annual, la aviación española bombardeó con gas mostaza algunos poblados marroquíes del Rif. El gas era de procedencia francesa y alemana, aunque también se equipó una fábrica española en La Marañosa (Madrid).

130. Hitler resultó afectado por el gas en el frente de Ypres el 13 de octubre de 1918, un mes antes del final de la guerra. Lo trasladaron, aquejado de ceguera temporal, a un hospital de campaña. Cuando recuperó la visión lo veía todo claro, vaya por Dios.

CAPÍTULO 29

El hundimiento del *Lusitania*

Desde el principio de la guerra, la flota inglesa mantiene el bloqueo marítimo de Alemania. Por su parte, los alemanes han declarado zona de guerra las aguas que rodean Gran Bretaña e Irlanda y advierten que sus submarinos considerarán objetivo legítimo a cualquier navío que se aventure por ellas.

El 23 de abril de 1915, la embajada alemana en EE. UU. inserta en los periódicos, como publicidad pagada, una advertencia:

> ¡Atención! Se recuerda a los pasajeros que tengan intenciones de cruzar el Atlántico que existe un estado de guerra entre Alemania y Gran Bretaña, y que la zona de guerra comprende las aguas adyacentes a las islas Británicas. Las embarcaciones con bandera de Inglaterra o cualquiera de sus aliados se arriesgan a ser destruidas en esas aguas. Los viajeros que atraviesen la zona de hostilidades en barcos de Gran Bretaña o cualquiera de sus aliados lo hacen por su cuenta y riesgo. Embajada imperial alemana en Washington D. C. Datado: 23 de abril de 1915.

Tres años atrás, el hundimiento accidental del *Titanic* había conmocionado al mundo, pero los transatlánticos de gran lujo siguen navegando regularmente entre Europa y América. Ni la guerra ni los submarinos alemanes han interrumpido ese tráfico.

El 1 de mayo de 1915, una semana después del aviso de la

embajada alemana, el *RMS Lusitania*,[131] de la compañía Cunard Steamship, con capacidad para dos mil trescientos pasajeros y novecientos tripulantes, zarpa del puerto de Nueva York con destino al puerto inglés de Liverpool. El *Lusitania* lleva a bordo 1.959 pasajeros, de los que 136 son norteamericanos. En su registro consta que, además, transporta víveres.

En el almirantazgo de Londres existe una sala en la que, sobre unos enormes mapas oceánicos, se registra la posición de los navíos con destino a las islas Británicas. El oficial del servicio secreto naval Joseph Kenworthy le señala a Churchill que el *HMS Juno*, el crucero al que se ha encomendado la escolta del *Lusitania* por las peligrosas aguas irlandesas, carece de diseño estanco, lo que lo inhabilita para la lucha antisubmarina. Al oficial le preocupa este hecho porque se tienen noticias de que ronda aquellas aguas el submarino alemán *U-20*, que lleva hundidos tres barcos. Churchill se lo piensa y tres días después decide que el *HMS Juno* regrese a puerto. O sea, que deja al *Lusitania* sin escolta, abandonado a su suerte.

El 7 de mayo de 1915, el *Lusitania* navega en medio de una niebla espesa por las aguas peligrosas de Irlanda. En el puesto telegráfico de la nave se suceden las comunicaciones del almirantazgo. 7.50: «Submarinos en acción frente a la costa meridional de Irlanda». Una hora después: «A todos los barcos ingleses: tomen al piloto de Liverpool en la barra y eviten los promontorios. Pasen a toda velocidad por los puertos. Naveguen por medio del canal. Submarinos en aguas de Fastnet...». 12.30: «Desviarse a Queenstown». 12.40: «Submarino a cinco millas de cabo Clear. Se dirigía hacia el oeste a las 10.00 horas».

Alarmado, el capitán del *Lusitania* altera el rumbo para acercarse a la costa. La niebla se va despejando y el familiar promontorio de Kinsale se dibuja en la lejanía.

El levantamiento de la niebla también favorece la visibilidad de Walther Schwieger, comandante del submarino *U-20*, que

131. Esas abreviaturas que preceden al nombre de los transatlánticos ingleses significan *Royal Mail Steamship,* o sea, «buque de vapor del correo real».

avista el gigantesco navío desde su periscopio y anota en su bitácora: «Frente a nosotros aparece un cuatro chimeneas y dos mástiles [...] Sigue curso perpendicular al nuestro virando desde Galley Head. Parece un buque de pasajeros de grandes dimensiones». 14.05: «El vapor vira a estribor, rumbo a Queenstown, lo que facilita nuestro acercamiento para lanzar torpedos. Navegamos a gran velocidad para colocarnos en posición al frente».

Al *U-20* le queda un único torpedo. A las 14.12 lo dispara desde setecientos metros de distancia. El torpedo, de seis metros de largo, equipado con una ojiva de 160 kilos de TNT, impacta en el costado del *Lusitania* bajo su línea de flotación. La bitácora del submarino anota: «Alcanzado por el disparo en la banda de estribor detrás del puente. Se percibe una detonación seguida de otra fuerte explosión. Una gigantesca nube que se eleva. Debe de haber habido, además de la explosión del torpedo, otra cosa (caldera, carbón o municiones transportadas) [...] La nave se detiene y se escora rápidamente. Al mismo tiempo, se hunde cada vez más a proa... Parece que el barco permanecerá a flote muy poco tiempo».

Comprobado el estropicio, el submarino se sumerge a veinticinco metros y se aleja del lugar.

El capitán del *Lusitania* ha ordenado poner rumbo a tierra, pero la gigantesca nave escora tan rápido que pronto las hélices giran inútilmente fuera del agua. Los despavoridos pasajeros no pueden mantenerse en pie en la cubierta. Con esa inclinación es muy difícil arriar los botes salvavidas. Algunos caen bocabajo, otros vacían su carga humana antes de tocar el agua. De los 48 botes, sólo seis se lanzan correctamente. En dieciocho minutos la nave se va a pique a diez kilómetros de la costa, arrastrando consigo a 1.198 pasajeros. Sólo se han salvado 761.[132]

Oleada de indignación en los EE. UU. En el naufragio han perecido más de un centenar de estadounidenses. La opinión pública norteamericana reacciona con indignación ante la noti-

132. Un pasajero español, Vicente Egaña, destacó por su heroicidad al ocuparse de que varias mujeres y niños alcanzaran los botes antes de ponerse a salvo él mismo.

cia de la muerte de sus compatriotas en el torpedeamiento del transatlántico. Los periódicos califican el acto como «crimen de lesa humanidad y de atentado contra el derecho de gentes». Los votantes americanos empiezan a considerar la conveniencia de ajustarles las cuentas a esos bárbaros alemanes que no se detienen ante nada.

Por si quedara alguna duda, los alemanes, en lugar de disculparse por el incidente y lamentar la pérdida de vidas humanas, condecoran al comandante del *U-20* con la Cruz de Hierro.[133] Los periódicos aliados vuelven a recordar las barrabasadas que recientemente cometieron los alemanes en Bélgica (convenientemente exageradas por la propaganda británica).

El presidente de Estados Unidos envía una nota de protesta tan enérgica que el káiser escribe al margen: «De lo más impertinente: vejatoria», pero ordena restringir la lucha submarina y prohíbe atacar buques de pasajeros sin previo aviso y sin antes poner a salvo a los civiles que viajen a bordo. No irritemos a los americanos, que están buscando un pretexto para declararnos la guerra.

El gobierno estadounidense tardará todavía dos años en declarar la guerra a Alemania (lo hará el 2 de abril de 1917). Una de las razones esgrimidas entonces será precisamente el caso del *Lusitania*, que la prensa subvencionada por los británicos se encarga de mantener vivo en la memoria popular.

Se ha especulado que Churchill expuso deliberadamente la nave al submarino alemán para inclinar a favor de la intervención en la guerra a la opinión pública estadounidense. Pudiera ser. Parece que, al comienzo de la guerra, Winston Churchill inspeccionó el *Lusitania*, anclado en el puerto de Londres para

133. El escultor Karl X. Goetz acuña privadamente quinientos ejemplares de una medalla conmemorativa que por una cara representa la taquilla de la compañía Cunard en la que un esqueleto vende pasajes a los viajeros con la leyenda *Geschäft über alles* («El negocio ante todo») y en la otra el *Lusitania* hundiéndose bajo el rótulo *Keine bannware!* («¡Fuera contrabandistas!»). Los ingleses la reproducen generosamente y la reparten en Estados Unidos como elemento de propaganda antialemana.

clasificarlo como nave de la flota de reserva (susceptible de armarse y participar en la guerra); y, cuando se le hizo ver que no estaba diseñado para soportar un torpedo, Churchill respondió cínicamente: «¡Mejor, así tenemos un cebo vivo de cuarenta y cinco mil toneladas!».

También se ha señalado que la segunda explosión que se percibió en el barco podría haber procedido de la munición almacenada en su bodega.

Hoy se ha confirmado lo que los alemanes sospecharon entonces: que transportaba abundante material de guerra cuya existencia conocía y aprobaba el presidente Wilson.[134] Eso explica que, en el periodo de entreguerras, la armada inglesa usara el pecio del *Lusitania* como blanco para sus prácticas con torpedos. Intentaba eliminar las pruebas de que el barco transportaba material de guerra.

La medalla conmemorativa del hundimiento.

134. Transportaba disimulado entre los alimentos: 1.639.000 lingotes de cobre, 1.248.000 cajas de granadas, 4.927 cajas de balas de fusil y 76 cajas de latón; en total, 224 toneladas de material de guerra. Por si cabía alguna duda, en 2008 unos buzos exploraron el pecio del *Lusitania*, que permanece hundido a 96 metros de profundidad y a unos doce kilómetros de las costas irlandesas, y en su bodega encontraron algo así como cuatro millones de cartuchos de fusil Remington.

CAPÍTULO 30

La mortífera salchicha

En 1914, los alemanes van a la cabeza del mundo en la construcción de dirigibles gracias a las investigaciones del general Ferdinand von Zeppelin. El dirigible que ha diseñado este pionero de la navegación aerostática es un esqueleto de aluminio en forma de salchicha, más largo que dos campos de fútbol y más alto que un edificio de seis plantas, que se recubre con un forro brillante de lona de algodón. En su interior alberga varios compartimentos, con capacidad para unos cincuenta mil metros cúbicos de hidrógeno que le permiten ascender. El enorme ingenio avanza con ayuda de unos motores semejantes a los de los aviones y se gobierna por medio de un timón. De su parte inferior penden una o dos góndolas en las que puede transportar mercancías, pasajeros o bombas.

El káiser y su Estado Mayor han depositado gran confianza en el invento del conde Von Zeppelin.[135] Con una flota de dirigibles podremos sobrevolar territorio enemigo y atacar sus ciudades y sus concentraciones de tropas, tal como profetizaron, anticipándose a la realidad, Wells y otros novelistas.[136] Eso pien-

135. Sin embargo, parece que los verdaderos inventores de su dirigible fueron, separadamente, el colombiano Carlos Albán, cónsul en Hamburgo (donde hizo amistad con Zeppelin), y el croata David Schwarz, de cuya viuda adquirió Zeppelin notas y planos.

136. H. G. Wells, en su novela *La guerra del aire* (1908), había descrito la capacidad de destrucción de una flota de dirigibles.

san. Ni siquiera Inglaterra con toda su flota estará a salvo de nuestros zepelines. Por el aire llegaremos a todas partes.

31 de mayo de 1915. El capitán Karl Linnarz despega con el dirigible *LZ-38* de la base de Evere, cerca de Bruselas.[137] Después de alcanzar la altura conveniente, detiene los motores y deja que el viento lo empuje suavemente hasta Gran Bretaña. Cuando sobrevuela Londres, ya noche cerrada, desciende a la altura óptima y descarga sus bombas sobre el East End. Después, vuelve a ascender hasta una altura segura, y regresa a su base de partida.

Las bombas sólo han ocasionado siete muertos y catorce heridos, pero el impacto psicológico del monstruo volador alarma a las autoridades: el enemigo acaba de demostrar que puede golpear impunemente cualquier ciudad de Gran Bretaña. Los ingleses no pueden impedirlo porque los zepelines vuelan a una altura inalcanzable para sus aviones.

No sabemos cuándo van a aparecer sobre Londres, piensan en el mando aliado, pero sí que después de la incursión tienen que regresar a sus puntos de partida. La base de dirigibles de Evere no está lejos del frente. ¿Y si interceptamos a los zepelines cuando desciendan hacia sus hangares? Entonces serán bastante vulnerables.

El 6 de junio, los zepelines *LZ-37*, *LZ-38*, *LZ-39* y *LZ-9* bombardean Londres, ocasionando veintinueve muertos. De un aeródromo aliado cercano al frente despegan dos docenas de aparatos ingleses con la misión de atacarlos en cuanto pierdan altura y se pongan a tiro.

El subteniente R. A. J. Warneford, que pilota un Morane-Saulnier cerca de Ostende, vislumbra entre las nubes la inmensa mole plateada del *LZ-37*, al que los fuertes vientos han separado del grupo. Los vigías del zepelín descubren al diminuto aparato que se acerca y dan la voz de alarma. Los ametralladores apostados en las góndolas y en las dos cámaras de tiro de la parte supe-

137. Las iniciales *LZ* que preceden al número significan *Luftschiff Zeppelin*, «nave aérea Zeppelin». A muchos zepelines militares se les añadía un *30* para despistar al enemigo sobre el número de dirigibles existente.

rior del dirigible disparan contra el solitario avión. Despreciando las balas, el subteniente Warneford sobrevuela a lo largo la inmensa mole y le deja caer seis bombas de seis kilos.

Un momento después, el dirigible se enciende por dentro como un inmenso farol chino, primero en un tono rojizo que vira rápidamente a un blanco vivísimo. Al fin, la inmensa salchicha estalla y se convierte en una bola de fuego.[138] La onda explosiva arrastra al aeroplano atacante como una hoja en medio de la tormenta. El motor del Morane-Saulnier, averiado, comienza a fallar. Antes de entrar en pérdida, el piloto planea y aterriza en un prado. Está en territorio enemigo. Si lo capturan, no les va a hacer gracia que les haya destruido un dirigible. Apurado, abre el capó del motor. Si localiza la avería y es capaz de arreglarla, quizá pueda escapar antes de que lo capture una patrulla germana. Afortunadamente es un problema de poca monta: un conector de baquelita roto que ha soltado el cable. Lo sustituye por la boquilla de nácar de sus cigarrillos, vuelve a despegar y regresa a su base.

La cabina del dirigible abatido, desprendida a causa de la explosión, ha caído sobre un convento de monjas en el pueblo de Saint-Amand. Todos los tripulantes han muerto, excepto Hermann Müller, el comandante de la nave, quien después de atravesar el tejado, el cañizo y el falso techo de escayola ha aterrizado, entre una nube de polvo y escombros, en el lecho de la abadesa. La cama, que es de sólido roble, con doble colchoneta de borra y lana, aguanta bien el golpe. El militar sólo ha de lamentar dos costillas rotas y una leve brecha en la frente causada por el rasponazo con una placa del Sagrado Corazón de Jesús que adornaba la galería superior. Volverá a volar.

Las monjitas, que en el momento del impacto efectuaban su

138. Warneford recibió la máxima condecoración británica, la Cruz Victoria, y la Legión de Honor francesa en una solemne ceremonia que también le costó la vida, puesto que lo invitaron a probar el nuevo biplano Farman. Al aparato se le desprendió un ala y al girar descontroladamente dejó caer a sus ocupantes, que habían olvidado abrocharse el cinturón de seguridad. Los dos murieron en el acto.

frugal colación en el refectorio, acuden en albo tropel y, al constatar el estropicio de la galería de las celdas, que ha quedado reducida a escombros, elevan preces a Nuestra Señora, que las ha preservado milagrosamente de una muerte cierta. Han tenido suerte; o según se mire, porque, de haberlas pillado en la cama, a estas horas estarían en el Cielo.

Mientras esto ocurre, dos biplanos Farman tripulados por los tenientes Wilson y Milles bombardean los gigantescos hangares de los zepelines en la base de Evere. Una de las cuatro bombas de ocho kilos atraviesa la cubierta e impacta en el dirigible *LZ-38* (el primero que bombardeó Londres), que estalla en llamas. Siniestro total.

CAPÍTULO 31

Cometas y lanzallamas

7 de julio de 1915. El séptimo batallón del regimiento de Sussex llega a las trincheras. Apenas han ocupado posiciones, ven elevarse una gran cometa desde las líneas enemigas.

Es la bienvenida de los alemanes. En la cometa se lee, escrito con brocha gorda: «Los alemanes no tememos nada en el mundo y esperamos la victoria. Ingleses: os falta puntería. Los rusos están *kaputt* y vosotros sois los siguientes. Nosotros tenemos vino, carne y salchichas; vosotros hambre y sed. No os creáis que Rusia y Francia están ganando la guerra: los hemos derrotado. Esto lo firmamos dos soldados alemanes».

—Cuidado con las cometas *boches* —advierte un oficial—. Los francotiradores acechan y, cuando algún tonto levanta la cabeza para leer lo que ponen, lo dejan seco de un tiro.

No es la única maldad de los *boches*. El 30 de julio de 1915 emplean, con gran éxito, un arma novedosa que llevan años desarrollando: el Flammenwerfer M.16 o lanzallamas.

El lanzallamas arroja un chorro de líquido inflamable a dieciocho o treinta metros de distancia (según versiones más o menos pesadas), lo que le permite eliminar cualquier reducto enemigo, especialmente trincheras o casamatas. El soldado que lo maneja transporta a la espalda una mochila metálica con dos compartimentos, uno lleno de gas propulsor (por lo general, hidrógeno) y otro de líquido inflamable, conectados con un tubo flexible que termina en un cañón rígido. El líquido que sale a presión se incendia en la bocacha del cañón por medio de una chispa.

El lanzallamas es un arma terrorífica cuya aparición basta, en muchos casos, para poner en fuga al adversario más templado. Los primeros en sufrirla en sus carnes son los ingleses que guarnecen las trincheras junto al pueblo de Hooge, en Flandes. A las tres y cuarto de la madrugada, una fantasmagórica irrupción de chorros de llamas surge de la noche y achicharra a los ocupantes de las posiciones avanzadas. No obstante, debido a la escasa movilidad de los servidores de la nueva arma, los británicos se reagrupan en la segunda línea y consiguen contener la desbandada. Poco tiempo después, ellos también dotarán de lanzallamas a sus tropas.

El lanzallamas alemán.

CAPÍTULO 32

Propósitos de año nuevo

1916. Los frentes estancados requieren nuevos planes, a ver si acabamos de una vez con la guerra. Los generales aliados (rusos y serbios incluidos) se reúnen en el cuartel general de Chantilly, el palacio rodeado de bosques y vecino al pintoresco pueblecito donde las señoras tejen primorosos encajes.[139]

—Estamos recibiendo, por fin, artillería pesada comparable a la de los *boches* —informa el general Joffre, catalán del Rosellón—. Es el momento de lanzar una gran ofensiva en todos los frentes para evitar que nuestra descoordinación favorezca al enemigo.

Convienen los generales en que la idea es buena. Si atacan simultáneamente, los alemanes no podrán reforzar ningún frente como vienen haciendo hasta ahora gracias a su tupida y eficaz red ferroviaria, que les permite trasladar tropas de un lugar a otro con inusitada rapidez.

Los alemanes también tienen sus propósitos de año nuevo. El general Erich von Falkenhayn examina el estado de los frentes.

139. No sólo encajes. También preparan una suculenta crema de leche, la crema chantilly, precisamente. La receta se debe al pundonoroso y perfeccionista François Vatel (1631-1671), gran cocinero y *contrôleur général de la Bouche* del Gran Condé, que se suicidó porque el pescado con el que tenía que agasajar a los invitados de su señor no llegó a tiempo. Si no vieron la película *Vatel* de Roland Joffé (2000), me la vean, porque es muy buena.

—¿Qué podemos hacer para acelerar el final de la guerra? —propone a su propia mismidad.

—Rusia es difícil de doblegar —se responde—. Le basta cedernos terreno y obligarnos a alargar nuestras líneas de aprovisionamiento en espera de que el general invierno nos derrote, como le ocurrió a Napoleón.

—Inglaterra —prosigue su respuesta— es difícil de doblegar: una isla defendida por una escuadra con la que no podemos competir.

—Nos queda Francia —concluye—. ¿Cómo podemos derrotarla y obligarla a capitular, como hicimos en 1871 en Sedán? Rompamos el frente en su talón de Aquiles.

Erich von Falkenhayn se atusa el rubio bigote sobre el gigantesco mapa del frente occidental que ocupa una larga mesa en la sala de operaciones. Posa sus ojos azules en Verdún, antigua y apacible villa episcopal a orillas del río Mosa. Es apenas un punto rojo en la constelación de ciudades y aldeas del mapa, pero está estratégicamente situada en la confluencia de Francia, Bélgica, Alemania y Luxemburgo.

Verdún, recuerda Von Falkenhayn, es la única plaza fuerte francesa que resistió el asedio prusiano en 1871. Después del descalabro sufrido en aquella guerra, los franceses la han reforzado con un doble anillo de dieciocho fuertes dotados de gruesos muros de hormigón armado y de torres artilleras blindadas y retráctiles.[140]

Durante un tiempo, los generales franceses durmieron tranquilos pensando que aquella plaza era inexpugnable, pero después de la destrucción de los fuertes de Lieja por los morteros Dicke Bertha y Skoda, han comprendido que esas fortificaciones están obsoletas. Von Falkenhayn sabe que los franceses han desmantelado casi toda la artillería de los fuertes de Verdún para repartirla por el frente.[141]

140. Blindadas y retráctiles, o sea, son de acero y, después de disparar, un mecanismo hidráulico oculta la torreta y el cañón, como la tortuga oculta la cabeza, y se hunde en el suelo, dejando tan sólo a la vista (y al fuego enemigo) una fuerte carcasa blindada.

141. Craso error: los fuertes de Lieja cedieron porque eran de ce-

—Verdún forma un saliente en nuestras líneas, lo que nos permitirá atacarlo de frente y por los lados —explica Von Falkenhayn al káiser—. Sus fuertes son cáscaras vacías guardadas por pequeñas guarniciones de reservistas. Es un lugar ideal para romper el frente.[142] Además, existen poderosas razones logísticas: nuestros trenes de municiones llegarán casi hasta primera línea, pero los franceses tendrán que aprovisionarse a través de una única carretera comarcal batida por nuestra artillería.

El káiser aprueba el plan. El ataque principal quedará a cargo de su primogénito, el príncipe Guillermo, un rubio larguirucho de ojos gatunos y bigote lacio que reparte sus aficiones entre los tiroteos cinegéticos o guerreros y la monta de damas.

El káiser en campaña.

---

mento sin armar, más débil, pero los de Verdún estaban protegidos por un caparazón de hormigón armado que resistió a la artillería.

142. En sus memorias, el mariscal asevera que su plan consistía en desangrar al ejército francés en Verdún implicándolo en la defensa de una plaza inútil pero simbólica para el orgullo nacional francés. Suena a disculpa de fracasado. También es posible que pretendiera romper el frente y conquistar París de una vez por todas.

CAPÍTULO 33

En los cielos de Verdún

El último día de enero de 1916, ocho dirigibles parten de Alemania con destino a Londres. Desde las alturas, Odo Loewe, comandante del *LZ-19*, contempla por última vez tierra germana. En el cierre del gigantesco hangar, que en la distancia parece una casita de juguete, apenas puede leerse el letrero pintado con letras más altas que un hombre: *Gott strafe England*, «que Dios castigue a Inglaterra».

La flotilla de dirigibles atraviesa el mar del Norte dejándose llevar por los vientos dominantes. Sobrevolando la alfombra de nubes, los tripulantes de los zepelines encuentran una extraña paz que repetidamente consignan en sus diarios. Ese sosiego no dura mucho, porque los ingleses han descifrado sus códigos secretos y cuando captan por radio la frase «H. M. V. a bordo» saben que se avecina un ataque de zepelines.

La defensa contra los zepelines nocturnos incluye a un número de personas ciegas apostadas a lo largo de la costa que detectan con su oído especialmente agudo el lejano ronroneo de los motores e informan por teléfono al mando acerca del número y la dirección de los zepelines.

Al anochecer, la escuadra de dirigibles sobrevuela la región inglesa de las Midlands, acosada por un nutrido fuego antiaéreo.

La principal defensa contra los zepelines es la artillería antiaérea, que impide que desciendan a la altura adecuada para bombardear con precisión. Hostigados por la artillería, los zepelines lanzan mil trescientos kilos de bombas antes de dar la vuelta y emprender el camino de regreso a sus bases.

Pero uno de ellos, el *LZ-19*, no regresa.

Una semana después, la prensa inglesa revela el destino del dirigible desaparecido. El patrón del pesquero inglés *King Stephen* ha declarado a los periodistas:

> Vimos al *LZ-19* medio hundido en el agua, pero no pudimos hacer nada. ¿Cómo íbamos a hacerlo? Estábamos solos. Aquello imponía, pueden creerme. La mole que sobresalía del agua tendría sus buenos veinte metros de altura y allí, en lo más alto, había hasta diecinueve hombres. El centro del dirigible estaba sumergido del todo y la mar picada. Nuestro primer impulso fue ayudarlos, pero enseguida nos asaltó una duda terrible. Sabíamos que eran alemanes, no había más que ver la enorme cruz negra pintada en el costado de la nave, y varios de ellos llevarían armas, pistolas sin duda. Nosotros no teníamos nada. Sólo su palabra. Pero eso suele valer muy poco en casos semejantes. Nos hacían señales frenéticamente, pero quién podría garantizar que no se apoderarían de nuestro barco, nos harían prisioneros y pondrían proa a Alemania. Las costas alemanas estaban cerca. Así que dimos la vuelta y avisamos al mando naval para que actuara en consecuencia.

Seis meses más tarde, en una playa sueca, un paseante encuentra una botella que contiene un mensaje del capitán Odo Loewe, el comandante del *LZ-19*:

> Me encuentro con quince hombres sobre la envoltura del *LZ-19* que flota todavía sobre las aguas. Hemos tenido tres averías de motor. Un fuerte viento de frente nos ha impedido avanzar arrastrándonos de costado hacia Holanda, donde nos recibieron a cañonazos. Es la una de la madrugada. Nuestra hora se acerca.

Otra nota, en la misma botella, contiene mensajes de los náufragos a sus familias. El del comandante Loewe dice: «Recuerdos a mi mujer y a mi hijo. Un pesquero inglés se ha acercado a nosotros, pero ha rehusado recogernos».

En los cielos de Verdún contienden los aviadores, ángeles de grasa y biela, con biplanos de lona, tablas y cables. Muchos sueñan con los honores, condecoraciones y agasajos que reciben los ases del aire. Todos temen morir abrasados, que es la muerte natural del piloto cuando las balas enemigas aciertan en el motor recalentado y el combustible se incendia.

Los pilotos más afortunados se hacen tan populares como los héroes del cine. Los franceses que han derribado cinco aparatos reciben el tratamiento de *as* o experto (los alemanes o los ingleses, más exigentes, requieren el derribo de diez aparatos).

Uno de estos pilotos es Manfred von Richthofen, un joven menudo y bien parecido, uno de esos *junkers* prusianos que practican la milicia por tradición familiar. En agosto de 1915 se trasladó al frente, encuadrado en el primero de ulanos, la cabeza llena de sueños de victoria, pero enseguida comprendió que, como dicen los italianos, *la guerra è più bella, ma incomoda*. En su debut como oficial, cargó lanza en ristre contra un destacamento francés armado de fusiles de repetición y perdió de una tacada a catorce hombres, lo que lo volvió bruscamente a la realidad y le mostró que el enemigo también conoce su oficio. Poco después, la explosión cercana de una granada terminó de convencerlo de que la guerra heroica, a la antigua, se había terminado, de que el tiempo de los héroes había pasado, de que la caballería era una institución periclitada. Para remate, se vio de pronto aparcado en un cómodo almacén de intendencia.

—La intendencia también sirve para ganar la guerra —le dijeron—. Siga anotando el número de calcetines y cantimploras.

Pero cuidando de un almacén y llevando las cuentas no se gana la Blauer Max, pensó el frustrado Von Richthofen.[143]

143. La Blauer Max (o sea, la Max Azul), instituida en 1740 por el rey de Prusia Federico el Grande, es la más alta condecoración alemana. Es una cruz de esmalte azul con la inscripción «Pour le mérite», en francés, la lengua de la corte prusiana. Se concedió por méritos de guerra hasta la extinción del reino de Prusia, con la abdicación de Guillermo II en 1918. Después se impuso la Cruz de Hierro.

Un día pasó sobre su cabeza una escuadrilla de aviones camino del frente, de la gloria.

«Ahí se ganan la Blauer Max y la gloria —pensó—. En el aire. Los pilotos contienden limpiamente, cada uno a bordo de su corcel. La caza aérea es lo que más se parece a un torneo medieval.»

Y se hizo aviador.

Primero voló como observador en el frente oriental, en un avión biplaza que otro pilotaba. Cuando ya parecía haberse soltado y le permitieron aterrizar solo, estrelló su avión. A pesar de estos penosos inicios, obtuvo el título de piloto en la Navidad de 1915 y lo enviaron a patrullar los cielos de Verdún en un flamante monoplano Fokker.

Von Richthofen no ingresó con buen pie en el frente occidental. En pocos días, en sendos aterrizajes, destrozó dos aparatos. Lo trasladaron de nuevo al frente ruso y le asignaron la tarea de bombardear y ametrallar a la infantería enemiga, labores que desempeñó con eficacia y entusiasmo, como deja prueba de ello en su diario.

El joven piloto comienza a destacar por su puntería, ejercitada de los tiempos en que cazaba ciervos en los bosques prusianos, y consigue dos derribos. Por ahí se empieza.

El as de la aviación alemana es, por estas fechas, Oswald Boelcke, del que los periódicos aseguran que se desayuna cada día a un inglés. Boelcke acoge a Von Richthofen en su escuadrilla, en el frente occidental. Allí le asignan un Fokker de ametralladoras sincronizadas y, poco después, un flamante Albatros, el avión más moderno del momento.

17 de septiembre de 1916. En misión de caza, Richthofen abate a un aparato de observación británico cuyo piloto, aunque malherido, consigue posarse tras las líneas alemanas. Richthofen, que está dolido porque no le han reconocido dos posibles derribos, aterriza cerca de su víctima y la despoja de una ametralladora como prueba irrefutable de su victoria.

A esa victoria siguen otras dos en pocos días. Richthofen empieza a ser conocido. Su foto aparece en las revistas ilustradas, casi siempre en poses algo chulescas, lamento decirlo. Es que el ego del piloto se hincha como un globo dentro de la guerrera entallada del uniforme.

Y siguen los derribos. Embriagado de gloria, Richthofen encarga a un platero berlinés la confección de una copa-trofeo conmemorativa por cada aparato enemigo abatido. Las copas deben estar numeradas y en cada una de ellas se inscribirá el tipo de avión y la fecha. En la carta que acusa recibo de las primeras, Ritchthofen advierte al platero: «Lo mantendré bastante ocupado en los próximos años».

La gloria en los cielos también acarrea la muerte. El as Boelcke se enfrenta en un largo duelo con otro as enemigo, el capitán George Cruikshank (cinco derribos en su haber), que se estrella contra unos árboles después de ser alcanzado por una ráfaga del alemán. Boelcke, que ha logrado cuarenta derribos, muere poco después cuando el Albatros D-II de su compañero Böhme choca con el suyo accidentalmente.

La jefatura de la escuadrilla recae entonces en Richthofen, que ya ha alcanzado los veinte derribos y luce en su cuello la codiciada Blauer Max.

La publicidad que las revistas ilustradas hacen de Richthofen y de otros ases del aire estimula a muchos jóvenes para alistarse en las escuelas de vuelo. Ignoran que no es oro todo lo que reluce: la mayoría de los pilotos novatos perecen a manos de los veteranos a los pocos días de soltarse en el aire.

El piloto Göring.

CAPÍTULO 34

El horno de Verdún

Erich von Falkenhayn ha proyectado su devastador ataque para el 12 de febrero de 1916, pero las persistentes lluvias lo obligan a aplazarlo. En medio del providencial aguacero, los franceses, alarmados por los preparativos del enemigo, refuerzan Verdún con cuantas tropas tienen a mano. Cuando escampa, el desequilibrio entre los dos contendientes sigue siendo preocupante: los alemanes disponen de 72 batallones y 1.200 cañones[144] frente a los 34 batallones y 270 cañones franceses.

El día 21 luce de nuevo el sol. Von Falkenhayn, casaca entallada, pelo cortado a cepillo, bigote prusiano, contempla satisfecho el cielo sin nubes, exhala un profundo suspiro, se atusa los enhiestos bigotes y se dispone a ingresar en la Historia.

Más modestos, pero igualmente implicados, los artilleros de la primera batería están pendientes del capitán Johann Schulz, quien sobre un altozano adyacente consulta su reloj de bolsillo con la mano en alto. El minutero avanza hacia la hora señalada. A las 7.15 en punto, el capitán Schulz abate el brazo enérgicamente al tiempo que exclama:

—*Feuer frei!* (o sea, «¡Abran fuego!»).

El primer cañonazo, un pepino disparado desde un mortero Krupp de 380 mm, vuela 32 km, marra el blanco y reduce a es-

144. Exactamente, 850 cañones de larga distancia; 17 morteros Skoda, austriacos, de 305 mm, modelo 1911; y 306 cañones de campaña.

combros uno de los dos ábsides de la catedral de Verdún, el mayor templo románico de Francia.[145] Tiemblan los cristales tintados del dormitorio del obispo, monseñor Charles-Marie-André Ginisty, que en ese preciso momento mojaba una magdalena proustiana en la humeante jícara de chocolate. El fámulo de servicio irrumpe despavorido en el aposento:

—¡Nos bombardean, monseñor!

—Ni una hoja se mueve en el árbol si no es por voluntad del Señor —responde, de oficio, el prelado mientras deplora su chocolate salpicado sobre la servilleta—. Tráeme el batín, hijo, que me voy a levantar. ¡Qué trastorno la guerra! Ni desayunar tranquilo lo dejan a uno.

Los artilleros corrigen el tiro. El resto de las granadas cae sobre objetivos militares. Son nueve horas de *Trommelfeuer*, como llaman los teutones al fuego graneado. El bombardeo se percibe como un trueno continuo desde ciento veinte kilómetros de distancia. Largas caravanas de camiones acercan granadas relucientes de grasa a las baterías y regresan a los almacenes ferroviarios con las vainas disparadas.

Después de arrojar más de un millón de proyectiles, cesa el fuego a las cuatro en punto de la tarde para permitir que la infantería ocupe las posiciones francesas antes de que oscurezca. Von Falkenhayn espera que la ocupación de los fuertes desmoronados sea un mero trámite.

Decepción. Douaumont, Vaux, Moulainville y otros fuertes del anillo de Verdún no se han desmoronado como los de Lieja.

¿Qué ha fallado?

Ha fallado que Von Falkenhayn no ha tenido en cuenta que cuando aparecieron las granadas-torpedo, hace un par de lustros, un previsor ministro de la Guerra francés reforzó estos fuertes con un caparazón de hormigón armado de metro y medio de espesor.

Los defensores de los fuertes, que han soportado el bombar-

145. No hay mal que por bien no venga. Al despejar los escombros se descubrió la Puerta del León, románica, que permanecía oculta bajo edificaciones parasitarias.

deo en sus profundos refugios subterráneos, salen a la superficie y ocupan sus puestos en los nidos de ametralladoras y en los morteros.

Esta resistencia inesperada no figuraba en los planes de Von Falkenhayn. Sus tropas sólo progresan, y no mucho, en la zona de Haumont, antes bosque, ahora un yermo erizado de troncos hechos astillas. Allí capturan a un pelotón de franceses a los que el bombardeo ha dejado atontados.

Anochece. A Von Falkenhayn le amargan la cena los partes del día. Pocos progresos y demasiadas bajas. Por lo visto, los franceses no estaban tan quebrantados como pensábamos.

—A partir de mañana, más bombardeos —ordena.

O sea: caña al mono hasta que rompa la cadena.

CAPÍTULO 35

La trinchera de las bayonetas

En cuanto amanece, la artillería alemana bombardea una superficie de algo más de un kilómetro cuadrado con ochenta mil proyectiles. Prácticamente borran las trincheras, y con ellas se volatilizan dos batallones del regimiento de infantería 137, desplegados al este del fuerte de Douaumont. De la tercera compañía no se tienen noticias: es como si se la hubiera tragado la tierra.

En realidad, eso es lo que ha ocurrido: que se la ha tragado la tierra.

Terminada la guerra, los chatarreros que recogen hierro viejo en el campo de batalla descubren los restos mohosos de una fila de fusiles con sus bayonetas, 39 en total, que emergen de la tierra entre los yerbajos. Excavan y debajo de cada fusil encuentran los restos del infante que lo sostenía: los hombres de la tercera compañía, lo que queda de ellos, esqueletos consumidos dentro de viejos uniformes, siguen allí, de cara al enemigo, defendiendo su posición.

¿Qué ha ocurrido? El alud de tierra levantado por una barrera de fuego artillero los sepultó.[146]

146. Otra posible explicación es que los hombres murieran gaseados o aplastados por la onda expansiva de las explosiones y que los alemanes que ocuparon el sector tras la batalla se limitaran a cubrir de tierra la trinchera para evitarse el trabajo de sepultar a los cadáveres.

La trinchera de las bayonetas

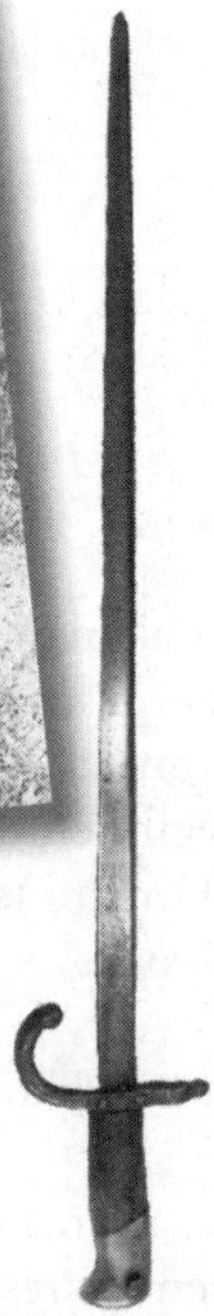

La trinchera de las bayonetas en dos postales francesas de 1919.

Bayoneta francesa.

La trinchera de las bayonetas en su monumento.

Respetuosos con su memoria, los franceses se limitan a clavar una cruz al lado de cada bayoneta y declarar aquella tierra cementerio militar. Después de cien años, la herrumbre ha reducido a polvo bayonetas y fusiles, pero las cruces siguen allí, marcando unas posiciones en las que se defendió el honor de Francia.[147]

Carga francesa en Verdún.

147. En 1927, un millonario americano costeó el monumento que cubre hoy la trinchera para preservar sus restos y la memoria de los hombres que allí perecieron. Los cuarenta cuerpos que se pudieron identificar se trasladaron al cementerio militar de Fleuty. En la trinchera permanecen enterrados otros diecisiete cadáveres anónimos.

CAPÍTULO 36

El sargento Kunze gana el fuerte de Douaumont

25 de febrero. Cuatro días ya de operaciones en Verdún. El aire apesta a cordita y a pólvora quemada. Morteros alemanes de 420 mm (los que demolieron los fuertes de Lieja) descargan sobre el fuerte de Douaumont sus granadas de 886 kilos. Los defensores, 58 reservistas cuarentones sin excesivo ardor guerrero y el brigada Chenot que los manda, se han refugiado en lo más profundo del fuerte, que tiene dos niveles subterráneos. Allí aguardan a que amaine la tormenta.

El de Douaumont es el fuerte más imponente de Europa: pentagonal, rodeado de un amplio foso, de más de un kilómetro de perímetro.

En las inmediaciones del fuerte, una patrulla de ocho zapadores alemanes capitaneados por el sargento Kunze busca alambradas que cortar para despejar el paso de la tropa que viene detrás.[148] Al llegar al escarpe del fuerte, no encuentran señal de vida. ¿Lo habrán abandonado sus defensores? El sargento Kunze desciende al foso y descubre que los nidos de ametralladoras están desatendidos.

¿Habrán huido los franceses?

No hay más que una forma de averiguarlo. El intrépido Kunze se hace aupar y se cuela por una tronera. Un minuto después, abre

148. El regimiento de Brandeburgo número 24, perteneciente a la sexta división de infantería del tercer ejército.

la poterna lateral que comunica con el foso y franquea el paso a sus hombres; pero ellos, temerosos de que se trate de una celada del enemigo, no se determinan a entrar. Kunze los manda a la mierda, cagones, y se aventura en solitario por los túneles de la fortaleza. En una batería sorprende a varios artilleros. Los encañona. Al ver al *boche*, los franceses deducen que el enemigo ha capturado el fuerte. Levantan las manos dócilmente y se dejan encerrar.

Kunze prosigue su exploración. En su interior, el fuerte tiene dos niveles unidos por sendas rampas. En cada nivel hay cuarteles, compartimentos de tiro, almacenes, accesos a las torres eclipsables, letrinas, enfermería...: un laberinto que Kunze recorre valerosamente hasta toparse... con una patrulla alemana, al mando del teniente Radtke, que acaba de penetrar por otro punto de la fortaleza.

Los alemanes ocupan el fuerte de la manera más civilizada, sin disparar un tiro. Llegan nuevas tropas al mando del alférez Von Brandis.

Los periódicos alemanes anuncian la hazaña en primera página. ¡El fuerte más fuerte de la orgullosa Francia capturado por nuestras tropas sin disparar un tiro! Día de gloria nacional. Las campanas repican en todo el imperio y los niños no asisten ese día a la escuela. El orgullo de Francia, abatido. El príncipe heredero recibe al alférez Von Brandis para que le cuente la hazaña y lo condecora con la Blauer Max, nada menos. Al verdadero héroe de la jornada, al sargento Kunze, ni las gracias. Claro, él no lleva el *von* delante del apellido. Es un don nadie en la vida civil, un obrero que en cuanto termine la guerra regresará al tajo. Si sobrevive.[149]

Así se escribe la Historia. Incluso en Alemania.

La reacción en Francia es muy distinta, claro. Abatimiento. Duelo nacional. El secretariado de propaganda confecciona un informe que exagera las pérdidas alemanas. A los odiados *boches* les ha costado miles de muertos tomar el fuerte, aseguran. A su alrededor han quedado montañas de material destruido.

La prensa inglesa indica que el fuerte estaba desmantelado y vacío, que era sólo un caparazón hueco y a pesar de ello los *fritzs* sufrieron cuantiosas bajas.

149. Sobrevivirá y terminará de guardia de la porra.

En realidad, los únicos daños han sido un ligero rasponazo en la rodilla del soldado de primera Lindmayer, que resbaló en un túnel.

Al pueblo se lo puede engañar, pero el alto mando francés sabe la verdad. El honor nacional ha quedado en entredicho. Tenemos que recuperar el fuerte Douaumont a toda costa. Y lo recuperarán ocho meses después, el 23 de octubre de 1916.[150]

Fuerte Douaumont después de la guerra.

150. Quizá la propia fortaleza se sintió humillada (si aceptamos que los edificios tienen alma). Lo cierto es que dos meses y medio después, el 8 de mayo, a un ceporro de la guarnición alemana que ocupaba el fuerte no se le ocurrió mejor idea que calentar el café con un lanzallamas; la llamarada alcanzó a unas cajas de municiones almacenadas en la estancia contigua y la tromba de fuego se propagó por los túneles y dependencias del fuerte, achicharrando a cuantos soldados encontró a su paso. Para colmo, los que pudieron escapar de aquel infierno cayeron bajo las balas de sus compañeros, que, en el aturullo que siguió a las explosiones, los tomaron por franceses. En total perecieron 679 soldados. Como en su mayoría estaban carbonizados y formaban una masa irreconocible, los enterradores apilaron sus restos en el interior de una de las casamatas del fuerte y la precintaron con un muro. Una placa reciente informa de que aquella dependencia goza del estatus de Cementerio de Guerra Alemán. Uno más de los muchos cementerios militares existentes en la zona, aunque algo más siniestro que los de superficie, que son verdaderos jardines, con un césped cuidadosamente cortado. Los alemanes miman sus cementerios militares, no como nosotros.

CAPÍTULO 37

Una noche memorable

Tres de la madrugada del 24 de febrero de 1916.

Mientras la artillería germana machaca inmisericorde el anillo de fuertes de Verdún, en París hace un frío que pela y las farolas apenas aciertan a proyectar su luz amarillenta sobre los adoquines humedecidos por la niebla del Sena. Un coche lanzado a toda velocidad por las solitarias avenidas se detiene, con chirrido de frenos, en el apeadero del hotel Terminus, en el número 19 del bulevar Diderot, frente a la *gare* de Lyon. Del automóvil se apea el teniente coronel Bernard Serrigny, agregado al Estado Mayor. Le ordena al sargento conductor que espere con el motor encendido e irrumpe en el vestíbulo del hotel. Nadie atiende el mostrador de recepción. Serrigny golpea por tres veces el timbre. Aguarda, impaciente. Nada. Nuevos timbrazos. Se descorre la cortina y aparece la propietaria del hotel, una señora entrada en años y en kilos, ojerosa, abrochándose la bata.

—¿Qué se le ofrece, comandante? —pregunta malhumorada.

Ya es raro que una señora de su edad no extreme la amabilidad ante un oficial de alta graduación. Además, lo ha degradado a comandante. Se ve que dispone de aldabas todavía más altas.

—Busco al general Pétain, madame.

—¿Pétain? Me temo que no se encuentra en este establecimiento —le responde parsimoniosa la señora.

El teniente coronel se tira de los faldones de la guerrera, saca pecho y adopta un tono solemne.

—¡La propia existencia de Francia está en juego, madame!

La France! Palabras mayores. Madame profiere un leve suspiro y ordena, con la misma solemnidad:

—Sígame.

Suben las escaleras hasta el primer piso, recorren un tramo de pasillo y madame se detiene ante una puerta. Serrigny llama discretamente con los nudillos. Carraspea un poco mientras decide si debe insistir. No hace falta. Un momento después, se descorre el cerrojo y se entreabre la puerta. Aparece, en albornoz, el escaso pelo un poco revuelto, el blanco bigote sin atusar, el general Pétain, comandante del segundo ejército.

—Mil perdones por esta intrusión a horas tan intempestivas, mi general —se excusa el mensajero—. El general Joffre me ha encomendado que le entregue estas órdenes sin dilación.

Pétain abre el sobre lacrado y lee. El general Joffre, comandante en jefe de los ejércitos de Francia, emplaza a su buen amigo el general Pétain para que se presente en el cuartel general a las ocho en punto de la mañana.

—Aún disponemos de cinco horas, querido Serrigny —observa Pétain—. Madame Lacroix, ¿sería tan amable de alojar a monsieur el teniente coronel en una habitación confortable?

—*Bien sûr* —responde, complacida, madame.

—Bien, querido Serrigny. Le deseo un tranquilo reposo. Nos encontraremos abajo, en el comedor, a las siete en punto. Desayunaremos croissants calentitos y partiremos hacia el cuartel general.

Taconazo de Serrigny y breve inclinación.

El general Philippe Pétain cierra la puerta y regresa a la cama, donde antes de la interrupción despachaba urgencias con una *brunette* de veintidós abriles.

—¿Por dónde íbamos, *ma chérie*?

Cumplida la galante misión, que el general, de cincuenta y nueve años, realiza con el necesario derroche de fuerzas (él, que goza de merecida fama porque sabe ahorrar a sus hombres esfuerzos inútiles), comparece en el cuartel general a las ocho de la mañana.

Joffre lo informa de su nuevo empleo: defender Verdún.

Pocos le envidian ese embolado.

En Verdún, Pétain se hace cargo de la situación. El frente francés está a punto de ceder y la moral de las tropas anda por los suelos después de la caída del fuerte de Douaumont, conocida esa misma tarde.

—Soy el general Pétain —telefonea a cada jefe de sección—. Acabo de tomar el mando. Comuníqueselo a la tropa. Valor. Sé que puedo confiar en mis bravos soldados. Los alemanes no pasarán.

Enardecidos por la presencia del prestigioso general, las tropas se crecen bajo el famoso lema «No pasarán».[151]

El ferrocarril de vía estrecha de Verdún (el Meusien) ha quedado inutilizable tras el bombardeo. Pétain encomienda a varios batallones la ampliación de la carretera que se hará famosa como Voie Sacrée, la vía sagrada. Por ese cordón umbilical, en una caravana de tres mil camiones que va y viene, día y noche, llegan tropas de refresco, además de las cincuenta mil toneladas semanales de víveres y material necesarios para sostener Verdún.

La Voie Sacrée.

151. Que los republicanos españoles repetirán en la defensa de Madrid, durante la guerra civil.

CAPÍTULO 38

El perro *Satán*

Aunque el heroísmo de los *poilus* ha frenado la ofensiva alemana, el brutal bombardeo ha fragmentado el frente y el mando pugna por restablecer las comunicaciones con sus líneas avanzadas.

Existen el telégrafo y el teléfono, pero todavía se confía en los viejos sistemas de comunicación: los perros entrenados y las palomas mensajeras.

El ejército francés mantiene una escuela de perros en los cuarteles de Satory, cerca de Versalles. El ejército de Verdún recibe dos perros mensajeros de la última promoción: un setter irlandés que atiende por *Rip* y un cruce de galgo y collie negro al que su cuidador, el cabo Duval, ha puesto *Satán*.

Rip muere en el bombardeo de los primeros días. *Satán* cruza el campo humeante y batido por las ametralladoras alemanas hasta la aldea donde una compañía de *poilus* resiste aislada. Una bala le acierta en una pata trasera, pero *Satán* continúa su camino cojeando hasta la posición de los franceses. A cada lado de su lomo lleva una cestita que contiene una paloma mensajera. En el collar, dentro de un cilindro de lata, un mensaje: «¡Por Dios, resistid! Mañana os enviaremos refuerzos».

El oficial al mando escribe el mismo mensaje dos veces, uno para cada paloma: «Tiradle a la batería que tenemos a la izquierda». Lo acompañan las coordenadas que orientarán a la artillería.

Vuelan las palomas. Una de ellas cae abatida; la otra logra

¡Pobres bichos!

Granadas para el frente.

Pastor alemán, evidentemente.

Palomas mensajeras.

Sección de ametralladoras tiradas por perros.

alcanzar su destino.[152] Los artilleros corrigen las coordenadas y silencian los cañones alemanes con fuego de contrabatería.

Palomar móvil del ejército británico.

152. La paloma *Cher Ami* mereció la Croix de Guerre por su heroísmo: herida de bala y con una pata de menos llevó el mensaje de una unidad americana en apuros durante los combates de Argonne, en 1918. La han disecado, como a Lenin o a Mao, y puede admirarse en el Museo Smithsonian de Washington. En nuestro Museo del Ejército había otra paloma heroica disecada, pero, con su nueva ubicación minimalista (y pitiminí) en el Alcázar de Toledo, me parece que la paloma se ha perdido.

CAPÍTULO 39

La ofensiva de Nivelle

Verdún es un punto muerto. Dos carneros en duelo de furiosos topetazos. Un sumidero por el que se escapa la sangre del ejército francés, pero también la del alemán. Cuesta cientos de muertos ganar cada palmo de terreno... para volver a perderlo poco después. La batalla está resultando un despilfarro de vidas y recursos. En los primeros cuatro meses se han disparado doscientos mil proyectiles diarios. En muchos kilómetros a la redonda, el campo es un paisaje lunar donde parece imposible que quede alguien o algo vivo.

Ni siquiera puede decirse que los alemanes estén desgastando al ejército francés. Después de tres meses, el marcador se mantiene equilibrado: ciento noventa mil franceses muertos frente a ciento setenta y cuatro mil alemanes.

Tanto esfuerzo para casi nada. Al mariscal Von Falkenhayn le ha salido el tiro por la culata, pero mantiene tercamente su propósito.

En el campo francés son más flexibles. A Pétain, que tiene fama de ahorrar vidas, lo sustituye el general Nivelle, considerado el más agresivo del ejército.

Nivelle no es persona que dude. Si hay que mandar ejércitos a la muerte, se mandan. No se puede hacer la tortilla sin romper los huevos. Lanza sus hombres contra las líneas alemanas sin una preparación artillera conveniente y sólo consigue aumentar las cifras de bajas.

Llega el verano, con sus días claros y largos. La batalla de Verdún se eterniza.

Ahora los franceses disponen de 2.708 cañones, la mitad de ellos eficaces 75 mm. Los alemanes, más agotados que ellos, comienzan a ceder terreno. Incluso sus tiros de artillería son más imprecisos desde que los franceses se empecinan en destruirles los globos de observación. Al principio los protegían con artillería antiaérea o escoltándolos con aviones, pero ahora la superioridad aérea francesa permite que unos aviones traben combate con la escolta mientras otros se concentran en abatir el globo. El 22 de mayo de 1916 les destruyen nada menos que cinco *Drachen* en poco más de una hora mediante bengalas incendiarias. A los observadores que penden de la cesta apenas les da tiempo de tirarse en paracaídas, esa estupenda innovación que permite salvar a un hombre que caiga de más de sesenta metros.[153]

Para terminar de inclinar la balanza, los aliados lanzan simultáneamente varias ofensivas en distintos frentes: los franceses y los ingleses por el valle del río Somme; los rusos en el este y los italianos en los Alpes.[154]

Después de ocho meses de forcejeos y de medio millón de muertos por cada lado, la sangrienta partida de Verdún queda en tablas. Al fracasado general Von Falkenhayn lo relevan Von Hindenburg y Ludendorff.

El alto mando alemán, los *von* de brillantes uniformes y bigotes puntiagudos, deciden trasladar la picadora de carne proletaria al vecino Somme, donde el enemigo atiza fuerte.

En Verdún renace la calma. En esos ocho meses de atención especial, la batalla no ha modificado la historia, pero sí la geogra-

153. Todavía no se equipaba con paracaídas a los pilotos, para evitar que los usaran al menor tropiezo, antes de intentar salvar el aparato.

154. Los rusos atacaron las confiadas líneas austriacas el 4 de junio y lograron romper el frente, lo que obligó a los alemanes a enviar varias divisiones desde Francia para sostener a los austriacos. A la postre se demostraba que el Imperio austrohúngaro estaba resultando una carga más que una ayuda para Alemania. (Les volvería a pasar en la segunda guerra mundial con los aliados italianos. Es que no escarmientan.)

fía. Triturados por la artillería, nueve pueblos han desaparecido de la faz de la tierra, borrados del mapa como si una mano gigante hubiera allanado el terreno.

Hoy, después de un siglo transcurrido, toda aquella comarca es un bosque de orografía irregular en el que algunas placas turísticas recuerdan que aquí estaba Douaumont, aquí estaba Fleury, aquí el ayuntamiento, aquí la plaza, aquí la iglesia, aquí la escuela..., aniquilados como si nunca hubieran existido. Se calcula que más de cien mil cadáveres siguen sepultados bajo la tierra torturada. Cuando llueve mucho afloran huesos que el servicio forestal recoge y deposita en el enorme osario de Verdún.

Paisaje después de la batalla.

CAPÍTULO 40

Ronsard en la trinchera

El ataque ha fracasado, como todos. El contraataque también. Del pintoresco bosquecillo de abedules que alegraba el remonte de la cota 301 sólo quedan los espectros descarnados de una docena de árboles acribillados de metralla en medio de una desolación de tierra quemada. Llueve el cielo misericordioso sobre la tierra humeante, lluvia mansa y constante que empapa el suelo y suaviza los cráteres de las bombas. El campo de batalla se convierte en un barrizal.

Los silbatos tocan a retirada. En tropel se repliegan los supervivientes del último avance. Soldados dispersos de unidades aniquiladas vagan en tierra de nadie, atónitos, extraviados, sin saber qué dirección tomar. Alemanes y franceses disparan barreras artilleras de protección sin conocer bien la situación de las tropas. En el cielo aúlla un proyectil de fragmentación. El soldado Marcel Devoist se lanza de cabeza en un embudo justo a tiempo de evitar la rociada de metralla que sigue a la explosión. Con la manga se enjuga la cara llena de barro. Cuando abre los ojos descubre, con horror, que en el mismo embudo, a dos metros de distancia, hay un *boche* que lo observa, una mirada azul que parece la de una serpiente, a la sombra del casco de acero. Marcel instintivamente intenta echar mano del fusil, que ha caído a sus pies, pero el alemán lo contiene con un gesto:

—*Restez tranquille, je ne vais rien vous faire.*

—*Vous parlez français?*

—*Un peu.*

—*Qu'est-ce qu'on va faire?*

—*Rien. Quand l'artillerie cesse, vous partez chez les votres et moi chez les miens.*

—*Vous vous appellez comment? Moi, je m'appelle Marcel.*

—*Moi, Hans. Je suis maître d'école en Bavière.*

—*Moi, je suis adjoint de professeur agrégé d'histoire à la Sorbonne.*[155]

Hablando de las familias y mostrándose las fotos que uno y otro llevan en la cartera, superan los últimos recelos. Aguardan charlando a que sobrevenga la noche. Comparten algo de pan que lleva el alemán con una lata de sardinas en aceite del francés. Intercambian cigarrillos.

Las horas en el embudo pasan lentas. Hans le cuenta un chiste al francés.

—Un anciano de noventa y siete años va al médico para pedir el jarabe de su reúma. El médico le receta el jarabe y le pregunta:

»—Y lo demás, ¿todo va bien?

»—Estupendo, doctor: me casé con una chica de veinte años que me ha rejuvenecido. Ahora la tengo embarazada.

»El médico se queda pensativo y le dice:

»—Esto me recuerda a otro paciente mío, un cazador empedernido al que le flojeaba la vista con la edad. En una montería, sus compañeros cazadores le gastaron la broma de cambiarle la escopeta por un paraguas viejo y él ni siquiera lo advirtió. De pronto se le pone a tiro un oso enorme y él se lleva el paraguas a la cara, dispara, pum, pum, y el oso se desploma fulminado.

»—Imposible —exclama el anciano que va a ser padre—: seguramente algún amigo bromista le disparó al oso para hacerle creer que lo había matado él.

155. —Tranquilo, no le voy a hacer nada. —¿Habla francés? —Un poco. —¿Qué vamos a hacer? —Nada. Cuando cese la artillería, usted se va con los suyos y yo con los míos. —¿Cómo se llama? Yo me llamo Marcel. —Yo Hans. Soy maestro de escuela en Baviera. —Yo soy adjunto de cátedra de historia en la Sorbona.

»—Ahí es donde yo quería llegar —dijo el médico.

Ríen de buena gana. Después de un silencio, en el que cada cual escarba en su memoria en busca de otro chiste, estalla una granada cercana que los devuelve a la realidad.

—*Je vous envoie un bouquet que ma main / vient de trier de ces fleurs épanies*[156] —recita el alemán.

—¿Conoce a Ronsard? —se anima Marcel, y continúa los dos versos siguientes del soneto—: *Qui ne les eût à ce vêpre cueillies / chutes à terre elles fussent demain.*[157]

Siguen recitando poemas de memoria. En medio del infierno, los une la literatura. El alemán ha leído a Montaigne, a Saint-Just, a Renan; el francés conoce a Goethe y a Heine, en textos traducidos.

Admira Marcel que un simple maestro de escuela alemán sepa francés, cuando él, que es profesor en la Sorbona, apenas conoce media docena de palabras en alemán.

Cuando cae la noche, intercambian un botón del uniforme como recuerdo y se despiden estrechándose la mano.

—Que salga con bien de esta guerra y que vuelva con su familia —dice Hans.

—Lo mismo le deseo —responde Marcel—. Que vuelva a cultivar rosas en Tafertingen.

Y cada uno emprende el regreso a sus líneas.

156. Hoy te envío estas flores que mi mano / acaba de cortar recién abiertas.

157. Que de no recogerlas hoy temprano / las habría encontrado el alba yertas.

CAPÍTULO 41

Sturmtruppen

Alemanes y aliados llevan un año atascados en las trincheras en una onerosa guerra de desgaste.

En la barbería El Siglo, y en el resto de las tertulias y mentideros españoles, la gente se pregunta a quién perjudica más la ralentización de la guerra.

Sobre esto, como sobre todo, existe división de opiniones. Los aliadófilos creen que perjudica más a los alemanes y los germanófilos creen que a los aliados.

Ahora, transcurrido un siglo de aquello, podemos determinar, claramente, que perjudicaba a los alemanes.

¿Por qué? Porque el bloqueo marítimo inglés ha paralizado su comercio. Ni pueden vender sus productos al resto del mundo, ni pueden recibir materias primas (tan necesarias, por otra parte, para el sostenimiento de la guerra).

Los alemanes lo saben. Hay que inventar tácticas nuevas que nos saquen del atasco, urgen los generales. Esta guerra de asaltos de una masa de soldados a la bayoneta contra trincheras defendidas por ametralladoras está condenada al fracaso.

En 1916 ensayan una táctica nueva: la infiltración de pelotones de asalto *(Sturmtruppen)* integrados por soldados escogidos, armados y entrenados especialmente,[158] que penetran en territo-

158. Las tropas de asalto o *Sturmtruppen* se acercaban a las trincheras y hostigaban los nidos de ametralladoras mientras la infantería alemana

rio enemigo para atacar objetivos vitales de la retaguardia, o en las mismas trincheras, tomadas por la espalda.[159]

La táctica de infiltración consiste en un bombardeo súbito y breve sobre el sector del frente que se quiere atacar, sin intentar triturar al enemigo como se hacía al principio de la guerra, cuando el prolongado bombardeo anunciaba el ataque e imposibilitaba el efecto sorpresa. Bajo este fuego de cobertura, antes de que termine, se lanzan los grupos de asalto, que rebasan la trinchera enemiga, eludiendo sus puntos más fuertes, para infiltrarse en su retaguardia y destruir objetivos concretos (artillería, cuarteles, comunicaciones). Sólo entonces se produce el ataque de las fuer-

---

cruzaba la tierra de nadie para asaltarlas. A veces se infiltraban en las defensas aliadas para destruir cañones o capturar prisioneros. La idea la tomaron los alemanes de sus admirados bóers (de las guerras anglo-bóers, entre 1880 y 1902). La primera unidad de asalto, el destacamento de asalto Calsow del octavo cuerpo de ejército alemán (Sturmabteilung Calsow), al mando del comandante Eugene Calsow, se había creado el 2 de marzo de 1915. En lugar de fusil llevaban carabina corta y, cuando se pudo (al final de la guerra), un subfusil con cargador de 32 balas (la Maschinenpistole 18/I). Su arma más característica era, sin embargo, la granada de mano, de las que llevaban abundante provisión, tanto de las «de huevo» (Kugelhandgranate 1915 n/A y Eierhandgranate M 1917), que portaban en amplias alforjas de sembrador colgadas en bandolera a un lado y a otro del cuerpo, como de las «de palo» (Stielhandgranate 24), que prendían del correaje. Para estimularles el espíritu de cuerpo, se los dotó de uniformes especiales *(Sturmgepaeck)*, más resistentes, reforzados con coderas, rodilleras y culeras de cuero y de los primeros *stalhelms* que llegaron al frente, que se les permitía personalizar al decorarlos con los colores de camuflaje. En el pecho, colgando del cuello, llevaban careta antigás. Más abajo, en el cinturón, la cizalla para cortar alambradas; y a la espalda, una pala de trinchera. Completaban el equipo maza de pinchos, puñal y, en ocasiones, pistola Luger. Existen muchas fotografías de estas tropas especiales, orgullosas de serlo, que posan para la posteridad, para las madres o para las novias, más bonitos que un san Luis, como diciendo: «Aquí hay calidad.»

159. La táctica de infiltración o *Infiltrationstaktik* también se conoció como *Hutier-Taktik*, debido al nombre de su creador, el general Oskar von Hutier.

Sturmtruppen

zas regulares a lo largo de un sector del frente más amplio, con morteros, lanzallamas y ametralladoras, lo que permite avanzar posiciones y conquistar la trinchera enemiga.

Sorpresa y velocidad son la clave. Atacar y destruir puntos vitales antes de que el enemigo pueda reaccionar. En lugar de intentar controlarlo todo desde el puesto de mando en retaguardia, se deja que los jefes de pelotón improvisen sobre la marcha.

El equivalente italiano de los *Sturmtruppen* fueron los *Reparti d'Assalto* (unidad de asalto) italianos, formados por soldados distinguidos o *Arditi* armados principalmente con abundancia de granadas y, de manera bastante exhibicionista, con puñales que solían lucir en la parte delantera del cinturón cuando no en la mano. Daban a entender que para ellos la lucha a distancia era una mariconada, que lo fetén era el cuerpo a cuerpo con arma blanca. Una baladronada, lo sé, pero eso formaba parte de su leyenda y así aparecían en los carteles de propaganda asaltando trincheras con granadas de mano y el puñal en la boca, estilo pirata. Los *Arditi* lucían, además, uniforme negro en el que destacaba como una mosca en la leche la insignia del cuerpo, una calavera que sostenía un puñal entre los dientes (curiosísima coincidencia: sus hermanos alemanes, los milicianos de los *Freikorps*, también lucían como insignia la calavera blanca y las tibias cruzadas). También se distinguían estos dandis de la guerra por un tupé sobre la frente cuidadosamente construido a base de brillantina. Cuando estaban en la ciudad se pavoneaban en plan perdonavidas en las zonas menos elegantes, donde parecían sentirse más a gusto, y frecuentaban tabernas y tugurios en los que a veces armaban bronca o se enzarzaban en reyertas.

Existe un interesante paralelo entre italianos y alemanes. Termina la guerra y muchos excombatientes que han crecido en ella no saben hacer otra cosa que pelear. Incapacitados como están para los trabajos civiles optan por mantenerse al abrigo del ejército y forman milicias paramilitares que sus jefes emplean para mantener a raya a los comunistas que pretenden extender al resto de Europa la revolución rusa. Estas milicias forman en Alemania los *Freikorps* y en Italia los *Fasci di Combattimento*.

Los aliados también introducen innovaciones. Descomponen

las compañías (de ciento cincuenta a doscientos hombres) en pelotones de diez soldados, la nueva unidad básica de maniobra, y entrenan tropas especiales, aunque no las usarán tan profusamente como los alemanes. Su aportación más original para superar el punto muerto de la guerra de trincheras es una máquina singular, el tanque, de la que hablaremos dentro de unas páginas.

Sturmtruppen.

CAPÍTULO 42

La carnicería del Somme

1 de julio de 1916. 7.30 de la mañana. En el valle del río Somme, en la Picardía francesa, la región famosa por sus bosques, por sus pintorescos pueblecitos, por sus bellas abadías y por sus canelones de queso, jamón y setas (la *ficelle picarde*), los ingleses preparan un ataque devastador contra las líneas alemanas. El objetivo inmediato es aliviar la presión que el enemigo ejerce sobre Verdún; después, Dios dirá.

Más de mil piezas de artillería han bombardeado las líneas alemanas durante una semana. Millón y medio de granadas.

—Es imposible que quede nada en la zona batida —comenta el general Haig.

Más le vale, porque los alemanes ocupan las cotas más altas, como de costumbre, y poseen un buen abasto de ametralladoras.

Cuando cesa la artillería, se produce un tenso silencio que zumba en los oídos (los cañonazos se percibían, como el rumor de una tormenta lejana, incluso en Londres).

En la trinchera de vanguardia, una desacostumbrada aglomeración de *tommies* aguarda expectante el trueno gordo de la demostración pirotécnica, el estallido de diez minas que sus zapadores han excavado pacientemente bajo las líneas enemigas.

Los británicos han decidido usar minas, un procedimiento de asedio tan viejo como la pólvora. Se excava una galería subterránea hasta el subsuelo de la posición enemiga, se abre una cámara justo debajo, se rellena de explosivo y los enemigos vuelan por los aires.

Las minas más potentes, cebadas con veinticuatro toneladas de explosivos, detonan cerca de La Boisselle, levantando un surtidor de tierra que alcanza casi kilómetro y medio de altura. La explosión destruye unas trincheras comodísimas, dentro de lo que cabe, con residencias de oficiales, retretes, luz eléctrica, cables telefónicos enterrados a salvo de la artillería (es un decir)... y hasta un piano.

Suenan los silbatos de los oficiales británicos. La tropa sale de las trincheras y, sorteando los cráteres, corre hacia el enemigo con sus mochilas lastradas con casi treinta kilos de equipo.

—¡Adelante, adelante! —gritan oficiales tan jóvenes como los soldados a los que mandan, apenas adolescentes, revólver Webley 455 en mano, sujeto al uniforme por un cordón.

Catorce divisiones de infantería británicas y seis francesas «en un estado de ánimo espléndido», según anota en su diario el general Haig, abandonan sus trincheras y marchan cuesta arriba. Después de la voladura a la que acaban de asistir, esperan encontrar escasa resistencia.

Los alemanes que sobrevivieron al bombardeo brotan de sus refugios de hormigón como hormigas de ala un soleado y lluvioso día de septiembre. Las explosiones los han dejado aturdidos, pero, no obstante, emplazan cuidadosamente sus ametralladoras y levantan el alza de los fusiles. Aguardan a que el enemigo se acerque a la distancia adecuada.

La trinchera británica se ha vuelto a llenar de soldados para la segunda oleada. Suenan nuevos silbatos. Allá van, a internarse en la nube de polvo y balas tras los camaradas que los precedieron.

Llegan las primeras remesas de heridos. Por lo visto, las trincheras alemanas estaban mucho más enteras de lo que se preveía y las alambradas casi intactas y tan tupidas como siempre, a pesar del castigo artillero.

El general Douglas Haig, que dirige el ataque desde su cómoda retaguardia y cada noche dobla los calzoncillos antes de acostarse, se encoge de hombros. A mí que me registren. Él ha observado escrupulosamente lo que se enseña en las mejores academias del ramo: previa preparación artillera, toda una semana diluviando metralla sobre las posiciones enemigas y carga final a la bayoneta. No es culpa suya si la mitad de los proyectiles no ha estallado (por defecto de fabricación), ni si la mitad de las alambradas estaban tan intactas como los *boches* que brotaban por docenas de sus madrigueras, las ametralladoras por delante, en cuanto escampó.

Fracasado el ataque, se evalúan los daños: 19.240 muertos; 35.493 heridos; 2.152 desaparecidos. Lo que parecía un paseo militar se ha convertido en la jornada más sangrienta de la historia de Inglaterra. Los alemanes han perdido unos ocho mil hombres, entre muertos y heridos.

Entre las dos trincheras casi no queda espacio para tanto cadáver, para tanto mutilado que se desangra en silencio, para tanto herido que aúlla de dolor, abandonado y desatendido, en tierra de nadie.

Uno de los soldados anota en su diario que los heridos de uno y otro bando suelen llamar a la madre mientras agonizan.

En días sucesivos Haig repite los ataques, con idénticos resultados. Mucha sangre para nada.

El 4 de julio de 1916 muere el poeta Alan Seeger, estadounidense, veintiocho años, voluntario en la legión extranjera francesa. Días antes había escrito un poema premonitorio que se hará famoso: «Tengo una cita con la Muerte / en una trinchera disputada, / cuando regrese la primavera, con su sombra susurrante, / y los manzanos en flor perfumen el aire; / tengo una cita con la Muerte / cuando la primavera nos devuelva sus días alegres y azules».

Hay más escritores en la guerra. En las trincheras de Ypres combate un tal John Ronald Reuel Tolkien, de veintitrés años. Saldrá bien de ésta y, con el tiempo, llegará a profesor en Oxford y se hará famoso por las novelas *El hobbit* y *El Señor de los Anillos*. La contemplación de los alemanes tocados con esos cascos de acero que les dan una apariencia brutal le inspiran las manadas de orcos ocupando la Tierra Media y los devastados paisajes de Mordor.

Otro joven de la misma edad, el capitán Robert Graves, futuro autor de *Yo, Claudio* y *La diosa blanca*, combatirá en el Somme y será herido de gravedad (le quedarán secuelas en los pulmones). En su autobiografía *Adiós a todo eso*, de 1929, narra el cataclismo personal y social que supuso la guerra: el final de una época con sus convenciones, la permeabilidad de las clases sociales antes impensable, el cuestionamiento del patriotismo entendido como coartada política para manipular al pueblo y el irresistible ascenso del feminismo y del pacifismo.

Otro escritor que será famoso es Ernest Hemingway. Primero intenta alistarse voluntario, pero lo rechazan por miope. Entonces viaja por su propia cuenta a Europa y consigue un puesto como conductor de ambulancias de la Cruz Roja en el frente italiano. En julio de 1918 resulta herido de metralla en las piernas. Muchas veces contará que se rellenó los agujeros con colillas de cigarrillo y que, olvidando sus heridas, llevó a un italiano lesionado al puesto de socorro, hazaña por la que se hizo merecedor de la Medalla de Plata al Valor. Cuando se recobra, en un hospital de Milán, mantiene un idilio con una enfermera, lo que inspira su novela *Adiós a las armas*, de 1929.

Una joven enfermera, Agatha Miller, se casa con el piloto de la RAF Archibald Christie y pasa la guerra en un hospital en el que se familiarizará con fármacos, venenos y trayectorias de balas, útiles conocimientos para cuando escriba novelas de misterio como Agatha Christie.

Carl Orff, el compositor de *Carmina Burana* (1937), combate en las trincheras del frente occidental. Jaroslav Hašek combate en el ejército austrohúngaro y de esa experiencia deriva la sangrienta sátira antimilitarista que vierte en su personaje del soldado Švejk, ese Sancho Panza moderno.

En las trincheras de enfrente, entre las fuerzas canadienses, están Raymond Chandler, el futuro de la novela negra (*El sueño eterno* y *El largo adiós*). En 1918 se estaba entrenando para piloto, pero el final de la guerra llegó antes de que pudiera volar en combate. Su colega Dashiell Hammett, el autor de *El halcón maltés* (1930), conduce ambulancias hasta que lo retiran del frente afectado de tuberculosis.

En agosto, el nombre de la granja Mouquet aparece en las crónicas que lee en *ABC* Pepe, el barbero de El Siglo. Los alemanes la han fortificado a conciencia con gran dispendio de ingeniería y hormigón: casamatas, alojamientos subterráneos, emplazamientos de ametralladoras. Un bastión preparado para la vida moderna al que no le falta un perejil.

Los británicos se empeñan en tomarla como paso previo para atacar el punto neurálgico de Thiepval. La asaltan primero los australianos, que han salido de la Guatemala de Galípoli para meterse en la Guatepeor del Somme; y después los canadienses (se nota que los ingleses están rebañando el caldero del imperio).[160] La toman, finalmente, el 26 de septiembre, después de un baño de sangre.

A los alemanes les parece despreciable y poco caballeroso que el enemigo se sirva de negros y morenos (claro, ellos no pueden traer a sus propias tropas coloniales debido al bloqueo de la flota inglesa; por eso al final de la guerra habrán alistado a todo varón entre diecisiete y sesenta años).

Tomémonos un respiro. Unos y otros pasan el mes dándole al pico y a la pala, sin más muertos que los prudenciales. Los alemanes aprovechan para construir una *Siegfried Stellung* («posición Sigfrido»).

Con las primeras lluvias del otoño vuelve la rutina. Al cañoneo canónico de las piezas gruesas que borran con su mano poderosa la línea del frente *(Trommelfeuer)* se suman los morteros de pequeño calibre que disparan desde la misma trinchera, con efectos igualmente devastadores. El soldado Michel Lanson anota en su diario el 24 de junio de 1915:

> En la trinchera lo peor son los morteros pesados, las granadas-torpedo. Los efectos del estallido de sus cincuenta kilos de melini-

160. Los franceses también traían tropas de sus colonias. Al final los que recuperaron el famoso fuerte de Douaumont de Verdún eran marroquíes, senegaleses y somalíes.

> ta son terribles. Cuando aciertan en plena trinchera, y eso ocurre a veces, matan fácilmente a quince o veinte hombres. Uno de los nuestros impactó en la trinchera de los *boches* y unos cuantos pies calzados con botas alemanas cayeron del cielo en nuestra trinchera de reserva.

A estos azares hay que sumar el de los francotiradores que pasan el día vigilando la línea enemiga a la caza de algún incauto que asome la cresta. Cada vez que llega gente nueva, los francotiradores se frotan las manos porque ventean caza segura. Los nuevos reclutas suelen ser descuidados los primeros días. Luego, en cuanto ven desplomarse a un camarada con la cabeza atravesada por un balazo, se vuelven más cautos y se cuidan mucho de exponer la jeta.

Para vigilar a salvo el campo enemigo, los centinelas disponen de periscopios. Incluso los hay de cartón, casi de usar y tirar, porque los cabrones francotiradores, cuando se aburren, hacen blanco en ellos y hay que renovarlos continuamente.

Una superstición de trinchera que perdura aún hoy en Inglaterra después de un siglo: encender tres cigarrillos con la misma cerilla trae mala suerte. Es porque en las trincheras de Ypres, cuando un francotirador alemán veía el destello de una cerilla al encenderse, sólo tardaba tres segundos en apuntar y disparar a la llama..., justo cuando el tercer fumador estaba encendiendo su cigarrillo.

Seguro, lo que se dice seguro, sólo se está en retaguardia. Por eso algunos soldados de permiso desertan y no vuelven a las armas. Desaparecen, camuflados en las grandes ciudades y especialmente en París, y procuran salir a la calle lo menos posible por temor a la policía militar, que pide la documentación a los sospechosos.

París...

> [...] prostitutas con sombreros grandes como parasoles, faldas cortas hasta las rodillas, los senos al aire, medias transparentes y las mejillas maquilladas; los oficiales jóvenes con los cuellos de las guerreras desabrochados y ostentosas cintas de medallas; soldados

aliados: los británicos tan fornidos; los belgas, tan inofensivos; los infelices portugueses; los rusos con sus impresionantes botas de marcha; hombres jóvenes vistiendo guerreras que les quedan estrechas.[161]

Es más seguro conceder a los hombres breves permisos en la inmediata retaguardia para que se desfoguen sin alejarse mucho del frente.

Las tropas británicas al ataque.

Tropas acorazadas.

161. Englund, 2011, p. 464.

CAPÍTULO 43

El trece...

2 de septiembre de 1916. Dieciséis zepelines se reúnen sobre el mar del Norte y ponen rumbo a Inglaterra. Objetivo: Londres.

Suenan las alarmas en los aeródromos cercanos a la capital británica. Cazas BE 12 equipados con munición incendiaria despegan para interceptar a los monstruos.

Un potente reflector ilumina la enorme panza de uno de los dirigibles. El alférez piloto Leefe Robinson lo ataca con fuego de ametralladora. Después de un par de pasadas, que parecen no causar mayor efecto en el gigante, concentra su fuego en un solo punto de la enorme mole. El dirigible se ilumina interiormente antes de estallar. Después, su cuerpo de aluminio se contrae hasta formar una bola de fuego que se precipita a tierra desde tres kilómetros de altura.

Los otros dirigibles retornan a sus bases indemnes. En total han descargado dieciséis toneladas de bombas que han causado cuatro muertos y ocho heridos. En realidad los zepelines causan menos daños de los que reciben, pero ellos insisten, obstinados.

El 23 de septiembre, repiten el ataque los zepelines *LZ-31*, *LZ-32* y *LZ-33*, mandados por los comandantes Mathy, Peterson y Böcker. En Londres los reciben con abundante fuego antiaéreo. Averiado, el *LZ-33* intenta regresar a su base perdiendo altura, pero, cuando advierte que caerá sin remedio al mar antes de alcanzar las costas alemanas, da la vuelta juiciosamente y, después de arrojar al mar las armas, la radio, los libros de claves y cuanto puede aligerarlo, aterriza en Inglaterra. El capitán Böcker intenta incendiar el dirigible para evitar que caiga en manos del enemigo. No lo consigue: ha perdido todo el gas y a bordo es norma no llevar nada que pueda causar un incendio. Resignados, él y sus veintidós hombres caminan en columna de dos hasta que encuentran a un campesino inglés, menudo susto se lleva, y se declaran sus prisioneros.

Peor suerte le cabe al *LZ-32*, que, alcanzado por cohetes incendiarios, se inflama como una pira y cae a tierra. Acuden las gentes de los alrededores a presenciar el espectáculo. Del brasero en que se ha convertido surge una vacilante figura horriblemente quemada, que antes de desplomarse consigue murmurar: *Drei... zhen!*, o sea, «¡Trece!».

Es el comandante Peterson, que en el momento de su muerte recuerda su recelo porque aquélla era su misión número trece, la de la mala suerte.

En Alemania toman nota. Al final el zepelín se está revelando una de esas maravillas de la ingeniería alemana, muy vistosas y caras, pero que apenas contribuyen al esfuerzo de la guerra.[162]

162. Curioso: la ingeniería alemana supera con creces a la de sus adversarios, pero, a la postre, no ayuda al esfuerzo de la guerra. A veces da la impresión de que malgastan tiempo y dinero en perfeccionar las armas que servirán para las guerras del futuro mientras pierden la guerra del presente. En la segunda guerra mundial volverán a tropezar en la misma piedra.

CAPÍTULO 44

Unos depósitos de agua sobre orugas

En los campos de Flandes, donde crecen las amapolas, el duelo a topacarnero entre ingleses y alemanes sigue en tablas. Hace meses que la infantería inglesa se enfrenta inútilmente a las ametralladoras alemanas.[163]

15 de septiembre de 1916. Último intento británico de liquidar la batalla del Somme, que está resultando tan costosa e inútil como la de Verdún.

Ha cesado el bombardeo. Los alemanes salen de sus refugios y emplazan sus segadoras de hombres dispuestos a abatir a los *tommies* en cuanto aparezcan entre el humo de la artillería.

Pero esta vez ocurre algo distinto. Se percibe un ruido de motor, un chirrido de cadenas. ¿Qué vehículo se aventura en la tierra de nadie pespunteada de embudos de explosiones?

Un momento después, entre el humo, aparecen cuarenta y nueve renqueantes mastodontes de hierro que avanzan parsi-

163. El alto mando británico se mostraba al principio reacio a dotar de ametralladoras a sus tropas, porque consideraba que era un arma defensiva contraria a los ideales del ejército británico. «Dos por batallón es más que suficiente», declaraba el general Haig en 1915. Cuando compañías enteras de infantes británicos perecieron frente a las ametralladoras alemanas en Ypres, el mando cambió de opinión y formó el Cuerpo de Ametralladoras.

moniosos a dos kilómetros por hora.[164] Se acercan a la línea germana planchando alambradas (con el trabajito que cuesta levantarlas).

Elfriede Kuhr, una colegiala alemana que capta las conversaciones de los veteranos que regresan del frente, anota en su diario:

> Los ingleses han introducido un arma nueva y terrible, un vehículo acorazado sobre rodillos que puede aplastar cualquier obstáculo. Los llaman tanques. Nadie está a salvo de ellos; ruedan por encima de cualquier batería de artillería, de cualquier trinchera, de cualquier posición y las allanan, por no decir lo que hace con los soldados. Todo aquel que intenta salvarse en el embudo de una granada ahora lo tiene muy negro.[165]

El primer carro de combate, el Mark I, acaba de hacer su aparición en la historia. Los ingleses lo llaman *tank*, tanque, porque mientras lo construían, en el más absoluto secreto, divulgaron que se trataba de tanques de agua automóviles destinados al ejército que lucha en los desiertos de Mesopotamia.[166]

La primera actuación del carro de combate dista de ser bri-

164. En terreno llano y desprovisto de obstáculos podía alcanzar los seis kilómetros por hora, más o menos lo que una persona avanza a buen paso. Los primeros Mark se clasifican, por su armamento, en «machos» (los armados con dos cañones y tres ametralladoras Hotchkiss) y «hembras» (armados con cuatro ametralladoras Vickers y una Hotchkiss). Cada tanque va tripulado por ocho hombres, cuatro a cargo del armamento y los otros cuatro para tirar de las palancas que accionan cada una de las orugas. A la misma velocidad, el vehículo va recto; cuando una oruga frena un poco, gira en ese sentido.

165. Englund, 2011, p. 466.

166. En los primeros papeles, la nueva arma secreta aparecía designada como WC *(water container)*, hasta que alguien hizo un chiste aludiendo a los retretes y el oficial encargado optó por la denominación *tank*, que no se prestaba a cachondeo. Este tanque tuvo un prototipo, el *Little Willie*, de 16,5 toneladas, armado con hasta seis ametralladoras. El único ejemplar construido se conserva en el Museo de Tanques de Bovington.

llante. La mitad de ellos se avería u hocica en cráteres demasiado anchos de los que no saben salir. Sólo nueve alcanzan las trincheras alemanas, pero son más que suficientes para sembrar el caos. Las balas de las ametralladoras rebotan en su blindaje. Aterrados ante la idea de perecer aplastados por aquellos monstruos de acero, muchos alemanes huyen despavoridos. Los tanques penetran hasta tres kilómetros abriendo paso a su infantería.

—Parece que, por fin, hemos encontrado un arma que bastará para ganar la guerra de trincheras.

Haig comparte el optimismo de sus hombres. Solicita a Londres mil tanques más. Con ayuda de este monstruo de acero conquistaremos las trincheras alemanas sin apenas efusión de sangre, piensan los optimistas.

Pronto los franceses presentarán su propio tanque, el Schneider CA1, con una proa salediza diseñada para abatir alambradas.[167]

Los alemanes también diseñan el suyo, el Sturmpanzerwagen A7V, un armatoste con aspecto de arcón del que sólo fabrican veinte unidades.[168] Ellos, tan aficionados a las innovaciones técnicas, no acaban de aceptar que el tanque sea útil, especialmente cuando, pasado el factor sorpresa, aprenden a destruirlos mediante tiros de artillería rasante.[169]

La batalla del Somme acabará en tablas, en febrero de 1917, cuando los alemanes, todavía invictos, se retiren a una línea más defendible (la Sigfrido, que los aliados llaman Hindenburg). Sus

167. En 1918 será reemplazado por el ágil Renault FT-17.

168. Su reducido número contrasta con el número de tanques producidos por los aliados: unos dos mil quinientos Mark británicos y unos tres mil ochocientos Renault franceses. El tanque alemán resultaba torpe y demasiado pesado (33 toneladas) para el terreno irregular en el que tenía que moverse. Estaba armado con dos cañones, trasero y delantero, y seis ametralladoras. Parecía un barco con ruedas, que requería una tripulación de ¡dieciocho hombres!

169. E incluso con fusiles antitanque, para los que idearon una bala con el cuerpo de acero (no de plomo) que podía atravesar las planchas del blindaje convencional (de doce milímetros) a cien metros de distancia.

Tanques

El Mark británico. Abajo, provisto de las ruedas traseras en sus primeras versiones.

Sturmpanzerwagen A7V, 1919, alemán.

Renault FT-17, 1918, francés.

ingenieros han escogido un terreno alto y bien drenado, dejando a los aliados el llano encharcado y bajo.

Unos y otros consideran cerrado el capítulo del Somme. Secretamente se evalúan los daños. Las cifras son pavorosas: por la parte aliada, 623.907 bajas (146.431 muertos o desaparecidos). Por la parte alemana, 435.000 bajas (164.055 muertos o desaparecidos). Los dos bandos se atribuyen la victoria, pero los alemanes, en su fuero interno, saben que han perdido más y mejores tropas que el enemigo, y que lo que ellos pierden no puede reemplazarse. Un general alemán comenta que el Somme ha sido «la tumba de barro del ejército alemán».

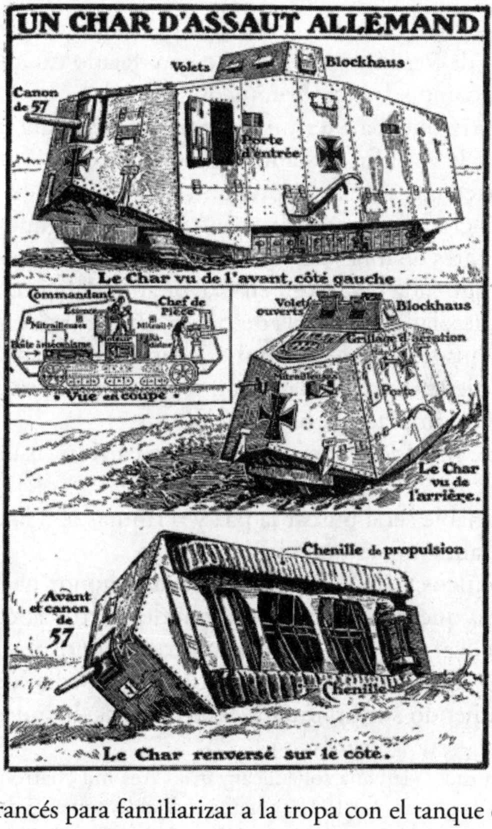

Folleto francés para familiarizar a la tropa con el tanque enemigo.

CAPÍTULO 45

Dos púgiles sonados se abrazan en el centro del ring

Las batallas de Verdún y del Somme han dejado exhaustos tanto a alemanes como a franco-británicos.

A la guerra que iba a terminar triunfalmente para la Navidad del 14 no se le ve el fin dos años y pico después.

¿Qué hacemos ahora?, se preguntan los gobiernos.

La población civil acusa el esfuerzo. No es sólo que de pronto haya centenares de miles de viudas y huérfanos y que los jóvenes mutilados que cada día se ven en mayor abundancia constituyan un cuadro desolador; es que la despensa se resiente. A los alimentos racionados les sucede el hambre cuando los anaqueles de las tiendas no tienen nada que ofrecer, especialmente en Alemania, sometida a un implacable bloqueo.[170]

¿Adónde han ido a parar las soflamas patrióticas de políticos y generales?

Lo razonable sería buscar la paz y terminar con la carnicería, pero, naturalmente, eso no es aceptable.

Los políticos y los generales invocan el honor nacional. Los industriales, que están amasando grandes fortunas con la producción bélica, son del mismo parecer: el honor nacional ante todo. Y los comerciantes del ramo de la ortopedia, que no dan abasto vendiendo sus productos a las decenas de miles de muti-

170. La dieta alemana solía alcanzar las tres mil cuatrocientas calorías antes de la guerra. En 1918 se había reducido a menos de mil.

lados que salen de los hospitales del frente: salvemos el honor nacional.

Navidad de 1916. No hay cuidado de que los soldados de los dos bandos se junten en tierra de nadie para intercambiar regalos y cantar a coro. Eso pasó a la historia. La buena voluntad de los primeros meses de la guerra se ha tornado en odio, especialmente después de ver caer a tantos buenos camaradas y después de la aparición de gases letales, lanzallamas y otras formas innobles de suprimir al adversario.

En París y en Londres, los Estados Mayores meditan sobre la jugada más conveniente. Alemania está al borde del colapso. ¿Por qué no le asestamos el golpe de gracia antes de que se recupere?

Para ese golpe definitivo, designan a la persona idónea: el general Robert Nivelle, el más agresivo de la nueva hornada, el que con su novedoso empleo de artillería y tropas coloniales reconquistó los fuertes de Douaumont y Vaux, en Verdún. Un general partidario del ataque flexible, como fintas de púgil golpeando en los órganos sensibles del enemigo. Además les gustará a los ingleses, porque es hijo de madre británica, su abuelo materno luchó en Waterloo a las órdenes de Wellington, habla perfecto *King's English* y afecta modales refinados.

El grácil Nivelle sustituye al Joffre fondón como comandante supremo de las fuerzas francesas e inglesas en Europa.

Nivelle, en la cúspide de su gloria, prepara su golpe maestro, el que lo ingresará en el Olimpo de los grandes generales de la historia donde lo aguardan Aníbal, Alejandro y Napoleón: veintisiete divisiones romperán el frente alemán entre Arrás y Craonne, en el valle del río Aisne, e irrumpirán en la retaguardia alemana «como un dique que cede».

Se acabó la guerra de trincheras. Agilidad, movimiento, penetración, agresividad, avance, avance: una estocada al corazón mismo de Alemania.

A Nivelle le encanta que hablen de él. Posa con deleite y suficiencia para las portadas de las revistas ilustradas.

En Berlín conocen el plan de Nivelle, porque un pelotón de *Sturmtruppen* ha capturado una copia detallada en una posición francesa. Saben que Nivelle se propone atacar el saliente de Champaña con 44 divisiones y han decidido librar la batalla a la defensiva (los tiempos del despilfarro de tropas y material pasaron a la historia).

Antes del ataque, los alemanes abandonan sus cómodas trincheras para retirarse ordenadamente a la línea Sigfrido-Hindenburg. Metódicos como ellos son, destruyen lo que pueda servir de cobijo al enemigo, envenenan los manantiales y hasta vuelan las trincheras que acaban de desalojar para dejarlas inhabitables.

Cuando le comunican que los alemanes se han replegado de las posiciones que él les iba a arrebatar en una brillante ofensiva, Nivelle no se amilana. El plan sigue adelante. Lo aplicaremos tal cual a las nuevas posiciones del enemigo.

¿El mismo plan para una situación distinta? El gobierno francés empieza a albergar dudas sobre el éxito de la ofensiva cuando le llegan noticias de que los alemanes han reforzado el sector que Nivelle quiere atacar: ahora están sobre aviso; ocupan posiciones mucho más ventajosas (en una sierra de seiscientos metros de altitud) y han trasladado al frente 43 divisiones (antes lo defendían sólo nueve).

¿No tendremos otra carnicería como las de Verdún y el Somme?, se preguntan, alarmados, en París. Ni la tropa ni la población civil lo soportarían... Los ánimos del paisanaje están muy soliviantados. A las gentes sencillas que se entusiasmaron con la guerra hace tres años se les han pasado aquellos fervores y ahora dicen pestes de los políticos y militares que nos llevan a la ruina.

—No importa. Aplicamos el plan —insiste, terco, Nivelle—: en dos días el frente alemán saltará por los aires.

El ministro de la Guerra, que lo considera una barbaridad, dimite, pero Nivelle se sale con la suya.

La ofensiva de Nivelle empieza bien: el ataque de distracción de los británicos por la cresta de Vimy, abundantemente apoyados por artillería y tanques, se salda con diez mil alemanes prisioneros.

Les toca el turno a los franceses. Una de sus divisiones incluso lleva consigo la banda de música que interpretará *La Marsellesa* cuando entren en los pueblos conquistados.

16 de abril de 1917. Ha llovido toda la noche y el cielo sigue encapotado. Un pequeño fastidio porque, para el día de gloria que vamos a celebrar, un buen día de primavera, soleado, permitiría mayor lucimiento.

Medio millón de soldados franceses han terminado de desayunar, todavía de noche, y ocupan sus posiciones.

Seis menos dos minutos: cinco mil cañones disparan a discreción sobre las posiciones alemanas de la cresta. Seis en punto: cesa el fuego. Suenan los silbatos de los sargentos. Adelante *pour la France*. Los soldados abandonan las trincheras y avanzan por el campo embarrado, evitando los fangales de agua putrefacta. Los alemanes los dejan aproximarse. Extrañados por la pasividad del enemigo, los *poilus* se preguntan si será que han abandonado sus trincheras y huido como conejos. De pronto se desencadena un pandemonio: crepitan las ametralladoras, que son abundantes y juiciosamente dispuestas para realizar un mortífero fuego cruzado. Los franceses caen por docenas, por cientos, por miles, en una escena que reproduce casi al pie de la letra la de aquel malhadado primer día de la ofensiva del Somme que tantas bajas costó.

¿Qué hacemos?, se preguntan en el mando francés. Que la artillería haga fuego de barrera para proteger el avance de las tropas. Pero los de la barrera apuran tanto que los proyectiles estallan precisamente sobre las vanguardias francesas cuando casi alcanzaban las posiciones alemanas. La hemos cagado.

Cuando cae la misericordiosa noche y cesa el tiroteo, los franceses se retiran a lamerse las heridas sin haber tomado posición alemana alguna. Los alemanes esperan a que se enfríen las ametralladoras, que ya estaban casi al rojo blanco, para engrasarlas. Listas para la cosecha de mañana, a ver si es tan buena como la de hoy. Por la noche se municionan adecuadamente. A paladas tienen que sacar los cartuchos vacíos de las trincheras.

Una carnicería que mejora, si acaso, las de Verdún y el Somme.

¿Qué dice Nivelle? Justifica la pifia. Sólo han transcurrido veinticuatro horas, replica. Yo pedí cuarenta y ocho. En las veinticuatro restantes resuelvo el asunto.

El día 17 es repetición del anterior. Saldo de las dos jornadas: más de veinte mil muertos franceses, cerca de setenta mil heridos y ninguna ganancia.

Nivelle reconoce que quizá dos días no son suficientes. Ampliemos el plazo a tres.

Cosecha los mismos resultados en el tiempo de prórroga. Quiere insistir, pero ya hasta su ayudante de campo lo mira como a un apestado. Llega un telegrama del presidente de la República, monsieur Poincaré: suspendan inmediatamente las operaciones.

El brillante Nivelle ha alcanzado su nivel de incompetencia según el infalible principio de Peter («En una jerarquía, todo empleado tiende a ascender hasta su nivel de incompetencia: la nata sube hasta cortarse»).

Adiós, gloria.

Infantería rusa transportada al frente por ferrocarril.

Tropas coloniales

Colonial con dos cascos alemanes capturados.

Medalla alemana contra la intervención de tropas negras en el bando aliado.

Un senegalés del ejército francés se retrata con dos alemanas.

Auxiliares indios del ejército británico.

El Barón Rojo

La Blauer Max.

El Barón Rojo muerto.

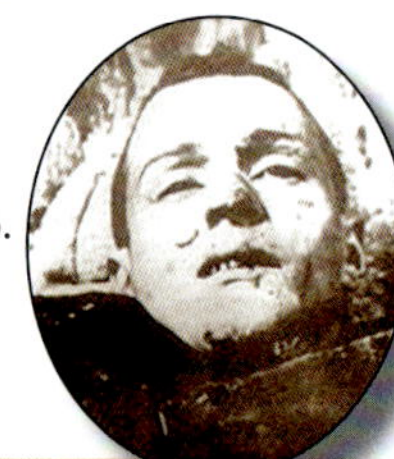

Restos del caza del Barón Rojo.

Mata Hari: la espía que me amó

Mata Hari el día de su muerte.

Fusilamiento de Mata Hari.

Granadas

Sturmtruppen.

1914.

1917.

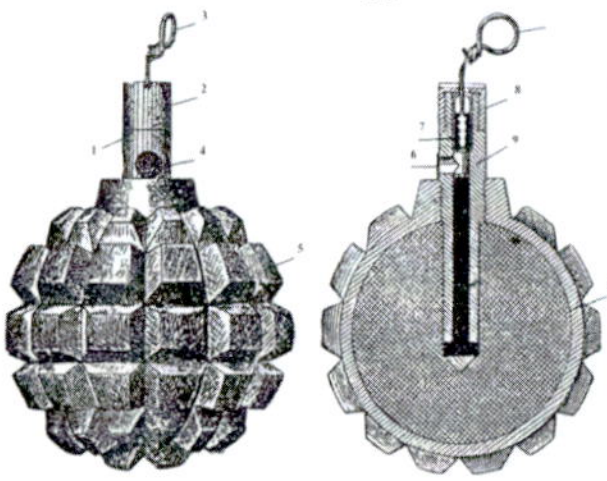

La granada alemana «machacador de puré».

Oficiales españoles invitados al frente francés examinan un depósito de granadas alemanas.

La granada de piña americana.

Ajuar de trinchera

Máscara antigás.

Galleta australiana enviada a casa por un soldado.

Infernillo alemán de alcohol sólido.

Carraca para alarma de gas.

Puñal de trinchera.

Cizalla.

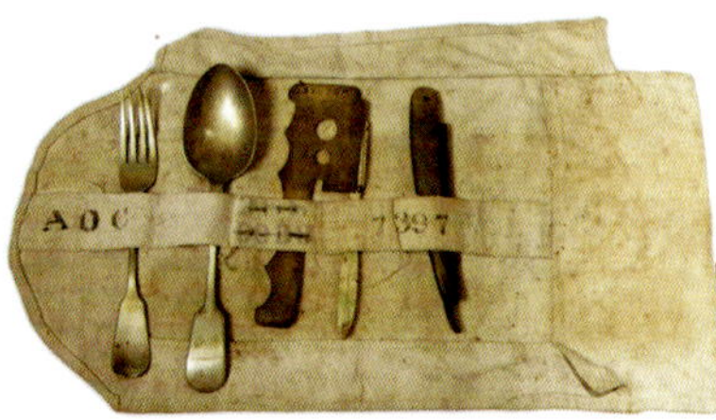

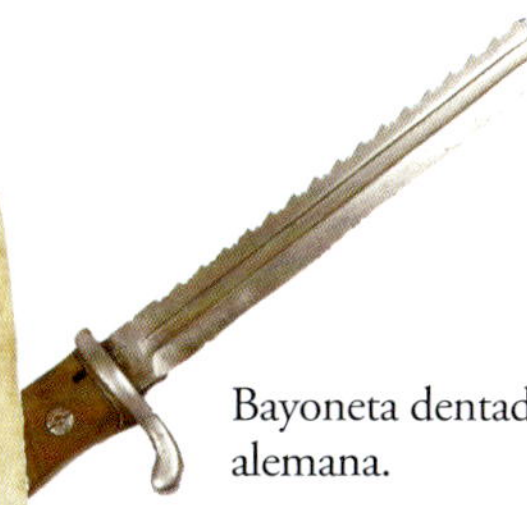

Bayoneta dentada alemana.

Periscopio alemán.

Fusil con periscopio.

En las trincheras

Im Schützengraben

Loading a Trench Mortar
Official Photograph - Crown Copyright reserved

La caza en los cielos

Nieuport 17.

Göring, piloto de caza.

Zepelines

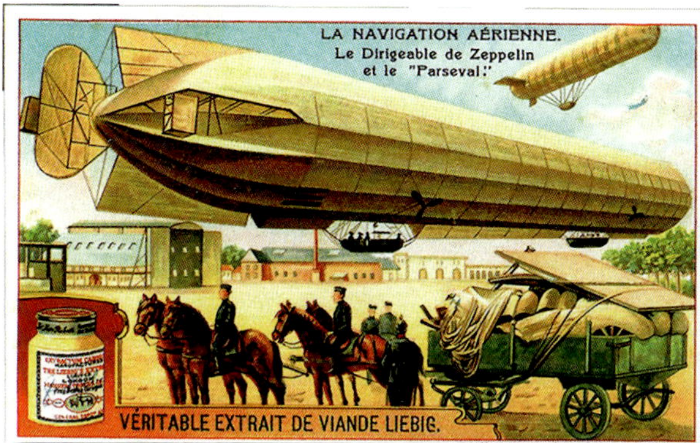

Globo cautivo en el momento de ser izado.

Le Petit Journal

SUPPLÉMENT ILLUSTRÉ

DIMANCHE 27 FÉVRIER 1916

LE CHATIMENT DU PIRATE

Au retour d'un raid sur l'Angleterre le Zeppelin " L-19 " sombre dans la mer du Nord

La tragedia del *LZ-19* en la prensa francesa: «El castigo del pirata».

Ametralladoras

Maxim, 1910, rusa.

MG 08/15, 1908, alemana.

Browning, 1917, americana.

Hotchkiss, 1914, francesa.

Los americanos

Carteles de propaganda patriótica.

Kit de afeitado.

Tanques

Mark V., 1918, inglés.

Schneider CA1, 1916, francés.

Sturmpanzerwagen A7V, 1919, alemán.

Renault FT-17, 1918, francés.

Tsar, 1917, ruso. Un extraño carro de combate del que sólo se fabricó el prototipo.

Vestidos de acero

Pickehaube.

Adrian, 1916.

Brodie, 1915.

Stahlhelm.

De tanquista.

Careta de francotirador.

Hundimiento del *Lusitania*

Una hélice de bronce del *Lusitania* rescatada del pecio.

El submarino que hundió al *Lusitania* varado en la playa.

El pecio del *Lusitania* en su estado actual.

Dreadnoughts y *U-boote*

Bandera de guerra militar alemana.

Submarino alemán en una postal de la época.

Bandera de guerra británica.

Hundimiento de una nave. Acuarela de Claus Bergen, Collection Claus Bergen, 1917.

Batalla de Jutlandia.

Los restos de la guerra

Cráter de Lochnagar, provocado por una mina en la batalla del Somme.

Trinchera alemana en el Somme.

Uno de los setecientos mil desaparecidos en la guerra.

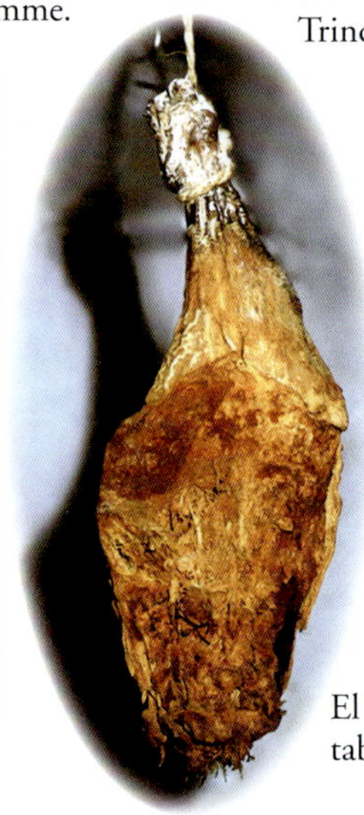

El jamón indultado de la taberna El Gorrión.

Biblia que detuvo una bala y salvó a su propietario.

Tanque Mark IV, encontrado en Fresquieres.

Munición que transportaba el *Lusitania*.

CAPÍTULO 46

Los *poilus* se amotinan

A los soldados franceses les habían prometido que después de un pequeño esfuerzo ganaban la guerra y podían regresar triunfantes a sus hogares. La promesa era falsa: los han conducido a una nueva carnicería insensata, a marchar a campo abierto contra las ametralladoras alemanas mientras los generales siguen jugando a la guerra con sus mapas y sus brillantes uniformes lejos del barro, de los piojos, de la miseria y, sobre todo, lejos del alcance de la artillería enemiga.

Se amotinan. Total, qué más da morir frente a un pelotón de fusilamiento que frente a las ametralladoras de los *boches*. Si te fusilan vas por lo menos bien comido y tienes derecho a un tiro de gracia que te ahorra sufrimientos. Frente a los alemanes puedes sufrir una lenta agonía, aullando de dolor durante horas, con las tripas fuera, en un embudo de barro, sin que nadie te socorra. Además, si nos amotinamos por miles, no podrán fusilarnos: toda Francia se levantaría en armas entonces y las mujeres, nuestras madres, nuestras hermanas, nuestras familias, desertarían de las fábricas. Los soldados, los proletarios tenemos la fuerza. En Rusia se han amotinado y han fusilado a los generales y a los oficiales. El gobierno ha caído. Los soldados somos dueños de sus vidas. Fuera oficiales que planean operaciones suicidas. Fuera carniceros que nos llevan, como a ovejas, al matadero.

La mitad del ejército francés se amotina. La tropa desobedece a sus oficiales y abandona las trincheras. Una canción subversiva,

La chanson de Craonne, se ha convertido en el himno de la protesta.[171] La letra dice así:

Adiós a la vida, adiós al amor,
adiós a todas las mujeres.
Se acabó, y es para siempre
esta guerra inmunda.
Es en Craonne, sobre la meseta,
donde nos agujerean el pellejo.
Porque todos somos condenados,
somos los sacrificados.
Al cabo de ocho días, cuando se termina el descanso,
nos devuelven a las trincheras;
nuestro puesto es tan necesario.
Por fin, en la noche y el silencio,
vemos a alguien que se acerca.
Es un oficial cazador que camina,
que viene a relevarnos.
Dulcemente en la sombra, bajo la lluvia que cae,
nuestros pobres reemplazos van a buscar sus tumbas.
Los que tienen la pasta, ésos volverán,
ya que por ellos morimos.
Pero se terminó, y los soldados
vamos todos a ponernos en huelga.
Os tocará a vosotros, señores gordos,
subiros a la meseta.
Porque si queréis hacer la guerra,
pagadla con vuestra piel...

No menos subversivo resulta que entonen *La Internacional* en lugar de la patriótica *Marsellesa*, y que enarbolen banderas rojas. Los más razonables exponen su punto de vista: defenderemos nuestras trincheras, pero nada de asaltar las enemigas. Si

171. La canción usaba la melodía de la conocida *Bonsoir m'amour* («Buenas noches, mi amor»), una canción romántica muy popular de Charles Sablon, y le cambiaba la letra.

quieren que las asaltemos, que los generales vayan delante con todas sus medallas.

¡A París, a París! Algunos amotinados se apoderan de un tren y ponen rumbo a la capital. Los detienen con un obstáculo en las vías. Los amotinados intercambian disparos con las unidades enviadas a detenerlos.

El 15 de mayo relevan del mando al desprestigiado Nivelle y llaman a Pétain para que intente arreglar el desaguisado. Pétain tiene fama de no sacrificar inútilmente a sus hombres, pero aun así los rebeldes insisten en su asonada.

Pétain se deja ver, recorre el frente, se embarra las botas, inspecciona las trincheras y los hospitales, se interesa por los heridos, exige mayor agilidad en la percepción de las pagas, dispone repartos suplementarios de coñac de trinchera, esta vez no necesariamente en la víspera de una ofensiva, adecenta los alojamientos con duchas y retretes, ordena sustanciales mejoras en el rancho de la tropa... A los soldados, como a las mujeres, se los gana por el estómago. Pétain se hace querer. Es como un padre. Un padre severo (no sabemos a cuántos cabecillas del motín habrá fusilado; quizá no lo sepamos nunca),[172] pero padre al fin y al cabo.

Renace la calma en el frente occidental. Los rebeldes vuelven al redil, agradecidos. Incluso algunos son condecorados por las fatigas pasadas en la batalla.

Los generales, y quienes disponen la guerra en los despachos ministeriales de París, entienden que quizá se haya tensado demasiado la cuerda. Francia está llena de viudas llorosas. En adelante, seamos más cautos en el uso militar del proletariado, que ya veis lo que está pasando en Rusia.

172. No se conocen con exactitud las cifras de la represión. Se dice que procesaron a veintitrés mil y condenaron a muerte a 629, aunque sólo ejecutaron a 55. La película *Senderos de gloria*, de Stanley Kubrick (1957), abunda en el tema de los consejos de guerra a soldados supuestamente cobardes.

CAPÍTULO 47

Duelo en Jutlandia

Las grandes marinas del mundo habían evolucionado mucho desde que, dieciocho años atrás, la moderna escuadra estadounidense aniquiló a la española en Cuba y Filipinas. En 1914, los acorazados más modernos eran *dreadnoughts*, así denominados en honor del primer acorazado de esta clase, botado por los ingleses en 1906.[173]

El *dreadnought* está dotado de enormes cañones (de hasta 305 mm de calibre) que gracias a los modernos telémetros disparan con razonable precisión sobre objetivos situados hasta a veinte kilómetros de distancia. Esto significa que pueden batir al enemigo antes de que éste se acerque lo suficiente como para atacar con cañones convencionales o con torpedos.

173. El *Dreadnought* (o sea, «sin miedo», nombre tradicional de un buque de la armada inglesa desde los tiempos de Drake) estaba dotado de diez cañones de 305 mm instalados en cinco torres dobles giratorias que le permitían disparar ocho cañones en bordada lateral y seis dando caza o en retirada, una notable potencia de fuego. El blindaje oscilaba entre los 305 mm de la torre de mando y los 280 mm en la línea de flotación. Sus dos grupos de turbina, con dieciocho calderas, movían cuatro hélices que le permitían alcanzar una velocidad de veintiún nudos. No realizó grandes hazañas en la guerra, ésa es la verdad; tan sólo el hundimiento del submarino *U-29* por abordaje, pero sirvió de muestra al resto de los acorazados que se construyeron durante medio siglo. Lo desguazaron en 1923 porque, con los avances de la primera guerra mundial, se había quedado obsoleto.

Otra característica de los *dreadnoughts* es la división en compartimentos estancos y el grueso blindaje de las zonas vitales con corazas de hasta 305 mm de espesor. A pesar de su enorme peso desarrollan una notable velocidad gracias a sus turbinas de carbón o petróleo.

Un *dreadnought* puede atacar a las naves enemigas concentrando el fuego sobre la más expuesta en una andanada devastadora para después, gracias a su velocidad, mantenerse fuera del alcance de la artillería contraria hasta que decida hacer fuego sobre un nuevo objetivo. La operación se repite sucesivamente hasta aniquilar a la escuadra enemiga.

Desde que aparecieron los *dreadnoughts*, los barcos más antiguos comenzaron a llamarse «de cinco minutos»: los que tardaban en hundirlos.

La brillante concepción táctica de estos acorazados[174] sólo conoce una limitación: cuando el enemigo también dispone de *dreadnoughts*, se complican bastante las cosas, como se verá en la batalla de Jutlandia.

Vimos más arriba que la flota de alta mar del káiser llevaba recluida en sus bases desde el comienzo de la guerra, porque la Royal Navy la duplicaba en potencia. Los dieciocho *dreadnoughts* alemanes no podían enfrentarse con mínimas posibilidades de éxito a los treinta y tres ingleses.[175] Sería un suicidio.

Un poco humillados por la inactividad de sus naves, y porque en las tapias de sus bases de Kiel y Wilhelmshaven amanecían a diario pintadas en las que los acusaban de miedicas, los almirantes alemanes urdieron un plan.

174. La teoría del *dreadnought* la expone por vez primera el ingeniero naval italiano Vittorio Cuniberti en un artículo publicado en el anuario de marina *All the world's fighting ships* de 1903. Las ventajas del buque monocalibre que proponía el italiano se probaron en la batalla de Tsushima (1905), en la que la escuadra japonesa derrotó a la rusa.

175. Para ser más exactos, la Home Fleet inglesa dispone de veintiocho acorazados *dreadnoughts* y nueve cruceros de batalla, mientras que los alemanes sólo cuentan con dieciséis *dreadnoughts*, cinco cruceros de batalla y seis renqueantes *pre-dreadnoughts*.

—Tendamos una trampa a la armada inglesa para dividirla. Así podremos derrotarla por partes, primero una mitad y después la otra.

El plan no es malo, pero tiene un defecto: que los ingleses se han agenciado el libro de claves de la armada alemana y les descifran los comunicados que envían, por radio, a los submarinos y naves en alta mar... O sea, que están enterados de sus intenciones.[176]

Con esa información, los ingleses preparan una trampa a los que se la preparaban a ellos.

—Con un poco de suerte, cien años y pico después de lo de Trafalgar, vamos a reñir otra batalla memorable en la que volveremos a ganar por goleada —se prometen en Londres.

No resultará tan fácil, porque ahora no tienen a un Nelson y porque, por otra parte, las naves alemanas son superiores a las suyas: más ingeniería, más blindaje, mejor telemetría, mejores proyectiles y un avance técnico que resultará vital:

> [...] los principales barcos británicos padecen un defecto de diseño: carecen de cortafuegos entre las torres de artillería y los pañoles de municiones [...]. Un fuego iniciado en la torre puede propagarse hasta el polvorín por el hueco del ascensor que sirve para subir las municiones de los cañones. Ese fallo determinará la destrucción de un tercio de las naves británicas.[177]

176. Habían conseguido el libro de claves del crucero *Magdeburg*, naufragado después de encallar por accidente, por un error de navegación, el 26 de agosto de 1914, a la entrada del golfo de Finlandia. Los rusos registraron la nave cuando se hundía y salvaron el libro de claves, del que facilitaron una copia a los ingleses, que desde entonces conocieron las órdenes de la flota alemana. En Londres existía un departamento especial, la Sala 40 OB, consagrado a descifrar los comunicados alemanes.

177. John Keegan, «Jutlandia», en Robert Cowley (ed.), *Historias de guerra*, Inédita, Barcelona, 2008, p. 471. Los alemanes habían advertido el fallo de diseño el año anterior, cuando un impacto directo en su crucero *Seydlitz* durante la batalla de Dogger Bank ocasionó un incendio que estuvo a punto de volar el barco. El comandante ordenó inundar los pa-

La batalla, que se riñe al atardecer del 31 de mayo de 1916, dura apenas ochenta minutos. La flota inglesa participante tiene una capacidad de 151 toneladas por salva (o sea, que un disparo de toda su artillería pone en el aire ese peso en proyectiles), frente a la alemana que solamente dispara 61 toneladas. Es casi una diferencia de tres a uno a favor de los ingleses, pero, a pesar de ello, la superioridad técnica alemana (dirección de tiro, blindaje y penetración de sus proyectiles) vence tácticamente a la inglesa: le hunde el doble de tonelaje y le mata más del doble de hombres (6.094 frente a 2.551). A pesar de esa diferencia, el combate queda prácticamente en tablas. Las dos escuadras se infligen graves daños con sus monstruosos cañones, pero son las naves alemanas las que abandonan el combate y regresan renqueantes a sus bases, de las que ya no saldrán, en lo que queda de guerra, más que para rendirse y entregarse al enemigo.

Los dos bandos se proclaman vencedores de la batalla. El káiser, bocazas como siempre, proclama: «El hechizo de Trafalgar se ha roto».

Acalorada discusión en la barbería El Siglo y demás mentideros españoles. ¿Quién ha ganado la batalla? Los aliadófilos sostienen que el inglés (aunque nos fastidie lo de Gibraltar); los germanófilos, que la flamante flota del káiser.

Los historiadores tampoco se han puesto muy de acuerdo. La opinión dominante es que los alemanes alcanzaron una victoria táctica a cambio de una derrota estratégica.

—¿Y cuál vale más?

—La estratégica, me temo. Ésa es la que realmente influirá en la guerra. «La flota alemana ha atacado a su carcelero y se encuentra de nuevo en la cárcel.»

—Pues ¿sabéis lo que os digo? —dice el boticario de la calle

ñoles para apagar el incendio. El suboficial Wilhelm Heidkamp perdió las manos y se abrasó los pulmones con los gases tóxicos al abrir las válvulas, que estaban al rojo vivo, pero su sacrificio salvó la nave. Los alemanes aprendieron la lección y dotaron de cortafuegos los ascensores de munición en el resto de la flota.

Álamos—. Que me alegro de que los alemanes no puedan salir al mar; así no andarán torpedeando barcos inocentes.[178]

La flota inglesa mantiene el dominio del mar y, por lo tanto, puede prolongar el bloqueo que está asfixiando a la economía alemana y vaciando su despensa.

Los periódicos traen la noticia de que el anciano emperador Francisco José se levanta a trabajar contra el parecer de sus doctores (estaba aquejado de una bronquitis). Muere a las pocas horas. Últimamente se le veía abrumado por los reveses de la guerra. Quizá intuía que su imperio milenario no sobreviviría a esta contienda.

HMS Iron Duke.

178. Al boticario, que es muy melómano, le duele todavía la muerte del joven y prometedor músico Enrique Granados, víctima civil, junto con su esposa Amparo, de la inmisericorde guerra submarina. El matrimonio atravesaba el canal de la Mancha en el ferry *Sussex* el 24 de marzo de 1916 (después de que el músico triunfara en Nueva York con sus *Goyescas*) cuando un torpedo lanzado por el submarino *U-29* partió la nave por la mitad. Granados y su esposa se encontraban en la proa, que se fue a pique, y se ahogaron con otras ochenta personas. La popa del ferry se mantuvo a flote, milagrosamente, y, remolcada hasta el puerto de Boulogne, volvió a navegar.

CAPÍTULO 48

El dragón abatido

1 de octubre de 1916. En la noche sin luna, los zepelines acuden puntuales a su cita sobre Londres. Mucha gente sale a la calle para contemplar el espectáculo de los haces de luz que recorren el cielo en busca de los intrusos. Cuando localizan alguno, convergen sobre él para señalar el blanco a los antiaéreos. El ataque ha sorprendido al periodista Michael MacDonagh cerca del puente de Blackfriars. De pronto la gente grita: «¡Le han dado, le han dado!».

> Vi, alto en el cielo, el resplandor concentrado de los focos y una llamarada súbita que dibujaba la silueta de un dirigible en llamas. El zepelín se convirtió en una pira roja y naranja, como una estrella arruinada que se desplomara lentamente contra el suelo iluminando las calles en su caída e incluso tiñendo las aguas del Támesis. El espectáculo duró dos o tres minutos. Fue tan fascinante que me quedé sin palabras, casi ahogado de la emoción y no sé si a punto de echarme a reír o a llorar de pura histeria. Cuando la gigantesca nave se perdió de vista, un gozoso clamor se elevó de Londres: el *Te Deum* de la ciudad por otro triunfo (en un mes habían caído cuatro zepelines).
>
> Uno de los artilleros de la batería antiaérea que hay cerca de Potter Bar me contó que el zepelín fue descubierto por los reflectores de tres estaciones distantes entre sí, lo que permitió que tres baterías también distantes concentraran el fuego sobre él. El dirigible intentaba zafarse de los reflectores, zigzagueaba,

ascendía y descendía en un vano intento de escapar de los chorros de luz. Los antiaéreos no lo alcanzaron, pero apareció un aeroplano que lanzó las tres bengalas convenidas para avisar a los antiaéreos que dejaran de disparar porque iba a atacar al dirigible. El piloto realizó varias pasadas ametrallando al zepelín sin causarle daño aparente. Finalmente consiguió incendiarlo con una ráfaga desde abajo. El monstruo se desplomó convertido en un ascua, con un rugido de horno en llamas, y se rompió en dos pedazos en su caída, aunque los dos pedazos se mantenían unidos por algunos cables. Cuando se estrelló contra el suelo, formó dos enormes montones a unos sesenta metros de distancia uno del otro [...] los diecinueve hombres que componían la tripulación murieron. Uno de los cuerpos se encontró a cierta distancia de los restos de la nave. Se conoce que saltó al vacío desde una considerable altura porque dejó claramente marcada en la tierra la impronta de su cuerpo al estrellarse: un agujero redondo donde dio la cabeza, una profunda impresión del tronco con los brazos y las piernas extendidos Parece que cuando lo recogieron aún vivía, pero falleció enseguida. Era el comandante que había estado en una de las góndolas del dirigible. Fui con otro periodista al granero donde habían depositado los cuerpos. Estaba custodiado por un pelotón de soldados al mando de un sargento. En la puerta había una señora: «¿Puedo entrar? —decía—. Me gustaría ver a un alemán muerto». Pero el sargento le dijo: «No, señora, no admitimos mujeres». Me presenté como reportero del periódico e hice la misma petición. El sargento me dijo: «Si tienen interés, puede pasar. No obstante, le aconsejo que no lo haga. Si lo hace puede lamentar su interés». Yo insistí y le expliqué al sargento que quería ver el cuerpo del comandante. Me acompañó junto a uno de los cuerpos que habían dejado algo separado del resto y apartó el lienzo que le cubría la cabeza. Lo único que lo desfiguraba era una ligera distorsión del rostro. Era un joven bien afeitado. Llevaba sobre el uniforme un pesado abrigo y una bufanda tupida en torno al cuello. Sabía quién era. En el periódico teníamos información sobre la identidad del comandante y la del dirigible (aunque no nos estaba permitido publicar ni una cosa ni otra). Este conocimiento era el que me había decidido a ver su cadáver. Era Heinrich Mathy, el más famoso comandante de dirigibles. El zepelín caído era el temible *LZ-31*. Sí, allí lo tenía: tendido a mis pies, el causante de los ataques en dirigible, el principal y más sanguinario de esos piratas del aire empeñados en destruirnos.[179]

En el *ABC* que leen en la barbería El Siglo se comenta mucho la suerte de los diecisiete tripulantes achicharrados en la góndola. «Uno de los tripulantes vivía todavía al caer, pero su estado era horrible; pidió de beber y falleció a los pocos instantes», informa el periódico.[180]

En Alemania comienzan a admitir que los dirigibles han perdido la carrera frente a los antiaéreos y a los aviones cada vez más perfeccionados, que pueden volar a mayor altura y abatir a los dirigibles con munición incendiaria. Por otra parte, resulta que el efecto destructivo de los zepelines ha sido mucho menor que su impacto psicológico. *Much ado about nothing*, como dicen los ingleses; o sea: mucho ruido y pocas nueces.[181]

Si los zepelines tienen problemas, las alas alemanas no van mucho mejor. La captura, narrada páginas atrás, de aquel Fokker accidentado tras las líneas francesas permitió a los aliados copiar el sistema de disparo sincronizado alemán. Este avance técnico, sumado a la mayor producción de aparatos aliados, cambia las tornas. Si los alemanes dominaron el aire en Verdún, los aliados les arrebatarán la primacía en el Somme.

Durante el resto de la guerra se establece una pugna tecnológica por diseñar un aparato superior al del enemigo.

179. MacDonagh, 1935, y Robinson, 1973.

180. *ABC*, martes 3 de octubre de 1916, p. 10.

181. Los alemanes emplearon en la guerra 115 zepelines militares, de los que perdieron 53, tripulados por 379 hombres. Otros veinticuatro zepelines resultaron tan dañados que hubo que desguazarlos. Los bombardeos de zepelines sobre Gran Bretaña se interrumpieron en verano de 1917 ante la evidencia de que sólo causaban daños superficiales (528 muertos y el doble de heridos en total).

CAPÍTULO 49

¡Submarino!

Casi tres años de guerra ya. El bloqueo aliado mantiene a la población alemana hambrienta; pero ésta, ya bajo la virtual dictadura de Ludendorff,[182] no deja de producir granadas y cañones. Los patriotas alemanes se desprenden hasta de las sartenes y el menaje de cocina para ayudar al esfuerzo de la guerra.[183] En la católica Austria han fundido con ese fin una gran cantidad de campanas. El Estado favorece a las empresas que fabriquen sucedáneos *(ersatz)*, tales como achicoria en lugar de café, té de hojas de fresa, goma sintética obtenida del petróleo, etc.

Francia e Inglaterra también se aprietan el cinturón, pero sin llegar a esos extremos (un día sin dulces, prohibición de arrojar arroz en las bodas, etc.). Entre los aliados la situación es mucho más llevadera, porque continúan recibiendo alimentos y materias primas de sus colonias y, a pesar de la amenaza de los submarinos germanos, siguen comerciando con el resto del mundo.

El tiempo corre a favor de los aliados. Si esta situación se

182. Con el tiempo, Ludendorff se hizo con el poder y, aunque el viejo general Von Hindenburg figuraba como su compañero de diarquía, la verdad es que ya tenía menos influencia que un gitano en los juzgados.

183. Al principio donaron las joyas, incluidas las alianzas matrimoniales, que el Estado sustituyó por otras de hierro con la inscripción *Gold gab ich für Eisen, 1914*, «Cambié oro por hierro, 1914».

prolonga, el pueblo alemán dejará de producir granadas y cañones porque habrá muerto de inanición.

A Ludendorff esto de mantenerse a la defensiva lo subleva. La militarista tradición prusiana desprecia la guerra defensiva. Para un prusiano legítimo hay que atacar, atacar siempre.

Examinemos la situación, piensa Ludendorff. Lo que nos está asfixiando es el bloqueo naval inglés. ¿Por qué no ganamos la guerra en el mar? Porque ellos nos tienen acogotados con su flota de superficie. Pero nosotros tenemos submarinos que, usados sin restricciones, podrían equilibrar la situación, e incluso inclinarla a nuestro favor. Los submarinos se han probado un arma formidable: acuérdense ustedes del *U-9*, que en menos de una hora echó a pique tres cruceros británicos.

A lo largo de 1916, Alemania ha producido 108 submarinos y sólo ha perdido veintidós. En dos años, esos submarinos han enviado al fondo del mar cuatro millones de toneladas de barcos aliados, más de las que los astilleros pueden reponer. El problema es que eso no basta. Alemania se ahoga por causa del bloqueo inglés, pero Inglaterra sigue recibiendo vituallas y material de los países neutrales, en barcos con bandera neutral, lo que le permite mantener el gasto bélico.

Ludendorff no está dispuesto a que esta situación se prolongue. Se acabaron las contemplaciones. Vamos a la guerra sin paliativos. El día 1 de febrero de 1917, declara la guerra submarina total: los 111 submarinos alemanes reciben la orden de echar a pique a cualquier transporte mercante que se acerque a puertos enemigos, sin mirar si es aliado o neutral. En febrero hunden más de medio millón de toneladas; en marzo, casi un millón.

Los británicos comienzan a conocer en sus propias carnes lo que es un bloqueo sin piedad. Reuniones urgentes en el almirantazgo. ¿Qué hacemos? Creemos un Consejo de la Invención y la Investigación, a ver si se nos ocurre algo. Los periódicos solicitan ideas. Alguien propone adiestrar cormoranes para que se lancen con cargas explosivas contra los submarinos. La peregrina idea no prospera. Otros proponen que pequeñas y rápidas naves de superficie vigilen el mar y ataquen a los submarinos, dado que a menudo navegan en la superficie para ahorrar combustible y recargar baterías. Se aprueba esta propuesta, así como la organización del transporte marítimo en convoyes.

¿Convoyes?

Sí, como las caravanas de la ruta de la seda o como las caravanas del salvaje oeste a las que hombres armados acompañaban para protegerlas de los salteadores y de los apaches. Se aprueba la moción: a partir de ahora, los mercantes se agruparán y navegarán bajo la protección de la marina de guerra.

El sistema de convoyes, implantado desde abril, funciona. De pronto desciende sensiblemente la cantidad de buques hundidos por los submarinos.

Los ingenieros alemanes diseñan submarinos muy avanzados, el doble de grandes (hasta mil cien toneladas), capaces de transportar hasta veinticuatro torpedos. Lo malo es que también los buques de guerra aliados mejoran sus medios antisubmarinos: por lo pronto fondean la astronómica cantidad de setenta y tres mil minas en sondas de hasta ochenta metros en las aguas alemanas, lo que deja intransitable el canal de la Mancha. En adelante, los submarinos deberán rodear las islas Británicas por el mar del Norte para acceder al océano Atlántico. Esa drástica medida se complementa con la aparición de hidrófonos capaces de detectar a distancia la presencia de sumergibles. Y a ello se suman las cargas de profundidad, cuya presión puede aplastar el casco del submarino o, al menos, obligarlo a emerger para que los buques de superficie lo rindan.[184]

El resultado de la guerra submarina acabará siendo negativo para Alemania.[185] La euforia de la marina imperial alemana en 1916

184. El primer submarino alcanzado por una carga de profundidad fue el *U-68*, hundido por el *HMS Farnborough* en las costas de Kerry, Irlanda, el 22 de marzo de 1916. De los 360 submarinos alemanes que actuaron en la guerra, resultaron hundidos 178 (58 por minas, 30 por cargas de profundidad, 20 por torpedos, 20 por fuego de cañón, 19 embestidos por barcos de superficie y el resto por causas diversas).

185. A pesar de ello, el submarino se mostró un arma muy productiva. 274 submarinos alemanes hundieron 6.596 barcos aliados o neutra-

se irá transformando en amarga desilusión hacia 1918, cuando sus lobos marinos apenas cacen algún que otro barco aislado y ellos mismos caigan por docenas ante los crecientes medios antisubmarinos del enemigo.[186]

La hazaña del submarino *U-9.*

---

les. Los más eficientes fueron el *U-35* (224 barcos hundidos), el *U-39* (154 barcos), el *U-38* (137 barcos), el *U-34* (121 barcos) y el *U-33* (84 barcos).

186. Con el sistema de convoyes cruzaron el Atlántico ochenta y ocho mil buques de los que sólo se perdieron 436 por acción submarina. Del millón y pico de soldados estadounidenses que cruzaron el charco para participar en la guerra sólo unos cuatrocientos murieron por acción de submarinos. En la segunda mitad de 1918, la cifra mensual de hundimientos había descendido a unas cien mil toneladas mensuales.

CAPÍTULO 50

Dos futuros padres de la patria que se salvan por los pelos

Ocurren en esta guerra odiosa algunos episodios en los que hemos de ver la mano de la Providencia. Al capellán de cierto regimiento británico lo salvó de una muerte segura la Biblia que llevaba en el bolsillo superior de la guerrera, entre cuyas páginas apareció una esquirla de metralla (véanla en las páginas de color).

En otros lances, por lo visto, la Providencia estaba distraída o el Maligno le ganó por la mano. Oigamos el testimonio del cabo Adolf Hitler, de la primera compañía del 16.º regimiento de infantería bávaro de reserva:

> [...] me encontraba cenando en una trinchera con varios compañeros de milicia y de pronto sucedió lo impredecible. Repentinamente apareció una voz en eco que me decía: «¡Levántate y vete allí!». La voz era tan clara e insistente que automáticamente obedecí, como si se tratase de una orden militar. De inmediato me puse en pie y caminé unos veinte metros por la trinchera. Después me senté para seguir comiendo, con la mente otra vez tranquila. Apenas lo había hecho cuando, desde el lugar de la trinchera que acababa de abandonar, llegó un destello y un estampido ensordecedor. Acababa de estallar una granada perdida en medio del grupo donde había estado sentado. Todos sus miembros murieron.[187]

187. Entrevista con Hitler citada por Janet Flanner en su obra *Führer*. «At home with Hitler: Janet Flanner's Führer profiles for the New Yorker», en *New German Critique*, 34, 3102 (2007), pp. 101-126.

Benito Mussolini, agitador anarquizante convertido al socialismo, publica encendidas soflamas patrióticas en el periódico *Il popolo d'Italia* en las que anima a la gente a alistarse, pero no predica con el ejemplo[188] («Armémonos y partid», dicen sus adversarios políticos imitando su voz engolada). Alistado en el undécimo regimiento de Bersaglieri, redacta un diario de guerra que publican los periódicos. Su bautismo de fuego es memorable:

> Las ametralladoras de la muerte empiezan a galopar. Pasada la medianoche, el fuego alcanza una intensidad infernal. Las bombas de mano desgarran el aire [...]. Una explosión formidable nos obliga a incorporarnos. Una mina austriaca ha volado parte de la cima ocupada por la octava compañía. En el campamento, el silencio total y pensativo de los soldados después de la primera batalla.

El diario, escrito en estilo ampuloso y retórico, presenta grandes claros, semanas enteras sin anotación alguna, para disimular las largas temporadas en las que, por uno u otro motivo, permanece lejos del frente. La impresión general es, sin embargo, que Mussolini es un soldado entregado que no conoce el miedo:

> Hace cuarenta días que me encuentro continuamente ante el fuego y bajo el fuego, de día y de noche. Han estallado a mi alrededor bombas, proyectiles de fragmentación, granadas y obuses de diferentes clases y de variados tamaños, y no digamos las descargas de fusilería a las que ya ni prestamos atención. Y, sin embargo, sigo vivo.

Se ve que la Providencia vela por el futuro líder fascista que cuando sea dueño de Italia firmará un concordato extraordinariamente favorable al Vaticano.

La explosión de un mortero que mata a unos cuantos soldados envía al cabo Mussolini, único superviviente del grupo, al hospital. Hacen falta más morteros para acabar con Mussolini

188. Hace poco se ha descubierto que los ingleses estimulaban el ferviente entusiasmo de Mussolini por la causa aliada con una paga semanal de cien libras, aun antes de que Italia entrara en la guerra.

(recordemos su pose favorita: brazos en jarras, cabeza altiva, mentón prominente). Lo llevan al hospital, lo despojan del uniforme y le cuentan hasta cuarenta picotazos de metralla. Ninguno mortal, afortunadamente.[189] La guerra termina para él. Cuatro meses de convalecencia y después solicita, y consigue, que lo releven del servicio de armas. Ya ha tenido bastante. Ha cumplido con la patria.

El soldado Mussolini, 1917.

189. Mussolini cuenta su experiencia en el frente (y la exagera) en *Mi diario de guerra*, Mentora, Barcelona, 1930.

CAPÍTULO 51

Una astucia inglesa y una torpeza alemana: el telegrama Zimmermann

Los alemanes temen que Estados Unidos se una a los aliados. Para evitar esa eventualidad, conciben un plan: que México los ataque por el sur. Una guerra en casa los mantendrá sin duda ocupados lejos de Europa.

¿Cómo persuadir al pigmeo mexicano para que ataque al gigante americano? Ofreciéndole ayuda alemana. Si se alían con nosotros contra Estados Unidos, les ayudaremos a recuperar sus irredentas tierras de Nuevo México y Arizona robadas por los yanquis. Para conseguirlo no les faltarán armas ni técnicos (¿no es cierto que los turcos han derrotado a los aliados en Galípoli gracias a las armas y a los consejeros militares alemanes?).

El ministro de Asuntos Exteriores alemán, Arthur Zimmermann, tiene que explicar el plan al embajador del káiser en México, Heinrich von Eckardt, que es quien debe persuadir a los mexicanos de las ventajas del trato.

El problema es: ¿cómo hacemos llegar a México el largo telegrama con el plan sin que caiga en manos de los aliados?

La primera precaución elemental es enviarlo encriptado con la cifra más segura de que disponen nuestros servicios secretos: el código de máxima seguridad, el llamado 0075, que el Ministerio de Asuntos Exteriores reserva para los comunicados de alto secreto.

Para cerciorarnos de que el telegrama llega a su destino, enviaremos dos copias por distinto conducto: una por Suecia (que aunque sea neutral es proalemana); otra por la línea que el presidente Wilson ha puesto a nuestra disposición en su embajada de Berlín para agilizar la comunicación entre nuestros ministros de Exteriores en pro de la causa de la paz.

Suena ingenuo, pero es la verdad. El estricto Wilson, hijo de un pastor presbiteriano y hombre de elevados principios morales, no concibe que los caballerosos alemanes puedan usar la línea que él generosamente les ofrece para conspirar contra él. Por el contrario, los ingleses, gentes de colmillo retorcido, sí lo conciben. Por eso la mantienen intervenida desde que empezó la guerra y a través de ella espían las comunicaciones alemanas con Washington y, de paso, las estadounidenses con Alemania.

Los telegramas de la embajada estadounidense en Berlín se remiten de modo rutinario a la neutral Copenhague, y desde allí se reenvían a Washington por cable submarino. Los ingleses lo tienen pinchado a su paso por Gran Bretaña.

O sea: seguridad cero.

17 de enero de 1916. Los ingleses interceptan el famoso telegrama de Zimmermann. Antes de que llegue a México ya está descifrado y traducido al inglés sobre la mesa del primer ministro británico.[190]

Lloyd George comprende que la información que contiene el telegrama Zimmermann es pura dinamita. Bien administrada, podría dar el empujoncito que Wilson necesita para decidirse a entrar en la guerra. Esto nos sería de gran ayuda, dado que estamos en las últimas.

El *premier* no necesita pensárselo dos veces. Es conveniente que Wilson conozca el contenido de este telegrama.

Dilema principal: cómo les revelamos a los americanos el contenido del telegrama sin que sospechen que lo hemos obtenido porque espiamos sus comunicaciones diplomáticas.

190. Lo han descifrado los criptógrafos Nigel de Grey y William Montgomery, de la oficina Room 40, el departamento dedicado a leer las comunicaciones del enemigo. Los hijos de la Gran Bretaña poseen las claves secretas alemanas, incluida la supersecreta 0075, que obtuvieron de un agente alemán en Oriente Medio.

Dilema secundario: también los alemanes sabrán que les hemos descifrado las claves y las cambiarán.

La solución es fingir que hemos conseguido el telegrama por otros medios. Quizá en el país de destino, en México, donde, al ser una nación subdesarrollada, las filtraciones de material confidencial no extrañarán a nadie.

19 de enero de 1916. El embajador alemán en Washington recibe el telegrama de Zimmermann, lo descifra y lo reenvía a su colega de México transcrito en una nueva cifra, la 13040. ¿Por qué una nueva cifra? Porque a México, que es una embajada menor, en una potencia de segundo orden, no se le han facilitado las cifras del supersecreto código 0075, de circulación restringida.

Los ingleses activan a todos sus agentes en suelo mexicano y consiguen una copia del telegrama en la estación de telégrafos de México. Ahora sí pueden entregarlo a Estados Unidos sin levantar sospechas.

En México la propuesta alemana no produce efecto alguno. México no está en condiciones de implicarse en una guerra con Estados Unidos porque ya tiene una guerra en casa: la de Pancho Villa contra el presidente Venustiano Carranza. Una vez más, la diplomacia alemana demuestra cierta incapacidad para hilar fino. También su legendaria propensión a confundir realidad y deseo.

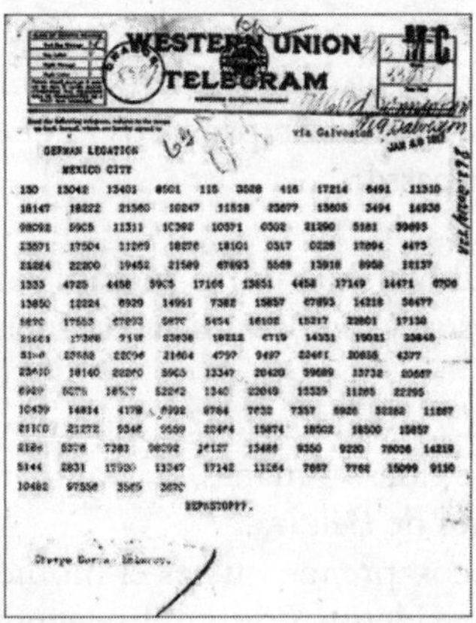

El telegrama Zimmermann.

CAPÍTULO 52

El Tío Sam va a la guerra

Abril, *the cruelest month*, el mes más cruel, según el poeta T. S. Eliot. Abril de 1917 se manifiesta especialmente cruel. Al paso que vamos, los aliados pierden la guerra, empiezan a pensar en Estados Unidos.

Los financieros están preocupados, los industriales están preocupados, los congresistas a sueldo de industriales y financieros están preocupados, el gobierno está preocupado, el propio presidente está preocupado.

Si los aliados pierden la guerra, no es que la pierda la democracia (que también); lo peor va a ser que nos deben tanto dinero de créditos y entregas de material sobre fiado que no nos podrán pagar.

O sea: si los aliados pierden la guerra, Alemania les impondrá tales sanciones que no podrán pagarnos lo que nos deben.

Perderemos un pastón.

Eso no se puede consentir.

Además, sus submarinos andan por ahí soltando dentelladas como perros rabiosos, y eso perjudica seriamente nuestras exportaciones.

Además, acordaos del *Lusitania*, ignominiosamente hundido, con pérdida de vidas humanas, de compatriotas nuestros.

Y de la violación de Bélgica.

Lloyd George comprende que es el momento propicio para hacerle llegar al presidente Wilson el telegrama Zimmermann. Para que se vea lo que están tramando los malvados alemanes.

La noticia se filtra a la Associated Press (el propio Wilson lo hace), y aparece bien destacada en todos los periódicos del país.

Ola de indignación patriótica en las buenas gentes de Estados Unidos, que creen que de un momento a otro los invadirá un ejército mexicano mandado por oficiales alemanes. El embajador alemán en Washington, el conde Johann von Bernstorff, se apresura a desmentir todo el asunto: el telegrama es falso, asevera. Esto es una artera conspiración inglesa para enemistar a nuestros dos países, etc.

En medio de ese revuelo mediático, el propio Zimmermann, interrogado por un periodista de la compañía Hearst, ¡admite que el telegrama es auténtico!

La prensa patriótica estadounidense (en parte untada por los *trusts*) riega con gasolina la hoguera de la indignación popular. *Delenda est Germania*. En Estados Unidos, los más convencidos pacifistas están que trinan contra Alemania. Inglaterra alimenta la indignación con sobornos a periódicos y periodistas. *Remember the Lusitania*.

Atentos al sentir del votante, los congresistas empiezan a considerar la posibilidad de entrar en guerra, especialmente cuando el magnate Rockefeller y los banqueros e industriales olfatean que puede acarrearles copiosos beneficios (los industriales se forrarán con los contratos del ejército y los banqueros podrán cobrar el dinero prestado a los aliados, que si pierden la guerra no estarán en condiciones de reembolsarlo).

Total: el presidente Wilson, que precisamente ha ganado su segundo mandato con el lema «Os mantuve fuera de la guerra», coincide plenamente con el Congreso y el Senado en que América debe declarar la guerra a Alemania en defensa de la democracia y de los valores humanos.[191]

El 6 de abril, el Congreso de Estados Unidos declara solemnemente la guerra a Alemania.

¡Por fin!, suspiran, aliviados, en Londres.

191. Pronto ha olvidado que hace tan sólo unos meses, el 19 de noviembre de 1916, recién reelegido presidente, había propuesto a los beligerantes hacer la paz.

CAPÍTULO 53

Portugal se mete en líos y la Virgen se aparece en Fátima

¿Qué se le había perdido a Portugal en la primera guerra mundial?

Nada, o muy poco.

Y, sin embargo, Portugal incauta los buques alemanes refugiados en puertos portugueses, lo que obliga a Alemania a declararle la guerra el 9 de marzo de 1916.

¿Por qué se mete el paisito en camisas de once varas en esta contienda de gigantes? Principalmente, por complacer a su tradicional aliada, Inglaterra, que además le ha prometido como recompensa los territorios africanos de Mozambique y Kionga.

La jodida codicia que nos pierde a todos.

Portugal envía a la guerra a unos cincuenta mil hombres[192] cuya actuación no resultará especialmente lucida. En el empobrecido Portugal que acaba de perder a dos reyes (uno asesinado y otro exiliado), que se ha proclamado república y que está al borde de un conflicto civil, no encuentra la guerra europea apoyo social alguno. Esa impopularidad se contagia a unos soldados subordinados a oficiales británicos que los tratan con desdén y

192. El Corpo Expedicionário Português (CEP) compuesto por treinta mil hombres, a los que debemos sumar unos cientos del Corpo de Artilharia Pesada Independente (CAPI) que manejan una veintena de piezas de artillería pesada en la zona francesa. También reforzaron con tropas el norte de Mozambique y el sur de Angola.

desconfianza. Por si fuera poco, en la zona del frente que cubren les toca soportar algunos embates brutales del ejército alemán.[193]

Mientras los gobiernos (más bien desgobiernos) se suceden en Portugal y sus soldados mueren absurdamente en Flandes, la Virgen se aparece a tres niños analfabetos para transmitir un mensaje de calamidades y catástrofes si la humanidad no se enmienda, endereza sus pasos e ingresa nuevamente en el redil de la Iglesia.

¿Qué grave motivo mueve a la Virgen a abandonar su morada celestial para encaramarse a una encina y aparecerse de esa guisa a unos pastorcillos en una remota y atrasada región de Portugal? O afinando más: ¿qué motivo mueve a la Iglesia a respaldar esta aparición de la Virgen y darla por buena?

Examinemos los antecedentes. En 1910, Portugal se ha proclamado república liberal, ha roto relaciones con el Vaticano, ha expulsado a los jesuitas y amenaza sus preeminencias seculares promulgando leyes laicas.

La Iglesia se siente perseguida. Natural.

Ya se sabe que la Iglesia reacciona malamente y se pone como Dios en el Sinaí cuando le tocan el bolsillo o le reducen sus privilegios.

La Iglesia portuguesa se defiende del gobierno laicista predicando contra la república y amenazando a las masas de ignorantes campesinos (que son mayoría) con los tremendos castigos del infierno que aguardan a los ciudadanos de una república libe-

193. El sector defendido por los portugueses se hunde en la primera ofensiva alemana de primavera, el 9 de abril de 1918, comienzo de la llamada batalla de Lys, cuando una densa barrera de artillería alemana destroza la segunda división del CEP provocándole cuantiosas bajas: 327 oficiales y 7.098 soldados en sólo unas horas. En total Portugal sufre en esta guerra 8.145 muertos, 13.751 heridos y 12.318 prisioneros o desaparecidos. Es conmovedor, en el monasterio de Batalha, el salón dedicado a la tumba del Soldado Desconocido, donde arde la llama perpetua guardada por dos soldados marcialísimos bajo la imagen de un Cristo destrozado por la metralla, uno de esos Calvarios campesinos que tanto abundan en Flandes y en Francia, que los portugueses se trajeron de la guerra.

ral.[194] Para certificar todo eso, se aparece la Virgen anunciando castigos apocalípticos si la humanidad (o sea, el gobierno laicista) no se enmienda.

¿Le salió bien tan burda faena a la Iglesia? Parece que sí. Las apariciones de Nuestra Señora despertaron tal entusiasmo entre los desmoralizados católicos lusos que, pocos meses después, una revolución de signo religioso aupó a la presidencia de la república a un católico fervoroso, Sidónio Pais, quien abolió gran parte de las disposiciones anticlericales del anterior gobierno y restableció las relaciones con la Santa Sede. Seis años más tarde, en lo que podríamos considerar una segunda fase de la estrategia divina, un golpe militar acabó con la Primera República e implantó el Estado Novo de Oliveira Salazar, una dictadura fascista, pero acendradamente católica, que perduraría hasta 1974. Oliveira Salazar, el hombre designado por la Providencia, era católico ferviente, casi un cura laico.

El embeleco de las apariciones marianas lo venía empleando la Iglesia a lo largo de todo el siglo XIX, principalmente en Francia, para reforzar la fe del sencillo pueblo, amenazada por los nuevos planteamientos políticos, sociales e intelectuales de Europa.[195]

194. Mário de Oliveira, un sacerdote que ha consagrado su vida a estudiar el fraude de las apariciones, señala en su libro *Fátima nunca mais* (1999) que los pastorcillos ven las tremebundas imágenes del fuego eterno con las que los predicadores de las santas misiones asustan a los sencillos campesinos. Estas supercherías se compendiaban en el manual de predicadores *Misión abreviada* del padre Manoel José Gonçalves, muy popular en aquellos días.

195. Al parecer, la Virgen les revela a los pastorcillos tres secretos: el primero sobre el fin de la primera guerra mundial (1914-1918); el segundo, sobre la muerte prematura de Francisco y Jacinta. El tercero quedó consignado por escrito y depositado en el Vaticano hasta que, ya en nuestros días, y con cierto desencanto, todo hay que decirlo, debido a las expectativas que había generado, el papa Juan Pablo II reveló que se refería al atentado sufrido por él mismo cuando el terrorista turco Ali Ağca lo tiroteó en la plaza de San Pedro. (Suena a enredo de un ególatra, lo sé.) «Los mensajes se reescribieron en 1935 para hablar del peligro que repre-

Por un designio inescrutable del Altísimo, dos de los tres pastorcillos analfabetos a los que se aparece Nuestra Señora de Fátima, Jacinta y Francisco, mueren pronto dejando la exclusiva del prodigio en manos de Lucía, «una chica de escasas luces, fácilmente manipulable»,[196] de la que se apropia la Iglesia para hacerle declarar, hasta su muerte, lo que parezca oportuno en cada momento.

Mientras los portugueses escudriñan el cielo en busca de milagrosos bailes del sol (fenómeno que acompaña a las apariciones de Fátima, con su cohorte de lesiones oculares), los londinenses miran el cielo temiendo que aparezcan los aviones de bombardeo Gotha, el nuevo prodigio de la ingeniería alemana que ha reemplazado a los zepelines. Los Gotha actúan, con resultados notables, en escuadrillas de hasta veinticinco aparatos.[197]

En 1917, los alemanes han recuperado la superioridad aérea con sus aviones de la serie Albatros (D.I, D.II y D.III), y con los Halberstadt (D.II y D.III). En abril de ese año, el «abril sangriento», derriban hasta un 30 por ciento de los aparatos aliados. La buena racha se les acaba cuando los aliados replican con el caza francés Spad S.XIII y con los británicos Sopwith F-1 Camel, Sopwith Triplano y Bristol F.2B, cuya superioridad numérica inclina el dominio del aire, ya definitivamente, de su lado.

---

sentaba la URSS, inexistente en 1917», apunta Mário de Oliveira. La Iglesia reconoce Fátima cuando el golpe de estado implanta nuevamente el estado confesional.

196. Mário de Oliveira, *Fátima nunca mais*, Campo das Letras, Oporto, 1999, p. 62.

197. El 13 de junio de 1917, el bombardeo de Londres causa 162 muertos y 432 heridos. Una bomba acertó en una escuela y mató a dieciocho niños.

CAPÍTULO 54

Soy minero

Después de la matanza de Verdún y de los motines que siguieron, los franceses se toman un respiro y entregan el testigo de la carrera a los ingleses.

Los ingleses, que llevan dos años empeñados en romper el frente por la zona de Ypres, necesitan desesperadamente conquistar la costa belga, donde tienen sus bases los submarinos alemanes que están haciendo estragos en su marina mercante. El alto mando concibe un plan para resolver la guerra de una tacada, en una demoledora ofensiva.

A pie de obra se ven las cosas de distinta manera. El frente en Bélgica no es lo que se dice una posición cómoda. Los alemanes (y su artillería) escogieron hace tiempo los emplazamientos más idóneos, la sierra de Messines, al sureste de Ypres, desde la que disfrutan de una envidiable vista panorámica de la llanura. Avanzar contra ellos a pecho descubierto es un suicidio, y machacarlos con artillería está visto que sirve de poco, porque se han construido profundos refugios de hormigón y, en cuanto pasa el peligro, salen de sus madrigueras tan frescos, montan las ametralladoras y te fríen.

El previsor mando británico hace tiempo que urdió un plan para conquistar la cresta de Messines sin que cueste un río de sangre. Mineros traídos ex profeso de Gales han excavado durante dieciocho meses veintiuna minas, algunas de medio kilómetro de longitud (ocho kilómetros de galerías en total), hasta el subsuelo de las trincheras alemanas. No ha resultado empresa fácil, pues en algún caso los alemanes han excavado contratúneles.[198]

7 de junio de 1917. 2.50 de la madrugada. Después de dos semanas de intensos bombardeos sobre las posiciones alemanas, se hace el silencio. Los alemanes abandonan sus refugios, corren a sus puestos de combate, reparan sucintamente los parapetos y emplazan las ametralladoras.

La noche está oscura como un estanque de tinta. Los alemanes, escamados, iluminan la tierra de nadie con bengalas. No se ve venir a la infantería británica entre los embudos de las explosiones. Qué extraño. Tensa espera.

3.10 de la madrugada. Las minas, justo debajo de las posiciones alemanas, están cebadas con quinientas toneladas de amonal, el explosivo más potente que existe.

Los soldados británicos aguardan expectantes. En su puesto de mando, el general Herbert Plumer comenta a sus colegas: «Caballeros, puede que no hagamos historia, pero ciertamente vamos a hacer geografía».

A la hora convenida, los artificieros accionan las llaves detonadoras.

Se percibe un chasquido siniestro, que parece proceder del espacio, seguido de un ligero temblor. De pronto la tierra trepida como si hubiese estallado un volcán. El suelo se levanta como una ola, proyectando hacia el cielo miles de toneladas de tierra. Al mismo tiempo, un trueno ensordecedor.

Las trincheras donde los alemanes habían concentrado hombres y ametralladoras saltan por los aires. En un instante mueren diez mil hombres, sepultados bajo la montaña de tierra que, después de elevarse más de cien metros, vuelve a caer con un sonido sordo, como de tormenta lejana.[199]

198. Los zapadores alemanes detectaron y destruyeron una mina en la granja Petite Douve el 24 de agosto de 1916.

199. Estallaron diecinueve minas (otras dos cercanas al bosque de Ploegsteert no se hicieron estallar porque caían fuera del área del ataque). La explosión se percibió hasta en Londres: el *premier* Lloyd George la notó en su residencia del 10 de Downing Street. El emplazamiento de las

Nueve divisiones de infantería británicas avanzan a medida que las cortinas de su artillería se desplazan hacia la línea alemana.

Pero no existe primera línea alemana. Por primera vez en la guerra, los atacantes la toman, o toman el lugar donde estaba, con menos bajas que los defensores. Todo aquel sector del frente se desploma y los alemanes apenas pueden contener el avance del enemigo unos kilómetros atrás.

En vista del éxito obtenido, los británicos piensan probar suerte por otro sector, esta vez sin minas.

Explosión de una mina británica.

---

dos minas que no explotaron se olvidó después de la guerra. Una de ellas estalló el 17 de junio de 1955, pero afortunadamente sólo mató a una vaca. La otra sigue sin estallar, aunque al parecer está localizada. Más o menos. Dado el tiempo transcurrido, el explosivo podría ser bastante inestable, así que más vale no meneallo.

CAPÍTULO 55

Fango y sangre en Passchendaele

En los mapas del frente figura un pueblecito belga de complicado nombre, Passchendaele, una motita destacada en la planicie donde los alemanes han instalado un puesto de observación. Aprovechando que en verano la llanura está seca y practicable, el general Douglas Haig quiere arrebatárselo al enemigo.

El día 22 de julio, los ingleses emprenden la rutinaria preparación artillera. Desde su puesto de mando, Haig sigue la operación y de vez en cuando eleva los ojos al cielo, en el que están apareciendo unas nubecillas oscuras.

—Mi general, parece que amenaza lluvia —murmura a su espalda el comandante asistente.

—Nada, nada. Quizá una nubecilla de esas que marcan el final del verano, nada grave —lo tranquiliza el general.

La infantería inglesa se lanza al ataque el día 31, tal como estaba programado. Es poner el pie fuera de las trincheras y ponerse a diluviar. Los servicios meteorológicos están en mantillas o, más bien, son inexistentes, de manera que nadie puede avisar a Haig de que se va a pasar diluviando todo el mes de agosto. La llanura esponjada por las granadas se convierte en un barrizal en el que se atascan tropas, animales y máquinas. Los fusileros que avanzan ni siquiera pueden refugiarse en los cráteres de las explosiones, porque los encuentran repletos de agua fangosa. Los que cavan trincheras en el punto del máximo avance comprueban, desolados, que se les llenan inmediatamente de agua, el drenaje natural de un campo inundado. Ropas empapadas, botas encharcadas días y días. Los pies de trinchera afectarán a compañías enteras.

Haig, que duerme cada noche seco, en pijama de felpa, y calentito, no se aparta un ápice del plan original. ¿Quién dijo que la vida militar fuera cómoda?

Después de un mes pasado por agua, a mediados de septiembre, Haig reanuda su ofensiva lanzando más de cuatro millones de granadas, la mitad de las cuales se hunden en el lodazal sin estallar. Como recordará un veterano:

> Era como un inmenso cenagal en el que batallones, brigadas y divisiones de infantería pugnaban por no hundirse para terminar saltando por los aires despedazados o morir ahogados, hasta que al final, después de una matanza inconmensurable, habíamos cobrado unos kilómetros de fango.[200]

Finalmente, el pueblecito de Passchendaele (o el lugar donde estuvo) cae en manos británicas.

Recuento de bajas. Casi medio millón por parte británica; unas sesenta mil por parte alemana. Lo más dramático del caso es que cuarenta mil británicos han desaparecido. Cuando llegue el fin de la guerra se descubrirá que no es que cayeran prisioneros de los alemanes: es que se hundieron en el mar de barro lastrados por sus pesados equipos. Un siglo después, sus restos siguen apareciendo cuando se excava en aquellos parajes o cuando se realizan labores agrícolas.

Las noticias de las matanzas de Passchendaele casi pasan inadvertidas en los mentideros de España, donde por un momento parece que aliadófilos y germanófilos se conceden cierta tregua para discutir de los preocupantes asuntos de la nación. La guerra que está enriqueciendo a tantos industriales y traficantes está empeorando, sin embargo, las condiciones de vida de las clases trabajadoras: escasea el trabajo y los precios de los artículos de primera necesidad se han disparado. En agosto, con las calores

200. Citado por Lozano, 2011, pp. 262-263.

El fango

que alteran la sangre, el sindicato UGT, el PSOE y buena parte de la CNT desafían al gobierno con una huelga general revolucionaria. La policía reprime a los huelguistas. En las calles de Barcelona y otras ciudades industriales se producen tiroteos en los que mueren más de setenta personas.

Mientras en España los cielos se pueblan de negros nubarrones (es metáfora), en el frente occidental, donde se dirime el futuro de Europa, los cielos se han llenado de aviones. A aquellos escasos y frágiles aparatitos del comienzo de la guerra han sucedido dos generaciones sucesivas de aeroplanos cada vez más maniobreros, robustos y letales. Es de notar cómo la guerra estimula el progreso tecnológico.

Manfred von Richthofen, *el Barón Rojo*, apodado así por su brillante triplano Fokker rojo escarlata, se ha convertido en un piloto certero y frío, aunque también jactancioso, que posa altivo, piernas abiertas, brazos en jarras, barbilla adelantada, para periódicos y revistas ilustradas. Es el as de los ases, el dueño del cielo, el cazador infalible ante el que tiemblan los aviadores enemigos...

Richthofen traslada su escuadrilla de un frente a otro por tren, trashumancia que, unida a los vivos colores en los que cada piloto pinta su avión, los hace acreedores de la denominación «Circo Volante».

En julio de 1917, el famoso piloto sufre un percance al atacar a un lento y torpe FE-2 de reconocimiento. En este avión, de hélice trasera, el ametrallador va instalado en el morro, delante del piloto. Cuando el atacante llega por detrás debe ponerse de pie para alcanzar la ametralladora trasera, una Lewis ligera instalada sobre el ala.

El ametrallador de este FE-2 debe de ser un hombre de mucha sangre fría. Ve abatirse sobre él, como un ave de presa, al triplano rojo de Richthofen; y, sin inmutarse demasiado, apunta cuidadosamente al piloto y le dispara una breve ráfaga. Una bala roza la sien del prusiano, que, un segundo antes de perder el conocimiento, logra aterrizar, a duras penas, detrás de sus líneas.

Conmoción nacional. Atendido por los mejores cirujanos, Richthofen se repone en el hospital. Una furgoneta militar no basta para cargar todas las cartas y regalos que recibe. Sus declaraciones son tan triunfalistas como siempre. Ya alinea 57 copas en su vitrina de trofeos, pero confía en llegar a las cien si la guerra se prolonga un poco.

Richthofen (centro) posa con otros pilotos.

Soldados cegados por los gases, 1918.

CAPÍTULO 56

Mata Hari ante el pelotón

Hay en Madrid dos hoteles modernos, europeos, de reciente construcción, que incluso incorporan inodoros en las habitaciones, el último grito en el confort: el Palace y el Ritz. A estos hoteles acude gente adinerada: industriales vascos, conserveros gallegos, empresarios del textil catalanes, vinateros jerezanos, cultivadores levantinos, ganaderos extremeños, navieros, ferrallistas, comisionistas, banqueros, tratantes... Al socaire de la guerra europea se hacen en España grandes negocios. Los ejércitos beligerantes necesitan de todo: hierro, carbón, conservas, lienzo, vendas, pólvora, cacharros de cocina, mulos, vehículos, ruedas de carro, abono... De todo. Todo lo que pueda venderse o comprarse encuentra en Europa un mercado ávido. A la guerra hay que alimentarla y la guerra devora insaciable vituallas y personas.

El hotel Palace no puede servir a los distinguidos clientes de su bar La Brasserie aquellas cervezas alemanas de importación Löwenbräu y Genossenbräu que hacían las delicias de los *connaisseurs* antes de la guerra (se traían por ferrocarril, en contenedores refrigerados). Como compensación, goza de una clientela cosmopolita en la que no faltan aristócratas huidos de la molestísima guerra ni prostitutas de alto standing o *demi-mondaines* a la caza de protectores solventes.

Algunas chicas se sacan un sobresueldo como informadoras de los espías que realizan su trabajo al amparo de las embajadas. La red de espionaje alemana está al mando del comandante

Nikolai; el coronel Hivert encabeza la francesa; la austriaca está bajo la autoridad del coronel Ronge; la inglesa está representada por el almirante Reginald Hall. Todos se conocen y observan un trato caballeroso, aunque distante, cuando coinciden en cócteles y halls de hoteles.

Una de las espías al servicio de Alemania es la famosa Mata Hari, bailarina exótica que se hace pasar por princesa javanesa (en realidad es hija de holandés y javanesa) y que ejecuta con notable habilidad el *striptease* oriental denominado danza de los siete velos.

Mata Hari nació en Holanda y se casó, muy joven, con un oficial destinado en Java (entonces colonia holandesa), del que se separó cuando el hombre se dio a la bebida. Con una hija que mantener, Mata Hari se abrió camino en París, primero como diseñadora de modas y después como princesa javanesa ducha en seducción. Ha cumplido ya los cuarenta y no es una belleza, pero compensa sobradamente esos menoscabos con su danza excitante y con su renombrada pericia en la «presa de Cleopatra» y otras técnicas amatorias orientales.[201]

201. La «presa de Cleopatra» es una técnica sexual consistente en comprimir y liberar alternativamente el pene con los músculos de la vagina en el transcurso del coito. Esta facultad no es innata, sino que depende del desarrollo del músculo pubococcígeo (un conjunto de músculos que rodea la parte inferior de la uretra, la vagina y el recto). Es un músculo la mar de útil porque, además de los juegos sexuales que permite, con él se controla la micción y se previene el prolapso de útero y vagina. Es una habilidad bastante frecuente en las mujeres orientales (muchas de las cuales, especialmente las prostitutas, se ejercitan con bolas chinas), pero al parecer escasea entre las mujeres occidentales, que suelen tener ese músculo inactivo o vago. El erotófilo Richard F. Burton (1821-1890), en sus merodeos por el mundo islámico, explica así la «presa de Cleopatra», muy divulgada en su tiempo en el este de África y en Egipto: «Entre algunas de estas razas [especialmente entre las mujeres gana], los músculos constrictores de la vagina se hallan anormalmente desarrollados. En Abisinia, por ejemplo, casi cualquier mujer puede contraerlos hasta el extremo de provocar dolor en el hombre; acuclilladas sobre los muslos del hombre, son capaces de inducir el orgasmo en él sin mover ninguna otra parte de sus

Hace meses que Mata Hari abandonó el París amenazado por la guerra para instalarse en Madrid, donde la pudiente clientela del cabaret Trocadero reclamaba su arte. Después de una actuación, un joven y apuesto admirador alemán que la había estado observando, Wilhelm Canaris, la invitó a su mesa. Canaris figura como agregado naval en la embajada alemana, pero en realidad es el espía que coordina el reabastecimiento de submarinos alemanes en las costas españolas e informa sobre el tráfico marítimo del enemigo en los puertos de la Península.[202]

Canaris y Mata Hari se convierten en amantes. En el excitante (y lucrativo) oficio de espiar a los aliados, Mata Hari se las ingenia para ofrecer sus servicios de *coaching* personalizado en el agregado militar de la embajada francesa, el coronel Danvignes, pero, después de un tiempo, Canaris y su jefe en Madrid, el agregado militar alemán, el coronel Von Kalle, comprenden que la atractiva agente sería mucho más útil al káiser si regresara a París, a la sombra del cuartel general del enemigo. La bella embarca en un navío holandés que la traslada a Francia. Consigue un contrato en el cabaret Moulin Rouge, donde no tarda en intimar con

---

cuerpos. A tales artistas se las denomina en árabe ***kabbacah***, que literalmente significa "poseedora, agarrador o receptáculo". No es extraño que los mercaderes de esclavos estén dispuestos a pagar sumas exorbitantes por una mujer dotada de tal habilidad. Todas las mujeres tienen este poder en mayor o menor grado, pero lo cierto es que lo descuidan; ciertamente, en Europa hay abundantes razas que jamás han oído siquiera hablar de este poder».

202. Durante tres años, los submarinos alemanes se avituallaron en los puertos españoles sin demasiados disimulos. Algunas tripulaciones descansaron en un puerto abandonado que servía de refugio a los barcos de pesca en la desembocadura del Ebro, junto a Tortosa. Un personaje alemán, el barón de Rolland, actuaba en Barcelona, con el mayor descaro, como proveedor de gasolina para estos buques. Según parece, el comisario de policía Bravo Portillo, que después sería asesinado por anarcosindicalistas, se valía de su empleo oficial para averiguar la salida de los buques aliados y denunciarla al tal barón. Éste, a su vez, daba aviso a los submarinos por medio de varias instalaciones de telégrafo sin hilos que funcionaban con entera libertad.

oficiales de alta graduación a los que, después de la expansión venérea, a la hora del cigarrillo reponedor, sonsaca información reservada.

Además de secretos oficiales, la falsa javanesa recibe valiosos regalos que le permiten adquirir un chalecito en el *bois* de Boulogne. Cada cierto tiempo viaja a Colonia (vía Países Bajos) para informar y recibir instrucciones de sus contactos en el espionaje alemán. En uno de esos viajes, cuando regresa a Francia por vía marítima, con escalas en Dinamarca e Inglaterra, el aduanero que registra su equipaje le susurra al oído:

—No desembarque en Francia, señora, porque aguardan su regreso para detenerla e interrogarla. Este barco sigue viaje a España. Vaya a España.

El aduanero es un agente alemán informado de que los viajes de la bailarina han levantado sospechas. Alarmada, Mata Hari cambia de planes y desembarca en Gijón. De regreso en Madrid, se hospeda, como de costumbre, en una de las cuatrocientas y pico habitaciones del hotel Palace y contacta con Canaris.

Después de muerta la famosa cortesana, muchos amantes reales o imaginarios contarán historias sobre ella que uno no sabe si creer. El senador catalán Emilio Junoy (huésped también del hotel Palace) asevera que intentó convencerla para que se trasladara con él a Barcelona, donde le prometió ponerle una torre en Pedralbes y tenerla como una reina.

Hubiese acertado la holandesa en acceder a la petición del catalán, porque Barcelona era en aquella época una pujanza de industriales textiles que apaleaban los billetes y que, además de mantener esposa decente y querida vistosa, gustaban de solazarse con *demi-mondaines* célebres. Pero Margaretha declina el ofrecimiento y prefiere permanecer en Madrid.

«Estaba decidida a venir conmigo —contará Junoy—. Le dije: "Hoy me marcho; ¿viene usted?". Eran las doce de la mañana. Mata Hari me contestó: "Estoy esperando un telegrama de París; según lo que me diga, iré o no iré con usted. A la hora del almuerzo le diré a usted sí o no".»[203]

203. Pastor Petit, «Mata Hari en Madrid», en *Historia y Vida*, 10

En el *salon de thé* del Palace, con cortinas granate y mesitas laqueadas, debajo de la prodigiosa pérgola de cristal, Mata Hari aguarda el pliego con una cinta engomada que sellará su destino.

El telegrama le ordena regresar a París para una misión. Canaris ha informado del paradero de la espía a la oficina de Ámsterdam en un telegrama que los servicios secretos franceses interceptan. Es la confirmación de que, efectivamente, Mata Hari y la espía alemana H-21 son la misma persona.

Mata Hari toma el tren en la estación del Norte, destino París. Al pasar la frontera, la detienen. En París, la juzgan y la condenan a la última pena como culpable indirecta de la muerte de miles de soldados. La fusilan una fría madrugada de octubre, en el bosque de Vincennes, cerca de París. Esa muerte militar, acaecida antes de que la decadencia física altere su figura, la catapulta a la fama.

Sobre Mata Hari se han escrito artículos, ensayos y novelas y se han rodado películas. Folletinistas imaginativos aseguran que a los soldados que componían el pelotón les tuvieron que vendar los ojos porque les resultaba insoportable disparar contra aquella criatura tan seductora, o que de las doce balas sólo cuatro la alcanzaron, una de ellas en el corazón, o que antes de morir les lanzó a sus ejecutores un beso de perdón y despedida. Todo falso.[204]

La muerte de Mata Hari es muy sentida por la afición española y constituye una gran pérdida para el patrimonio comunal europeo, que la sigue admirando a través de postales coloreadas en las que aparece vestida de princesa javaloya en sugestivo *déshabillé*.

Por los mentideros de Madrid circula el rumor de que la ha delatado Raquel Meller, el alma que canta, encelada porque la

(1977), p. 28, número extra dedicado a «Los más famosos casos del espionaje».

204. También es falsa la fotografía que la representa ante el pelotón. Procede de la película de George Fitzmaurice *Mata Hari* (1931), protagonizada por Greta Garbo.

bella javanesa mantenía una relación con el esposo de la cantante, el escritor Enrique Gómez Carrillo.[205]

En fin, una pena.

La agente Mata Hari no es la única pérdida que padece Alemania en estos días. Peor es lo de Austria, que a medida que avanza la guerra está resultando un impedimento más que una ayuda («Nos hemos esposado a un cadáver»). Alemania le envía refuerzos, una vez más, por ver si, de una vez por todas, puede derrotar a los italianos y cerrar ese frente.

El ejército combinado (en el que, por cierto, un joven teniente llamado Erwin Rommel gana la Blauer Max) derrota estrepitosamente a los italianos en Caporetto (entre octubre y noviembre de 1917), el desastre que inspira a Ernest Hemingway su *Adiós a las armas*. Después de la batalla, más de un cuarto de millón de soldados deserta en masa. Ante tal desbandada, la autoridad militar adopta una postura paternalista y benévola (qué remedio: no se puede fusilar a tanta gente).

Los ejércitos aliados están exhaustos, parece, lo que favorece a los imperios centrales, pero el frente occidental sigue siendo un hueso duro de roer. Tan duro que a Alemania se le han saltado casi todos los dientes y la presa no cede.

205. No hay pruebas de la intervención de Raquel Meller, pero, como en este país andamos tan sobrados de mala leche, el periodista Pérez de Ayala (no el famoso escritor asturiano, sino otro) aprovechó tiempo después la visita de la cantante al papa Pío XI para escribir un vitriólico artículo en el que preguntaba: «¿Ha recordado el ir a pedir perdón por sus culpas en su triste intervención en la muerte de Mata Hari? Ojalá la bendición papal le asegure la salvación de su alma y la sinceridad y el arrepentimiento borre la humana flaqueza que la impulsó a cometer un grave pecado. ¡El reino de los cielos es de los arrepentidos...!». Abundando más en la mala leche nacional, digamos que Enrique Gómez Carrillo, el escritor, se apellidaba en realidad Gómez Tible, pero cambió a Carrillo cuando los colegas de la pluma comenzaron a llamarlo *Comestible*.

CAPÍTULO 57

Nombre clave: el asunto chino

4 de noviembre de 1917. El zepelín *LZ-59*, que despegó hace veintinueve horas de su base de Friedrichshafen, en Alemania, ha cruzado media Europa hasta la base de Jamboli, Bulgaria, el amarradero más oriental de los zepelines.

El comandante Hugo Eckener transfiere el mando de la nave al joven comandante Ludwig Bockholt, al que han encomendado una misión secreta conocida en clave como China-Sache, «el asunto chino»: sobrevolar el Mediterráneo y buena parte de África para aprovisionar a las tropas de Von Lettow-Verbock que resisten en el África Oriental Alemana, a siete mil kilómetros de la metrópoli.

El zepelín, de 223 metros, el más grande de los construidos hasta ahora, tendrá que sobrevolar sin escalas intermedias dos mil quinientos kilómetros de territorio hostil, una distancia que ningún dirigible ha recorrido aún. Será un viaje sólo de ida. Han descartado el regreso por la imposibilidad de proveerse de hidrógeno en el lugar de destino. Por eso, aparte de las quince toneladas de ametralladoras, cartuchos y medicinas que transporta, se ha calculado una utilidad para los materiales de su desguace: lona para tiendas de campaña, duraluminio para herramientas y mástiles, y hasta cuero para botas (obtenido de las pasarelas interiores).

El *LZ-59* sobrevuela Adrianópolis y enfila sin novedad la costa de Asia Menor, pero al cruzar el Mediterráneo comienzan los problemas. Después de una falsa alarma de «nave en llamas», provocada por un vigía novato que desconoce el efecto del fuego de San Telmo producido por la electricidad estática, el dirigible debe capear una tormenta eléctrica sobre Creta que inhabilita temporalmente la antena de telégrafo y le impide recibir mensajes.

Superados estos contratiempos, el *LZ-59* se interna en África, donde se enfrenta a una variedad de adversidades: fallos en un motor, agotamiento de la tripulación, que soporta de día altas temperaturas y se hiela de noche... El brusco descenso de la temperatura sobre el desierto obliga a volar muy bajo, a unos seiscientos metros del suelo, al alcance de los aviones ingleses, que podrían presentarse en cualquier momento. Los nómadas camelleros de Mersa Matruh y el oasis de Dajla contemplan atónitos la aparición del gigantesco aparato que surca majestuoso los cielos.

El 23 de noviembre, cuando sobrevuelan Sudán, cerca ya de Jartum, el capitán Bockholt recibe un mensaje desalentador: «Suspendan la operación, regresen. El enemigo ha capturado las tierras altas de Mahenge y Kitangari».

Pesaroso, Bockholt informa a sus hombres:

—Regresamos. El enemigo domina las planicies donde el dirigible debía atracar.[206]

La inmensa salchicha da la vuelta y pone rumbo a su base de Jamboli. Después de una travesía de seis mil ochocientos kilómetros en noventa y cinco horas, casi cuatro días en el aire, que ha batido todas las marcas de permanencia en vuelo y distancia, el *LZ-59* se reintegra a su inmenso hangar cuando todavía le quedaba combustible para seguir volando tres días más.

206. Más adelante Richard Meinertzhagen, jefe del servicio de inteligencia británico en El Cairo, declaró que el mensaje fue una estratagema ideada por él para abortar el viaje del dirigible.

CAPÍTULO 58

Los tanques de Cambray

Llega noviembre con sus aguaceros y sus días tiernos para contemplar la lluvia detrás de los cristales, cerca de la estufa.

Los Estados Mayores aliados se muestran indecisos. El francés no se atreve a mover ficha por miedo a nuevos motines de tropas, y el inglés todavía se lame las heridas de la desastrosa operación de Passchendaele.

20 de noviembre de 1917. Los ingleses se deciden por fin y atacan en un sector de la línea Hindenburg, no lejos de Cambray. La novedad es que, después de la concienzuda preparación artillera, la infantería va a avanzar precedida por una vanguardia de 476 tanques, una masa de blindados como no se ha visto hasta ahora en la guerra.

Los tanques ingleses vadean las trincheras alemanas y se abren en abanico en la inmediata retaguardia, ametrallando a la infantería y silenciando a cañonazos los nidos de ametralladoras. Es la nueva táctica británica para superar el atasco de las trincheras y regresar a la guerra de movimientos.

Los tanques son Mark IV, una versión mejorada de los que debutaron hace meses, pero aun así padecen frecuentes fallos mecánicos: algunos pierden las orugas, a otros les falla el motor, otros hocican en una zanja o un balate y quedan impedidos. Al anochecer del primer día, la mitad han quedado fuera de combate, pero ha valido la pena: han roto la línea del frente y han penetrado en profundidad en la retaguardia alemana.[207]

Pasa un mes y el ataque se afloja. Los británicos regresan a sus posiciones de partida, dejando en manos alemanas bastantes tanques. Algunos lucirán las cruces teutónicas después de sucintas reparaciones y volverán sus armas contra sus antiguos dueños. Otros se envían a Alemania para que los exhiban como trofeos, a ver si su contemplación levanta la abatida moral de la población, cada día más hambrienta.

Los alemanes optan por tácticas diferentes para superar la inmovilidad de la guerra de trincheras: las tropas escogidas *(Sturmtruppen)* y el uso más coordinado de barreras artilleras para proteger el avance de la infantería. Eso explica que, a pesar de su afición por la ingeniería, los alemanes construyan menos tanques que los aliados (apenas veinte Sturmpanzerwagen A7V) cuando ya casi termina la guerra.

Llega la Navidad de 1917, deprimente en las dos zonas. En la hambrienta Alemania han sustituido la mantequilla por la margarina, todo sea por la patria, pero esta Navidad hasta la margarina escasea, y el pan nadie sabe de qué lo hacen. En el campo la situación es más llevadera, porque el campesino guarda y sabe buscarse la vida, pero en la ciudad la gente mal alimentada comienza a cagar cagarrutas, como los venados de los bosques (que por cierto están desapareciendo debido a la caza furtiva). En el zoológico de Hamburgo, que era también la tienda de fieras que suministraba animales exóticos a todos los zoológicos de Europa, han tenido que sacrificar a muchos animales porque no había con qué alimentarlos.

207. Uno de ellos, el *D51*, llamado *Deborah*, se encontró en 1998 cerca de la localidad de Flesquières (pudo identificarse gracias a viejas fotografías suministradas por los descendientes de su comandante, el segundo teniente F. G. Heap, que mostraban el impacto de granada que lo dejó fuera de combate y mató a cuatro de sus tripulantes). El tanque se encontraba sepultado en una zanja a tres metros de profundidad. Hoy está recogido provisionalmente en el cobertizo de una explotación agrícola cercana mientras se encuentran fondos para restaurarlo y exhibirlo en algún museo.

Inglaterra y Francia sobrellevan mejor la escasez gracias a los alimentos que importan por vía marítima, a pesar de la amenaza de los submarinos alemanes. En Rusia se pasa tanta hambre como en Alemania, pero parece que allí están más acostumbrados.

Quietud en el frente ruso.

CAPÍTULO 59

Rusia se revoluciona

Prestemos ahora atención al olvidado frente oriental, donde la guerra prosigue entre Alemania-Austria y Rusia.

Los rusos, después de las iniciales victorias (y de las iniciales derrotas), han cedido terreno y han establecido sus líneas en las estribaciones de los Cárpatos.

En mayo de 1915, los alemanes consiguen poner a los rusos contra las cuerdas; pero al año siguiente, en cuanto se distraen (porque tienen que concentrar todos sus esfuerzos en la batalla de Verdún), los rusos contraatacan por los Cárpatos y por la llanura polaca y derrotan a los austriacos, lo que obliga a los alemanes a distraer fuerzas de las batallas de Verdún y del Somme.

Lo dicho: «Nos hemos esposado a un cadáver», como dijo el general alemán.

Después de tres años de guerra, Rusia está exhausta. El hambre no sólo aflige a la población civil, sino también a la tropa que se ahíla en las trincheras. Crece el malestar en la retaguardia. En las ciudades más importantes del inmenso territorio se suceden las protestas obreras y las huelgas. A ello se suma un invierno muy crudo en el que escasean el carbón y el vodka, las dos formas de calefacción típicamente eslavas.

También en Alemania, ahogada por el bloqueo marítimo inglés, escasean los alimentos y las materias primas. La gente allí es disciplinada y se aprieta el cinturón con mayor obediencia que en otros lugares de Europa, pero todo tiene un límite. La semilla de la revolución comunista empieza a arraigar entre el proletariado de las grandes ciudades, y muy especialmente entre las ociosas tripulaciones de las bases navales acuarteladas en los puertos.

Uno de los que lamentan la escasez de materias primas es el joyero berlinés que suministra los trofeos de Richthofen. «A partir de la copa número sesenta, lamento comunicarle que no podré suministrarle más, a no ser que rebajemos la calidad de la plata.»

Richthofen no quiere plata de inferior calidad. Un genuino *junker* prusiano exige lo mejor de lo mejor. Tendremos que aguardar al final de la guerra para confeccionar el resto de las copas. Mientras tanto, sigamos derribando enemigos.

La hora del rancho.

CAPÍTULO 60

Rasputín, un cadáver exquisito

Resumamos el culebrón que se desarrolla en la corte de Petrogrado. El zar Nicolás II (el primo *Nicky* para el káiser Guillermo II, *Willy*, recuerden) es un calzonazos dominado por Alejandra, la zarina (*Alix* para la familia, *Solecito* para su enamorado marido).

La zarina, que es de origen alemán, aunque matizado con un cuarterón de sangre británica (era la nieta preferida de la reina Victoria), está dominada, a su vez, por el inquietante monje Rasputín.

Rasputín llegó al palacio, años atrás, precedido de cierta fama de *staret* o santón sanador. Apareció muy oportunamente, en un momento en que la atribulada Alejandra no sabía a quién recurrir para aliviar a su hijito, el *zarevitch* Alexis, de una hemofilia que los más renombrados médicos no acertaban a atajar.[208]

208. Los hemofílicos son deficitarios del factor coagulante de la sangre y pueden desangrarse por cualquier herida, por mínima que sea. Curiosamente, las mujeres no padecen esta enfermedad, pero pueden transmitirla a sus hijos varones. La reina Victoria de Inglaterra se la transmitió a las casas reales de España y Rusia. La reina Victoria Eugenia, esposa de Alfonso XIII, nieta de Victoria, se la transmitió a dos de sus hijos: el mayor y heredero de la corona española, don Alfonso (nacido en 1907), y don Gonzalo (nacido en 1914). La hemofilia de la casa real inglesa procedía de una alteración cromosómica cuya probabilidad remota (una en cien millones) se produjo en la reina Victoria, fruto del matrimonio de la

Rasputín, sin más ciencia que su imposición de manos y sus oraciones, consiguió restañar las alarmantes hemorragias del muchacho.

Es un misterio por qué este corpulento y barbudo siberiano fascina a las refinadas y exquisitas damas de la corte. ¿Qué carisma cabe en un ser feo, desgreñado, grosero y sucio, que atropella la gramática cuando habla y del que se murmura que, bajo su capa de santidad, oculta a un borracho, mujeriego y vicioso? Quizá sus ojos azules orlados de negro posean alguna cualidad hipnótica que atrae a las mujeres como las lámparas a las polillas. O quizá sea que sus doctrinas místicas resultan especialmente atractivas: «Cometed los pecados más atroces, porque Dios se complace más en perdonar a los grandes pecadores».

La influencia del monje en la corte le ha granjeado el odio de personajes importantes.

El príncipe Félix Yusúpov, el primo del zar, el gran duque Dmitri Pávlovitch Románov y otros se juramentan para asesinarlo. El plan consiste en atraerlo al palacio de Yusúpov con el señuelo de una cena a la que asistirá la princesa Irina, esposa de éste, por la que Rasputín se siente muy atraído. Añadamos, para completar el cuadro, que Yusúpov es homosexual y que, a su vez, se siente atraído por Rasputín.

Rasputín recibe el tarjetón: un banquete privado que se celebrará en el palacio de los Yusúpov la noche del 29 de diciembre de 1916. Accede encantado con tal de acercarse a la princesa (aparte de que, como a todo religioso, le encanta comer de balde).

En los sótanos del palacio Yusúpovsky, que se asoma al río Moika, se ha dispuesto una mesa con cubiertos para quince, apa-

---

duquesa de Kent con un Hannover que aportaba una sangre degenerada por repetidos enlaces consanguíneos. Curiosamente, Eduardo VII, hijo y heredero de Victoria, no padeció hemofilia ni la ha padecido ninguno de sus descendientes. La casa real inglesa se limitó a transmitirla a las casas reales española y rusa. Parece que la española ya se ha librado de ella al renovarse con las sangres genéticamente irreprochables de doña María, la madre de don Juan Carlos, Marichalar, Urdangarin y Letizia.

rejada a lo grande. En la espaciosa chimenea arde una carga de leña resinosa que aromatiza el ambiente. Mientras aguardan a la señora de la casa (que en realidad está fuera de la ciudad y desconoce los planes del marido), los conjurados proponen repetidos brindis. Rasputín, que goza de un apetito voraz, bebe en abundancia y se atiborra de pastelitos de carne y de canapés de caviar, unos y otros envenenados con cianuro. Cuando ha ingerido veneno suficiente para tumbar a un caballo, sigue tan campante.

Los estupefactos conjurados intercambian miradas nerviosas. Algunos hacen discretos apartes. ¿Qué le pasa a este tío que no se muere? ¿Será verdad que está protegido por poderes extraordinarios?

—Mejor conservemos la calma y obremos en consecuencia —aconseja el gran duque—. ¡De aquí no puede salir vivo! Tiene que ser ahora o nunca.

El príncipe Yusúpov se arma de valor y tirotea a Rasputín. El monje se levanta de la silla, con toda su formidable estatura, y parece que no acaba de entender lo que está ocurriendo. Trastabillando sale al patio y va dejando sobre la nieve un abundante rastro de sangre. Nuevos tiros de pistola administrados por el gran duque y por el diputado Purishkévich dan, por fin, con él en el suelo. Lo atan y lo llevan nuevamente al interior del palacio. Rasputín no se muere. Yusúpov, nervioso, le golpea la cabeza con un bastón herrado. Ni por ésas. Finalmente interviene el agente británico Oswald Rayner, que empuña su revólver Webley Mk IV y le descerraja un tiro en la nuca. El gigante se inmoviliza por fin, después de unos laboriosos estertores. El médico Nikolái Lazovert (de él fue la fallida idea del cianuro) le toma el pulso y lo declara cadáver. Tal como estaba previsto, lo envuelven en una alfombra vieja y lo lanzan a las oscuras aguas del Neva, que debido a la estación invernal arrastran grandes placas de hielo.

El cadáver se encuentra al día siguiente. La autopsia revela que ni el veneno ni los tiros acabaron con él: después de todo, murió ahogado.[209]

209. El móvil aparente del crimen sería apartar a Rasputín de los zares porque era partidario de sacar a Rusia de la guerra, lo que habría

Con el tiempo se han conocido más datos. Al parecer, tras una juventud turbulenta y delincuente en su Siberia natal, ingresó en un monasterio ortodoxo del que se liberó para abrazar las doctrinas de una secta flagelante (los *khlysty*) declarada herética por la Iglesia oficial.[210] Posteriormente se casó y engendró hijos, dentro y fuera del matrimonio, antes de peregrinar por Grecia y Tierra Santa.

En realidad, el asesinato de Rasputín modifica poco o nada el curso de la historia. 1917 se inaugura bajo los peores auspicios. Las huelgas obreras en las fábricas y las deserciones masivas en el ejército ponen al país al borde del caos y de la anarquía.

En marzo las huelgas paralizan Petrogrado[211] y el Parlamento (la Duma) se disuelve, pero el zar Nicolás II está atornillado a la poltrona y no abdica, a pesar de que desde todas las instancias se exige su retirada.

¿Adónde voy a ir que tenga vida más regalada que aquí?, parece pensar el padre de todas las Rusias.

Prosigue el deterioro social y político. Los obreros amotinados detienen el tren del zar. Nicolás cede al fin y abdica en el *zarevitch* Alexis. Cuando le hacen ver que el hemofílico muchacho es demasiado endeble para sostener la corona en tiempos tan

---

permitido a Alemania acumular todas sus tropas en el frente occidental.

210. Los *khlysty* habían ideado un modo peculiar de acercarse a Dios: por medio de orgías y excesos sexuales, teología que terminó de convencer a Rasputín, ese hombrón, de que aquélla era su Iglesia. Según parece, el monje estaba dotado de un pene equino que presuntamente se conserva metido en un frasco de formol en el Museo del Sexo de San Petersburgo. Como la envidia es tan mala, algunos sostienen que no es sino un pepino de mar, planta que adopta esa curiosa forma; otros admiten que es pene, pero de caballo o animal similarmente dotado. Aquí servidor ni quita ni pone rey, pero apunta que la explicación penal concordaría con la extraordinaria popularidad de que el falso profeta gozó entre las damas, y con la tirria africana que concitó entre maridos y cortesanos en general.

211. Es la Revolución de Febrero (habida cuenta de que el calendario ruso cuenta once días menos que el occidental, tan atrasados estaban).

revueltos, designa a su hermano menor, el gran duque Miguel, prestigioso general de cosacos. Tremenda complicación para el elegido, que se había apartado de la corte para vivir apaciblemente con su amante Natalia Sheremétievskaya, una estupenda señora, aunque rechazada por la aristocracia porque no es noble y tiene un pasado (dos maridos y algún amante). Miguel rechaza la oferta con el argumento de que sólo aceptará la corona si se la entrega el Parlamento.

Rusia se queda sin zar. El hombre fuerte del nuevo gobierno de salvación nacional, Aleksandr Kérenski, intenta proseguir la guerra, pero los consejos de obreros (los sóviets), cada vez más envalentonados y armados, exigen la paz a toda costa y se levantan contra Kérenski como antes contra el zar.

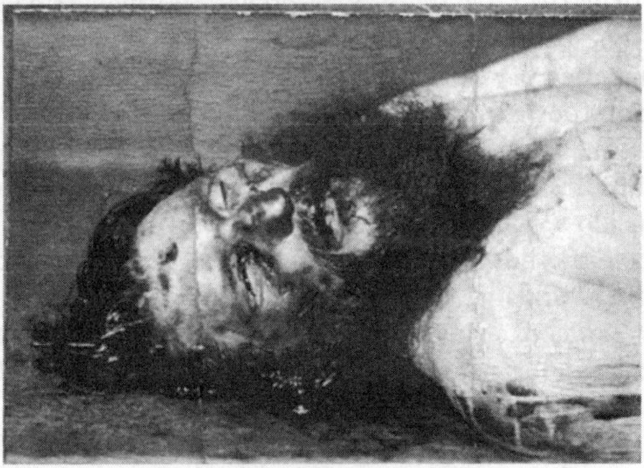

Rasputín muerto.

CAPÍTULO 61

En un tren sellado, con la legítima y la amante

9 de abril de 1917. Un tren especial atraviesa Alemania sin detenerse más que para repostar agua en las estaciones de Mannheim, Frankfurt, Berlín y Sassnitz. Este tren lleva a bordo el virus de la revolución; por eso las autoridades germanas han sellado ciertos vagones. Ese virus es Vladímir Ilich Lenin, un hombrecillo calvo, con perilla, los ojos rasgados, de aspecto caucasiano, que viaja con un reducido séquito en el que ponen la nota femenina su esposa legítima, Nadezhda Krúpskaya, y su amante, Inessa Armand.

Lenin es brillante, inteligente, sagaz, elocuente, persuasivo; y está enteramente entregado a la causa de hacer más feliz a la Humanidad aunque para ello tenga que sacrificarse o sacrificarla, más lo segundo que lo primero. Ya tuvo problemas con el gobierno zarista que lo deportó tres años a Siberia. Después ha viajado por Europa. Está en contacto con los movimientos obreros y revolucionarios de diversos países y, sobre todo, está preparado para acaudillar la Revolución rusa, la definitiva.

Cuando el gobierno alemán, imperialista y capitalista, se ofrece a facilitar el regreso de Lenin a Rusia, sus compañeros de revolución lo ponen en guardia: cuidado, camarada, puede ser una trampa. Pero Lenin replica: «Cuando la revolución está en peligro, no podemos caer en tontos prejuicios burgueses. Si los capitalistas alemanes son tan cándidos como para llevarnos a Rusia, allá ellos. Por mi parte, acepto el ofrecimiento. ¡Iré!».

Lenin y su nutrido séquito (los treinta y dos camaradas que

lo acompañan) toman un barco que los lleva a Malmö, en la costa sueca. Finalmente la comitiva penetra en Rusia por Finlandia, en trineos, para llegar, días después, a Petrogrado.

¡Lenin en Rusia! ¡El legendario luchador por la libertad de los obreros del mundo ha regresado! Lenin aparece en público, recibe a los periodistas, realiza declaraciones que se divulgan impresas por toda Rusia. Lenin predica en fábricas y plazas su atractivo programa para salvar el futuro: pan, tierra y paz.

Los socialistas se le entregan. En sus manos, la errática revolución bolchevique se transforma en un movimiento organizado y eficaz. Gracias a la secreta financiación alemana,[212] los revolucionarios, que antes de la guerra tenían que mantenerse atracando bancos, disponen de una línea de crédito casi ilimitada con la que financian periódicos y arman a su Guardia Roja. El bolchevismo crece como la espuma. En pocos meses se hace con el control de la revolución.[213]

En el frente, el ejército ruso está en franca descomposición. Los soldados desertan en masa. Los alemanes aprovechan la desbandada para extender sus conquistas hasta Lituania y Letonia, las regiones que en el siglo XV conquistaron los caballeros teutónicos de los que tantos *von* prusianos se consideran reencarnación.[214]

212. En un informe interno fechado el 3 de diciembre de 1917, el secretario de Estado de Asuntos Exteriores alemán, Richard von Kühlmann, considera que «sólo los recursos que les suministramos continuamente a los bolcheviques por múltiples vías y de múltiples maneras les han permitido poner en marcha el *Pravda*, su máximo órgano de expresión, llevar a cabo una gran labor de agitación y ampliar considerablemente la base de un partido que al principio tuvo escasos apoyos». Se ha calculado que esa ayuda no superó los veintiséis millones de marcos, cantidad irrisoria en el contexto de lo que las potencias beligerantes invertían en la guerra. Fue el dinero mejor gastado de toda la historia alemana, si se tiene en cuenta que contribuyó a la liquidación del frente ruso en inmejorables condiciones.

213. Entre abril y agosto de 1917, el partido bolchevique crece de 78 a 162 agrupaciones locales, y de veintitrés mil a más de doscientos mil miembros.

214. El símbolo de los caballeros teutónicos era una cruz paté negra con

Mientras el frente se desploma, el gobierno de Kérenski asiste perplejo a la disolución del régimen zarista. El 25 de octubre (para nosotros el 6 de noviembre), en plena anarquía, estalla la Revolución de Octubre. Los bolcheviques controlan buena parte de la capital. Al atardecer, el crucero *Aurora* se sitúa frente al palacio real, ahora sede del gobierno provisional ruso, apunta con el cañón de popa y dispara una salva de fogueo.[215]

Un cañonazo de grueso calibre casi a quemarropa impone. Aunque no lleve bala.

Kérenski se acongoja y renuncia al cargo. Su gobierno dimite igualmente. Ministros, directores generales, subsecretarios y barandas abandonan los palacios del gobierno y huyen de la capital.

Rusia no se disuelve en la anarquía porque el providencial Lenin ocupa el vacío de poder como presidente del Consejo de Comisarios del Pueblo. Su flamante comisario de Asuntos Exteriores, León Trostki, contacta de inmediato con los alemanes para iniciar unas laboriosas negociaciones de paz. El 3 de marzo de 1918, firman en Brest-Litovsk, cuartel general alemán en Oriente, un tratado que, desde el punto de vista diplomático, recuerda el principio de Woody Allen en la resolución de sus divorcios.[216]

Cerrado el frente de guerra, se abre el otro frente, el de la guerra civil entre los rojos (bolcheviques) y los blancos (nobleza y parte del ejército zarista), que reclaman el regreso del zar.

---

los filos de plata, de la que desciende directamente la Cruz de Hierro, emblema primero del reino de Prusia y posteriormente del resto de Alemania.

215. El palacio real o palacio de invierno es ahora sede del Museo del Hermitage.

216. «He llegado a un acuerdo con mi ex mujer: ella se queda con todo.» Igualmente la Rusia revolucionaria llega a un acuerdo con los compromisarios del káiser: Alemania se queda con todo. En virtud del tratado, Rusia cede a los imperios centrales Finlandia, Polonia, Estonia, Livonia, Curlandia, Lituania, Ucrania y Besarabia. También entrega al Imperio otomano Ardahan, Kars y Batumi. Un despojo, sí. La paz, a cualquier precio.

CAPÍTULO 62

Diamantes en el corsé

Al zar Nicolás muchos historiadores lo tienen por un infeliz. Probablemente lo fuera, pero la propaganda revolucionaria lo apellidaba el Sanguinario, en memoria del Domingo Sangriento de 1905 en que la guardia imperial disparó contra una pacífica manifestación de obreros y mató a más de mil, entre ellos mujeres y niños. Luego se ha demostrado que fue su tío el que ordenó abrir fuego, pero ya Nicolás arrastraba un sambenito del que no se despojaría en vida.

Nicolás era, en realidad, tímido y apocado, aunque compensaba estas flaquezas con una censurable afición a la música militar y a la vida cuartelera, gustos que quizá merezcan un par de collejas bien dadas, pero que en modo alguno justifican su ejecución.[217]

Lenin ordenó el fusilamiento de la familia real (zar, zarina, *zarevitch* y cuatro hijas) para descorazonar a los contrarrevolucionarios que pretendían restaurar la monarquía. En la misma tacada vengaba el ahorcamiento de su hermano por el penúltimo zar. Los ejecutores extremaron su celo hasta liquidar también a los más estrechos colaboradores de la familia real, cocinero y perro incluidos. A las princesas las remataron a bayonetazos porque

217. La Iglesia ortodoxa lo ha elevado a los altares: san Nicolás II de Rusia, y ahora los monárquicos lo visten de icono y le ponen velitas. Así se escribe la historia: muy bueno para unos y muy malo para otros.

sus corsés, en los que habían ocultado un tesoro en joyas, habían actuado como chalecos antibalas.[218]

Al infortunado Miguel, el hermano de Nicolás, que fue zar por un día y abdicó porque no quería meterse en líos, lo asesinaron también unos meses después.

Muerto el zar y derrotados sus partidarios, la aristocracia rusa huyó a París y a Londres, unos con sus joyas y otros con lo puesto (éstos tuvieron que emplearse como chóferes y mayordomos de familias pudientes). El sufrido pueblo ruso creyó que rompía las cadenas de la opresión capitalista y que ingresaba en un paraíso socialista cuyo ejemplo guiaría a los pueblos del mundo por el camino de la libertad.

Craso error. En cuanto Lenin accedió al poder absoluto comprendió que eso de la democracia es una bobada, e impuso el unipartidismo bolchevique, único garante de que Rusia no recaería en la explotación capitalista. En efecto, los rusos escaparon de la sartén zarista para caer en el fuego del comunismo soviético.

El zar y su familia, 1914.

218. En 1991 se exhumaron los cuerpos, que reposaban en una fosa común, en el bosque de Koptiaki. Ahora descansan en la catedral de San Petersburgo. El análisis de ADN demostró que Anna Anderson, la mujer que durante mucho tiempo se hizo pasar por la princesa Anastasia, era una impostora.

CAPÍTULO 63

El Reichstag solicita la paz

Alemania confía en derrotar a los aliados antes de que Estados Unidos pueda intervenir en Europa. Sabe que el ejército estadounidense de tierra es casi irrelevante (ciento treinta mil hombres), que su aviación militar está en mantillas y que su marina, aunque importante, no supondrá una gran variación, puesto que de todos modos la *navy* inglesa domina los mares.

Una vez más, los germanos incurren en ese defecto tan suyo de menospreciar la capacidad del adversario. Por lo pronto Wilson, el presidente pacifista, se deja de paños calientes y decreta el servicio militar obligatorio, lo que supone el ingreso en filas de millones de hombres. El Congreso, que antes abominaba de la guerra, se vuelve de pronto beligerante y le entrega al presidente un cheque en blanco para que financie generosamente el gasto militar.

Ya se sabe: los americanos, todo a lo grande.

A los dos millones de reclutas que ingresan en el ejército hay que entrenarlos, armarlos y equiparlos, por supuesto, pero todo eso lo consigue la joven nación en un plazo sorprendentemente corto, acuciada por la extrema necesidad de sus aliados y clientes europeos. No vayan a perder la guerra y nos dejen colgados con este montón de facturas pendientes.

El 8 enero de 1918, el presidente Wilson propone Catorce Puntos para conseguir una paz duradera, incluso eterna, en el mundo mundial.[219] El primer ministro francés, Georges Clemenceau, viejo zorro, murmura por lo bajo: «El propio Dios se contentó con diez mandamientos».

En los Catorce Puntos de Wilson se propone «el respeto a la autodeterminación de los pueblos». El presidente de Estados Unidos lo ha escrito pensando en el avispero balcánico, pero a los independentistas catalanes les suena a música celestial.

La revolución se está gestando en Alemania. En el Parlamento (el Reichstag), los partidos burgueses quieren negociar la paz. En la calle, los comunistas han formado una Liga Espartaquista que quiere seguir el camino de Rusia: derribar al káiser y a la aristocracia militar que los involucró en la guerra, e instaurar el gobierno del pueblo.

219. 1. Convenios abiertos en lugar de tratados secretos en el futuro. 2. Absoluta libertad de navegación en la paz y en la guerra fuera de las aguas jurisdiccionales, excepto cuando los mares queden cerrados por un acuerdo internacional. 3. Desaparición, tanto como sea posible, de las barreras económicas. 4. Garantías adecuadas para la reducción de los armamentos nacionales. 5. Reajuste de las reclamaciones coloniales, de tal manera que los intereses de los pueblos merezcan igual consideración que las aspiraciones de los gobiernos, cuyo fundamento habrá de ser determinado; es decir, el derecho a la autodeterminación de los pueblos. 6. Evacuación de todo el territorio ruso, dándose a Rusia plena oportunidad para su propio desarrollo con la ayuda de las potencias. 7. Plena restauración de Bélgica en su completa y libre soberanía. 8. Liberación de todo el territorio francés y reparación de los perjuicios causados por Prusia en 1871. 9. Reajuste de las fronteras italianas de acuerdo con el principio de la nacionalidad. 10. Oportunidad para un desarrollo autónomo de los pueblos del Imperio austrohúngaro. 11. Evacuación de Rumanía, Serbia y Montenegro, concesión de un acceso al mar a Serbia y arreglo de las relaciones entre los Estados balcánicos de acuerdo con sus sentimientos y el principio de nacionalidad. 12. Seguridad de desarrollo autónomo de las nacionalidades no turcas del Imperio otomano; y el estrecho de los Dardanelos, libre para toda clase de barcos. 13. Declarar a Polonia como un Estado independiente, que además tenga acceso al mar. 14. La creación de una asociación general de naciones, que se constituirá mediante pactos específicos con el propósito de garantizar mutuamente la independencia política y la integridad territorial, tanto de los Estados grandes como de los pequeños.

El Reichstag vota papel mojado, porque los militares se han apoderado del gobierno y han convertido a Alemania en una dictadura militar con Ludendorff al frente (y su cuate Von Hindenburg, que cada vez pinta menos).

Ludendorff desoye las voces del Parlamento, gentuza innoble que sólo piensa en el puchero y en lamentarse por el estómago vacío. Alemania pertenece a los *von* prusianos (aunque Ludendorff, hijo de un propietario acomodado, no ha heredado ese deseable *von*). La casta militar pondrá a Alemania a la cabeza del mundo. Caiga quien caiga. Ellos ganarán la guerra en un supremo esfuerzo. Disciplina prusiana, que ya son nuestros.

Pero el pueblo se muere de hambre, las mujeres se desmayan sobre las máquinas en las fábricas de armamento y los soldados han devorado las intocables «raciones de hierro» que forman parte de su equipo de guerra. En Berlín, personas antes acomodadas deambulan con una navaja en el bolsillo para cortar tajadas de carne si ven un caballo muerto. Hace tiempo que, cuando muere un animal de tiro, no queda nada para las ratas.

Berlineses hambrientos destazan un caballo muerto, 1918.

CAPÍTULO 64

Toda la hambruna en el asador

Después de firmar la paz con Rusia (Brest-Litovsk, 3 de marzo de 1918), el gobierno alemán solicita un último esfuerzo de su exhausta ciudadanía, a la que intenta engatusar con la enésima arenga patriótica:[220]en el este hemos conseguido enormes ganancias territoriales; ahora podemos desentendernos de ese frente y volcar nuestros esfuerzos en el frente de Francia.

Es evidente que la guerra va a decidirse en 1918, entre otras cosas porque tanto Alemania como Francia están exhaustas (en Alemania menudean las huelgas y las manifestaciones, cada vez más violentas). Falta por saber cuál de las dos tirará antes la toalla.

Alemania cuenta con una ventaja: con Rusia fuera de juego, puede concentrar toda su potencia en el frente occidental. Pero también tiene un inconveniente: debe derrotar a ingleses y franceses antes de que Estados Unidos, que entró en guerra hace ocho meses, incline la balanza del lado aliado con su enorme peso industrial y demográfico.

Ludendorff decide poner toda la carne en el asador. Bueno: carne poca, porque el pueblo hace tiempo que padece hambre. Pondrán toda la hambruna en el asador para ver si derrotan a los aliados antes de la llegada de los estadounidenses.

220. La fabricación de granadas para artillería crece cada año, pero la de cereal ha descendido a la mitad desde que empezó la guerra. No se puede estar en misa y repicando. Y a los puertos no llega nada debido al bloqueo marítimo inglés.

CAPÍTULO 65

La batalla del káiser

El 21 de marzo de 1918 se inicia la Operación Michael, primera fase de la *Kaiserschlacht*, «la batalla del káiser». Ludendorff ha trasladado al frente occidental las tropas del oriental, 70 divisiones (unos quinientos mil hombres). Ahora dispone de 199 divisiones (frente a 100 francesas y 58 británicas).

Seis mil bocas de fuego machacan las líneas aliadas en la zona de Ypres, el punto de contacto de los ejércitos francés e inglés, entre los que existen ciertas diferencias sobre prioridades. Ludendorff ha calculado que, si consigue romper el frente, los ingleses se replegarán hacia los puertos del canal y los franceses hacia las líneas defensivas de París. Eso abrirá una brecha por la que podrá irrumpir en la retaguardia enemiga.

Las fogueadas *Sturmtruppen*, equipadas con ametralladoras ligeras, morteros, lanzallamas y granadas, penetran en la línea británica. Detrás de ellas se cuela la infantería. En cuatro días avanzan 65 kilómetros. Ésta es la nueva manera de hacer la guerra. Nada resiste a las renovadas tácticas de las *Sturmtruppen*. Se acabaron las posiciones y las trincheras.

Ludendorff está exultante: sus planes salen a pedir de boca. El avance de sus vanguardias es tan arrollador que dejan atrás a la artillería y a los vehículos de abastecimiento atascados en la torturada tierra del Somme, donde después de tres años de bombardeos no quedan carreteras ni caminos, en medio del paisaje lunar.

Otro motivo retrasa el avance alemán: la tropa se detiene a saquear los impresionantes depósitos de la intendencia aliada. Allí hay de todo: barras de pan de diez kilos, mantequilla, carne enlatada, patatas, salchichas, vino.

—Y los cabrones de los oficiales nos decían que el enemigo pasa tanta hambre como nosotros. Fíjate la cantidad de comida: les sobra de todo.

—Ya me parecía a mí que los prisioneros que cogíamos estaban hasta gordos.

Hay más indicios deprimentes. En el cielo predominan los aparatos enemigos, lo que obliga a la aviación del káiser a explotar hasta la fatiga a pilotos y aviones. Sin embargo, el Barón Rojo, Richthofen, permanece imbatible al mando de su «Circo Volante». El día que obtiene su victoria septuagésima quinta, un reportero lo entrevista:

—Es curioso —le dice—: los últimos diez aviones que he abatido se incendiaron. También el que he derribado hoy. Al principio sólo vi una llamita azul que brotaba de debajo del asiento del piloto, pero, en cuanto entró en barrena, el fuego se propagó rápidamente a toda la carlinga.

Los pilotos temen morir abrasados, lo que resulta bastante habitual en los nuevos aviones, más potentes, que requieren más gasolina y más aceite.

Los pilotos suelen ser muy supersticiosos. Por ejemplo, evitan fotografiarse antes de emprender un vuelo porque el as Boelcke posó ante un fotógrafo el día de su muerte. La única excepción es Richthofen, que accede a que lo retraten con su mascota antes de subir al avión. Que sepa el mundo que él no teme a nadie.

CAPÍTULO 66

El *Pariser kanonen* acongoja a los parisienses

23 de marzo de 1918. A las 7.30 horas de la mañana, cuando el panadero deja la bandeja con los croissants calentitos en el café Procope, distrito sexto de París, se produce una tremenda explosión que hace tintinear las tazas puestas a calentar en el caldario de la cafetera. ¿Qué ha pasado? ¿Dónde ha sido? Alarmada, la gente sale a la calle.

Parece que en la plaza de la República ha estallado un potente explosivo. Qué raro: el cielo permanece limpio de aviones.

Unos veinte minutos más tarde se produce otra explosión en la calle Charles V.

Los gendarmes van de un lado a otro interrogando al vecindario. Parece que son bombas, pero tampoco queda nada claro.

La tercera explosión, casi con regularidad matemática, se produce en el bulevar de Strasbourg, a un paso de la abarrotada estación del Este. Ocho muertos y trece heridos.

Después de la octava explosión, las autoridades deducen que los *boches* están bombardeando París, pero ¿con qué? El cielo aparece despejado de aeronaves y el frente se encuentra a 130 kilómetros de distancia. Fuera de la febril imaginación de Julio Verne, no existe cañón alguno que aleje tanto.

Los artificieros recogen algunos fragmentos metálicos de lo que podría ser una bomba de aviación. Un misterio, porque nadie ha visto u oído sobrevolar aparato alguno. ¿Es quizá un zepelín bombardeando desde alturas estratosféricas? Salen cazas a averiguarlo y uno de ellos se estrella con el motor gripado por haber volado a más altura de la conveniente.

Mientras tanto, las granadas siguen lloviendo sobre la capital de Francia: veintidós explosiones se cuentan el primer día, una de ellas desviada ligeramente a Châtillon.

En los días siguientes prosigue la lluvia de proyectiles. El 29 de marzo, Viernes Santo, por uno de esos designios inescrutables de la Providencia, un proyectil acierta en la iglesia de Saint-Gervais, en la Île-de-France, atraviesa el tejado y explota en la nave del templo, abarrotada de feligreses que siguen con gran recogimiento los oficios divinos de ese día. El saldo es aterrador: 82 muertos y 68 heridos.

En París cunde el pánico. Circulan las más peregrinas teorías. Se dice que la policía está buscando un cañón neumático manejado por espías alemanes que dispara sigilosamente desde un patio o una azotea de la misma capital.

Por fin, aviones de reconocimiento descubren la localización del misterioso cañón y lo fotografían. En realidad son dos cañones monstruosos situados en la espesura del bosque de Saint-Gobain, cerca de Crépy-en-Laonnois, detrás de las líneas alemanas, ¡a 121 kilómetros de París!

Los franceses intentan destruirlos con fuego de contrabatería de sus cañones de mayor calibre montados sobre ferrocarril. No lo consiguen. A veinte kilómetros de distancia, el tiro francés resulta demasiado impreciso, en contraste con el tiro de los alemanes, asistido por un equipo de matemáticos llegados de Berlín que tienen en cuenta incluso el efecto distorsionador de la redondez de la tierra y el de la menor densidad del aire a cierta altura.

En la barbería El Siglo, los germanófilos están exultantes. Pasa de mano en mano un ejemplar de *Mundo Gráfico* en cuyas páginas de huecograbado, bajo el epígrafe «El bombardeo de París por el cañón monstruo», aparece un mapa de la región con el emplazamiento del famoso cañón y la trayectoria de sus obuses.[221]

221. *Mundo Gráfico*, 338, del 17 de abril de 1918.

En seis meses de actuación (no siempre continua), el ya célebre *Pariser kanonen* efectuará más de cuatrocientos disparos, 367 de los cuales alcanzarán aleatoriamente diversos barrios de París, causando la muerte de 256 personas e hiriendo a otras 620.[222]

Meses después, el avance aliado descubre el emplazamiento del cañón: tres plataformas circulares de hormigón que forman un triángulo de novecientos metros de lado.

De los misteriosos cañones, ni rastro. ¿Qué ha sido de ellos?

Tras la firma del armisticio, antes de que las comisiones de los vencedores inspeccionaran los arsenales alemanes, los desguazaron y fundieron en la fábrica Krupp de Essen para evitar que cayeran en manos del adversario.

Hay que imaginar la cantidad de ingenieros especializados en balística y la legión de matemáticos que requirió un proyecto tan complejo. Y los cuantiosos gastos que acarreó. Todo eso para matar a 256 civiles parisinos y causar destrozos intrascendentes. ¡Qué derroche!

222. El nombre oficial del cañón era Wilhelmgeschutze («el arma de Guillermo», en honor del emperador). El 1 de mayo lo retiraron del bosque de Saint-Gobain, después de lanzar 185 granadas, y lo emplazaron en Beaumont-en-Beine, a 109 kilómetros de París. Allí se dispararon otros 104 proyectiles entre el 27 de mayo y el 11 de junio, antes de desmontarlo nuevamente para emplazarlo a 91 kilómetros de París, no lejos de Château-Thierry. Desde ese lugar sólo se disparó catorce veces, porque el avance francés aconsejó devolverlo a Beaumont-en-Beine, donde lanzó 64 proyectiles más. El 9 de agosto enmudeció para siempre.

CAPÍTULO 67

De cómo Ludendorff se va a los puertos y de cómo las cavas del champán salvan a Francia

Abril de 1918, el tiempo en que copula la víbora áspid y las carquesias y los amentos amarillean en los bosques.

Mientras sus supercañones castigan a los parisinos, Ludendorff vuelve su mirada de lobo gris a otro sector del frente, al norte de Flandes. El general sigue empeñado en romper el frente enemigo en la débil bisagra donde se juntan las líneas francesas con las inglesas. Ése es el objetivo de la Operación Georgette: romper el frente y conquistar los puertos del canal de la Mancha (Boulogne, Calais, Dunkerque) por los que el enemigo está recibiendo las primeras tropas estadounidenses y una catarata de pertrechos.

9 de abril de 1918. Las *Sturmtruppen* arrollan a una división portuguesa que reforzaba las líneas británicas. Ceden los desmotivados lusos (en su mayoría campesinos analfabetos) y los alemanes avanzan incontenibles por la retaguardia aliada. Tocan el objetivo casi con la punta de los dedos, pero, frenados por la desesperada defensa inglesa, pierden fuelle a treinta y cinco kilómetros del estratégico puerto de Dunkerque y a dieciséis de Amiens.

Relevo en el mando aliado. Si la estrategia alemana consiste en dividirnos, se impone un mando único. En la cúspide, el mariscal Ferdinand Foch; a sus órdenes, Douglas Haig y Philippe Pétain.

21 de abril de 1918. Manfred von Richthofen, el legendario

Barón Rojo, realiza un accidentado aterrizaje forzoso cerca de la localidad de Vaux-sur-Somme, detrás de las líneas aliadas. La patrulla que acude a capturarlo encuentra el cadáver del famoso aviador con la cabeza apoyada en el tablero de mandos de su Fokker. Lo ha matado una única bala.

Los pilotos británicos dispensan a su famoso adversario un solemne funeral. Sobre la lápida, que costean a escote, inscriben el siguiente epitafio: «Aquí yace un valiente, un noble adversario y un verdadero hombre de honor. Descanse en paz».

El derribo del Barón Rojo se atribuye, en un principio, al capitán canadiense Roy Brown, piloto de un Sopwith Camel. Años después, un examen forense determinará que la bala que mató a Richthofen procedía de tierra.[223] Es casi seguro que la disparó el soldado australiano William John Evans con una de las tres ametralladoras que abrieron fuego contra el Fokker rojo en el sector de Vaux-sur-Somme. Ritchhofen tardaría unos dos minutos en morir, los suficientes para conseguir un aterrizaje de emergencia.

Privado de su comandante, el «Circo Volante» es sucesivamente dirigido por Wilhelm Reinhardt y Hermann Göring, un apuesto y ambicioso aviador que cuenta ya veintidós derribos y que, con el tiempo, llegará a ser el orondo ministro del Aire del Tercer Reich y mano derecha de Hitler.

27 de mayo de 1918. Después de pinchar en hueso dos veces, como los toreros desafortunados, Ludendorff prueba una tercera vez, en esta ocasión contra el sector del Aisne defendido por los franceses. La ofensiva se denomina Operación Blücher, en memoria del general prusiano que decidió la derrota de Napoleón en Waterloo.

223. La trayectoria ascendente no deja lugar a dudas: le entró por el costado derecho, le atravesó el hígado, los pulmones y el corazón, le seccionó la arteria aorta y la vena cava y le salió, de lado, bajo la tetilla izquierda, ya sin fuerza (la encontraron suelta dentro de la cazadora de vuelo del piloto).

Los alemanes aplican la misma táctica que tan buenos resultados está dando: breve e intensa preparación artillera,[224] *Sturmtruppen* al asalto de la línea enemiga por sus puntos más vulnerables e infantería de reemplazo que se infiltra por esas brechas y profundiza en la retaguardia enemiga.

Como siempre, consiguen excelentes resultados al principio, cuando las tropas rompen el frente. En París, el gobierno se acongoja y hace las maletas, por segunda vez en esta guerra, para ponerse a salvo en Burdeos.

Esta vez llegamos a París y terminamos la guerra, piensan algunos *von* optimistas.

Va a ser que no. Al atravesar los pueblos de la Champaña, la tropa hambrienta, piojosa y francamente hastiada de tantos sacrificios se mete en las cavas del champán y agarra una cogorza colectiva con el famoso vino espumoso.

El 30 de mayo, una columna alemana de aprovisionamiento se ve incapacitada para atravesar el pueblo de Fimes porque la calle está llena de soldados borrachos y de botellas de champán, «unas llenas y otras vacías», como hace notar el informe.

—¿Y la policía militar? —requiere el oficial al mando—. ¿Dónde está esa policía militar que jamás aparece cuando se la necesita?

—Hace rato que aparecieron, hip, mi Oberstleutnant, allí los tiene usted, borrachos como los primeros, hip, aquellos que tararean la gloriosa *Schneidige Truppe*.

Pedorreta de beodo. Ni disciplina ni leches.

A ver qué vamos a hacer. Habría que fusilarlos a todos. Y son varias compañías. Demasiados. Mejor disimulemos como si nos hiciera gracia.

A menos de cien kilómetros de París, el avance alemán se ralentiza y finalmente se detiene. Como en las otras ofensivas, por agotamiento y por dificultades logísticas.

La industria de armamento germana no da abasto, pero aun así sus enemigos le han ganado la delantera: disponen de más

224. Dispararon dos millones de granadas en poco más de cuatro horas.

aviones, más cañones, más ametralladoras, más hombres y más munición. Mientras tanto, siguen desembarcando tropas estadounidenses: ya hay en Francia más de un millón, sobre todo en el frente todavía tranquilo de Lorena. Cuando los provean de aviación y artillería, la guerra estará definitivamente perdida para Alemania.

Los norteamericanos salen bastante airosos de su bautismo de sangre en Château-Thierry, adonde han acudido a reforzar la línea francesa.

Pintan bastos para el káiser.

16 de julio de 1918. El maestro Ludendorff ha pinchado tres veces en hueso, lo que le ha costado ochocientos mil hombres, entre ellos lo mejor de las *Sturmtruppen*.[225] Ya se ve el fondo del caldero y no queda mucho por rebañar, pero él no desespera (tiene un punto de tronado que cada vez se manifiesta de forma más clara).

Después de un mes de calma chicha para recuperar el aliento y planear cuidadosamente la próxima maniobra, Ludendorff va a intentar el golpe definitivo, lo que en términos taurinos podríamos denominar el descabello, en una nueva ofensiva hacia Reims, tan definitiva como las anteriores, que denomina *Friedensturm* («golpe para la paz»).

—¿El descabello sin haber estoqueado convenientemente a la res? —comenta el boticario Cifuentes en la barbería El Siglo.

—Eso parece.

Allí siguen las noticias del frente casi al día y, la verdad, los proalemanes no se ven tan eufóricos ni bromean tanto como al principio. En la tertulia de la sacristía de la catedral pasa lo mismo: canónigos cariacontecidos porque la católica Austria pierde la guerra y la atea y libertina Francia prevalecerá.

A falta de suficientes *Sturmtruppen*, Ludendorff regresa al modus operandi del principio de la guerra: ataque masivo de la

225. Las tres fracasadas operaciones han dejado tres cuñas alemanas en territorio aliado que ahora se ven amenazadas por los flancos, pero Ludendorff está tan obsesionado con ganar de una tacada que prefiere ignorar ese peligro.

infantería después de la preparación artillera. Cree que puede quebrantar la resistencia de los aliados por un acto de voluntad. No por un acto de poder sino de voluntad. La «irracionalidad del ludópata», comenta un historiador.

Fracasa, claro. Los franceses, que ya han tomado nota de las nuevas tácticas del enemigo, adoptan —por fin— contramedidas inteligentes. En lugar de empecinarse, como siempre, en defender cada palmo de terreno, practican una defensa elástica: se retiran a la segunda línea para que el bombardeo alemán castigue una trinchera vacía y después reciben con cortinas de artillería y fuego de ametralladora a la tropa que avanza.

Ludendorff se atasca. Por cuarta vez.

Aviadores alemanes degustando champán.

CAPÍTULO 68

La hazaña del sargento York

Es el turno de los aliados.

El 26 de julio de 1918, Foch contraataca en todos los frentes.

Las exhaustas y hambrientas tropas alemanas ceden terreno. Muchos soldados desertan; otros se dejan hacer prisioneros (treinta y tres mil en pocos días).

«Europa huele a muerto», escribe un soldado estadounidense a la novia.[226]

226. No sabes hasta qué punto, muchacho. Por si fuera poca la mortandad de la guerra, de pronto empieza a morirse la gente de una misteriosa enfermedad que no distingue a alemanes de aliados y que se ceba principalmente en las personas debilitadas por el hambre. Es como si la histórica peste negra hubiese retornado a Europa después de seis siglos. Los gobiernos la ocultan por no alarmar a la población, que bastante tiene con soportar las miserias de la guerra. El virus presenta los síntomas de una gripe, pero es algo más (de hecho, un siglo después todavía no se sabe bien en qué consistió). Al parecer se ha originado en Asia central (como la peste negra histórica) y se ha detectado primero en Kansas, en el campamento de instrucción del ejército norteamericano de Fort Riley. Soldados procedentes de ese campo han traído la enfermedad a Europa. ¿Por qué entonces se conoce como «gripe española»? Porque en España, en su condición de país neutral, no se silenció la existencia de la epidemia como en los países beligerantes. En los telefilmes ingleses, cuando tiene que desaparecer un personaje por exigencias del guión o del contrato, siempre perece en el naufragio del *Titanic* o de «gripe española». Los in-

El 8 de agosto, los aliados atacan por sorpresa en el sector de Amiens. En lugar de preparación artillera, lanzan sobre las posiciones alemanas enjambres de cazas que las ametrallan en vuelo rasante y una manada de cuatrocientos tanques a cuyo resguardo avanza la infantería. Las tropas del káiser ceden terreno. Los aliados hacen miles de prisioneros. Ludendorff, en sus memorias, llamará a ese día «el más negro del ejército alemán». Falto de reservas, se repliega hasta la línea Hindenburg.

8 de octubre de 1918. El cabo Alvin Cullum York se dispone a ocupar con su pelotón una trinchera alemana aparentemente desierta cuando una ametralladora abre fuego y le mata a seis hombres.

—¡A cubierto, a cubierto! —grita York a los suyos, a los pocos que han sobrevivido a la celada.

El cabo York, campesino en la vida civil, es un convencido pacifista, pero comprende que en la apurada situación en la que se encuentra debe aparcar todo sentimiento benigno y desempolvar su instinto de cazador (no en vano es una de las mejores escopetas de Tennessee). Parapetado tras un montículo, devuelve el fuego con su Springfield y abate sistemáticamente, con certeros disparos, a cada alemán que se atreve a asomar la cabeza por encima del parapeto. Cuando el implacable tirador les ha hecho diecisiete muertos, seis alemanes deciden que es más digno contraatacar que dejarse cazar como gazapos. Los seis saltan fuera de la zanja y cargan a la bayoneta contra el cabo York. Él desenfunda su Colt 45 y, como en una escena de película del oeste, los elimina uno por uno, «comenzando por el que venía el último, como hacemos en mi tierra cuando cazamos patos, para no ahuyentar al resto».

> Entonces se levantó un comandante alemán y me gritó: «¿Inglés?», y yo le dije: «No, inglés no». Y él dijo: «Entonces, ¿qué?». Yo le dije: «Americano». Entonces él dijo: «Vale. Si no disparas más, se rendirán estos hombres». Le apunté con mi fusil y le dije que, si no

---

gleses, como son tan hijos de la Gran Bretaña, recalcan cabronamente lo de «española».

rendía a sus hombres, él sería el próximo en caer. Se dio cuenta de que hablaba en serio y dijo: «Si no matas a más, nos rendimos todos». Tocó un silbato y los hombres asomaron, tiraron las armas y los cinturones y se juntaron con las manos en alto. Todos menos uno que lanzó una pequeña granada que explotó en el aire delante de mí. Lo abatí de un disparo y los otros se entregaron, sin mayor problema.

Los que se entregaron «sin mayor problema» son 132 alemanes pertenecientes al primer batallón de infantería del regimiento 120 de Landwehr, entre ellos un comandante y tres tenientes que, como es lógico, preferían comer caliente en un campo de prisioneros a seguir soportando fatigas, carpantas y peligros en una guerra que ya daban por perdida (antes de un mes, el alto mando solicitaría el armisticio). Al cabo York lo ascienden a sargento, lo condecoran con la Medalla de Honor del Congreso y la Croix de Guerre francesa y lo reciben en Estados Unidos con honores de héroe nacional. Hasta se rodará una película con su hazaña, *El sargento York*, 1941. Gary Cooper.

El sargento York.

CAPÍTULO 69

La *grande offensive*

El general Foch alberga la esperanza de acabar la guerra en 1919 con una *grande offensive* que lleve a sus tropas hasta Berlín. Ésos son los planes, más bien prudentes, pero, al constatar que los alemanes están en las últimas (lo prueban las masivas deserciones, ciento cincuenta mil en un mes), se lo piensa mejor. ¿Qué necesidad hay de esperar al año que viene si los *boches* están dando las boqueadas? Un empujoncito más y quizá acabemos la guerra en pocos días.

Foch ordena un ataque general en toda la línea. *Tout le monde à la bataille.* El 26 de septiembre, franceses, británicos y estadounidenses avanzan al mismo tiempo por tres sectores distantes del frente. En cinco días, los alemanes encajan una granizada de casi millón y medio de proyectiles.

Los estadounidenses, gente joven y presta a absorber deprisa las enseñanzas de sus aliados más veteranos, se revelan soldados excelentes. El sentido práctico que los caracteriza, unido a la ausencia de verdaderas tradiciones militares, los inclina a usar armas y tácticas poco convencionales, lo que incluye escopetas de postas y cañón recortado en el cuerpo a cuerpo.[227]

227. Alemania, la inventora del lanzallamas, eleva una protesta formal al mando aliado el 14 de septiembre de 1918: «Todo prisionero al que se le encuentre en su poder ese tipo de armas o munición pone en riesgo su vida».

La ofensiva aliada ha puesto a los alemanes contra las cuerdas. A la espalda sólo les queda la línea Hindenburg. Detrás de ella lucharían ya en territorio alemán, una humillación intolerable para un *von* prusiano.

Ludendorff es consciente de que ha rebañado el fondo del caldero. No le queda nada que oponer a los aliados. Y, lo peor, la situación se agrava cada día, porque, mientras el enemigo recibe continuos refuerzos, sus famélicas tropas están a punto de amotinarse.

Para colmo, el emperador austriaco, Carlos I, está mendigando la paz a espaldas de Alemania. Primero se la ha suplicado a Clemenceau, pero el viejo zorro francés ni se ha dignado responderle. Después se ha dirigido al presidente Wilson. La mayor parte de su ejército ha desertado, las etnias del imperio reclaman independencia y rechazan su ofrecimiento de formar un Estado federal. Mientras tanto, sus escasas y desanimadas tropas ceden terreno a los italianos.

Los búlgaros no están mejor. Acogotados por franceses y serbios, han tirado la toalla y se rinden. Y los turcos han perdido casi todo su imperio y se mantienen a duras penas.[228]

Es el fin.

El 29 de septiembre de 1918, cuando en los bosques alemanes apenas berrean los ciervos por miedo a los hambrientos furtivos que los acechan, Ludendorff se levanta agotado después de una noche de sueño inquieto.

Hace tiempo que el dictador de Alemania duerme mal. Después de un breve baño, desayuna y, a las siete en punto de la mañana, ojeroso pero pulcramente afeitado, el uniforme recién planchado, las botas bien lustradas, irrumpe en la sala donde sus asistentes le han preparado el informe diario con las novedades.

—El coche. Avisen al canciller imperial de que voy a verlo.

Ludendorff ha tomado una de sus súbitas y rectilíneas decisiones. La guerra está perdida. Alemania también está perdida,

228. Bulgaria capitularía el 30 de septiembre; Turquía, el 30 de octubre.

pero todavía queda por jugar la baza más importante (para él): salvaguardar el honor del ejército.

Se preguntará el lector: ¿está el país muriéndose de hambre, literalmente, y su máxima autoridad, su virtual dictador sólo piensa en el honor del ejército?

Así es. Ya queda dicho que Prusia, que empezó siendo un ejército para un país, ha terminado siendo un país para un ejército. Ahora el espíritu prusiano ha contagiado a toda Alemania. El país perece de inanición, pero a Ludendorff, típico militar prusiano (aunque le faltan el linaje y el *von*), sólo le preocupa el honor del ejército.[229]

Que no se diga que el ejército alemán se ha rendido.

Para que el honor del ejército quede a salvo, es preciso que sea el Parlamento el que solicite el armisticio, no los militares. Que los políticos carguen con la culpa del destrozo que hemos causado en Europa y, sobre todo, con el deshonor de la rendición.

Pero ¿cómo va a solicitar el armisticio un Parlamento que no pinta nada, si desde hace dos años todas las decisiones las toma Ludendorff?

Por ese lado no habrá problema. Reformemos la Constitución y concedamos poderes omnímodos al Parlamento. Como si esto fuera una democracia. ¿No reclamaban democracia los alborotadores de los partidos liberales que quieren equipararnos a la decadente Francia o a la innoble América? Pues toma democracia. Taza y media.

Ludendorff se entrevista con el canciller imperial, el anciano

229. Por esa desmedida afición a los uniformes, a las condecoraciones y a los tiros, hoy Prusia ha desaparecido del mapa europeo después de dos guerras perdidas (la primera guerra mundial y la segunda) que han repartido su territorio entre rusos y polacos. A ver si sirve de escarmiento. Por otro lado, no deja de ser aleccionador que fuera precisamente la militarista Prusia la que inició el llamado «Estado de bienestar». La escolarización obligatoria y las pensiones para la vejez inculcaban al ciudadano la idea de que se debía obediencia y disciplina al Estado paternal, que en su mejor edad lo alistaba en el ejército para defender esas conquistas sociales supuestamente amenazadas por las potencias enemigas.

conde Von Hertling, un cero a la izquierda, y le comunica que «es urgente una remodelación del gobierno o su desmantelamiento».

«El alto mando del ejército se había rendido a los pies del parlamentarismo», anotará en sus memorias el asistente (e hijo) de Von Hertling.

Por la tarde, Ludendorff visita a Von Hindenburg y le explica, dramatizándola, la situación militar. La línea que lleva su nombre está a punto de ceder. Quizá la catástrofe ocurra antes de que termine el día. Es preciso actuar con celeridad si queremos salvar los muebles.

El anciano Von Hindenburg hace tiempo que se muestra de acuerdo con todo lo que propone el enérgico Ludendorff. «El mariscal y yo nos separamos con un enérgico apretón de manos como si de hombres que se habían jurado amor eterno se tratase, como hombres que pretendían permanecer unidos en lo bueno y en lo malo ante lo que se avecinaba», escribirá Ludendorff en sus memorias.

Ahora falta comunicárselo al káiser. Guillermo recibe la propuesta con visible irritación (todavía creía que podían alcanzar una paz honorable), pero tampoco se opone a los designios del dictador.

¿Y los generales del Estado Mayor? Ninguno rechista. Somos militares. Obedecemos.

Llega el momento de templar gaitas. Ludendorff insta al ministro de Asuntos Exteriores a «iniciar inmediatamente negociaciones de paz». Aceptemos los Catorce Puntos del presidente Wilson: repliegue de tropas a las fronteras anteriores a la guerra y comienzo inmediato de conversaciones de paz. Una paz honorable, sin duda, ya que Alemania la alcanzará sin haber perdido un solo metro de su territorio; antes bien, después de considerables ganancias.

Ludendorff les ofrece el poder a los partidos de la mayoría parlamentaria. Los políticos se muestran encantados. Natural. Los que no pintaban nada van a ser, por fin, alguien. No obstante, atendiendo a la gravedad de la situación, componen semblantes serios: en el momento de mayor apuro de la Patria, aceptaremos disciplinadamente la responsabilidad de gobernar.

La depauperada población alemana se entera por los periódicos de que Alemania se ha convertido, de la noche a la mañana, en una democracia parlamentaria.

O sea: los que han orquestado la guerra, la clase privilegiada (la rancia aristocracia prusiana aliada a la reciente plutocracia industrial), han cedido el gobierno a los socialdemócratas para que carguen con la vergüenza y con la responsabilidad de rendir al país.

El 3 de octubre de 1918, el káiser nombra canciller al príncipe Maximilian von Baden, «uno de los pocos alemanes de alto rango capaces de pensar como un ser humano», según el embajador americano en Berlín, y le ordena que negocie un armisticio con el presidente Wilson (quiere ahorrarse la humillación de pedirlo a los franceses o a los británicos).

—¿Un armisticio? —se extraña Maximilian von Baden.

—Es lo que el alto mando ha decidido —le responde el káiser.

O sea, entendámonos: es el Parlamento el que solicitará el armisticio; no los militares, no Ludendorff y sus mariachis del Alto Estado Mayor. Arrogantes en la victoria, feroces en la guerra, cobardes en la derrota (características que parecen acompañar a la raza superior), dejan que el Parlamento burgués y obrero cargue con la responsabilidad de la rendición. Los militares salvan la cara acatando disciplinadamente la decisión de los políticos. De este modo podrán justificarse ante la historia. Que conste que cuando depusimos las armas estábamos ganando la guerra, puesto que ocupábamos suelo extranjero en todos los frentes.[230]

El nuevo canciller de Alemania escribe al presidente Wilson una carta llena de deseos de paz en la que acepta sus Catorce Puntos.

O sea: Germania tira la toalla.

230. De aquí nacerá, a toro pasado, el bulo de la «puñalada por la espalda», la *Dolchstosslegende* tan cara a la derecha conservadora, a los militares y al propio Hitler: Alemania no había perdido la guerra; simplemente fue traicionada por los políticos de izquierdas y por los judíos.

CAPÍTULO 70

Aparta de mí este cáliz

Wilson, el hombre moderado, el pacifista que sólo ha entrado en guerra forzado por los acontecimientos, recibe la propuesta de paz.

Entendámonos entre personas de buena voluntad, le dice el canciller de Alemania. Pero aquel Wilson que con cierta candidez enunció sus famosos Catorce Puntos no parece el mismo unos meses después, con la prensa soliviantada y los votantes indignados porque un submarino alemán les ha hundido un barco de pasajeros (el *Leinster*, el 12 de octubre de 1918), lo que reaviva el recuerdo del *Lusitania*.

El pueblo estadounidense es ahora partidario de dar su merecido a los crueles hunos que violaron Bélgica y torpedean indefensos buques de pasajeros. Aparte de que tienen a todo el país trabajando en la industria de la guerra para equipar al millón y pico de soldados americanos que han enviado a Europa.

Wilson se muestra inflexible. El tiempo de las buenas intenciones ha pasado, querido canciller: ahora estamos en el del garrote.

Antes de firmar nada, Wilson exige que Alemania deponga las armas y se convierta en un Estado constitucional.

El canciller de Alemania aprueba en pocos días profundas reformas constitucionales para democratizar Alemania.

Demasiado tarde. Estalla la revolución que se estaba gestando entre la población hambrienta y desfallecida.[231]

231. Todos los países implicados en la guerra padecieron estrecheces y desabastecimiento, pero ninguno como Alemania, donde quizá más de

Los desórdenes comienzan en las bases navales. El 3 de noviembre se sublevan los marinos de Kiel, recorren las calles de la ciudad cantando *La Internacional*, con banderas rojas, y se agrupan en sóviets.

La revolución se propaga rápidamente por las principales ciudades del país.

El fantasma de lo ocurrido en Rusia comienza a amargar los sueños de los que tienen algo que perder. La aristocracia, tan asustadiza, hace las maletas. Emigremos antes de que empiecen los desórdenes, los saqueos y los asesinatos.

La católica Baviera aprovecha el río revuelto para declararse república socialista independiente.

El inútil aliado, el Imperio austrohúngaro, se disuelve como un azucarillo en el agua: los checos se proclaman república independiente; los húngaros dan por clausurada su asociación con Austria; los eslovenos se agrupan en una nueva comunidad unida a bosnios y serbios: la futura Yugoslavia.

Revolucionarios en Berlín, 1918.

---

medio millón de personas pereció de enfermedades relacionadas con la malnutrición, cuando no de hambre.

CAPÍTULO 71

El vagón de Compiègne

El 7 de noviembre de 1918, una patrulla francesa que hace su ronda cerca de Haudroy percibe el sonido distante de un motor que parece proceder de las líneas alemanas. La niebla impide ver nada a un tiro de piedra.

Extremando las precauciones, la patrulla acecha, el dedo en el disparador. El motor se aproxima por la carretera. De pronto, distinguen un coche que enarbola una bandera blanca. En la portezuela luce el águila imperial alemana. Un coche oficial, de mucho porte.

Lo siguen otros cuatro automóviles, igualmente lujosos.

Los franceses les dan el alto. Los coches se detienen. El portavoz de la expedición se explica en mejor francés que el que hablan sus captores. Somos la delegación alemana enviada para discutir el armisticio y el alto el fuego.[232]

232. La Delegación Alemana de Plenipotenciarios está encabezada por Matthias Erzberger, un diputado del nuevo Parlamento alemán que representa al gobierno del canciller socialista Friedrich Ebert. Los otros miembros de la delegación son el conde Alfred von Oberndorff, por el Ministerio de Asuntos Exteriores; el general Detlev von Winterfeldt; el general Von Gruennel; y el capitán Ernst Vanselow. Por la parte aliada se designan como plenipotenciarios el mariscal Ferdinand Foch, el almirante Rosslyn Wemyss, los generales Weygand y Desticker, y algunos oficiales franceses y británicos.

Los atónitos *poilus* son los primeros en enterarse. Así que los aporreados *boches* deponen las armas.

Llamadas al mando. Consultas. Aprobación. Salvoconductos. Una escolta francesa conduce a los alemanes, en una especie de *tour* de diez horas por las regiones que han devastado. Finalmente, los depositan en un apeadero de ferrocarril en medio del bosque de Compiègne, cerca del pueblecito de Rethondes.

En la vía aguarda un único vehículo, un lujoso vagón-restaurante de los tiempos del emperador Napoleón III (al que memorablemente los alemanes derrotaron en Sedán). Lo han habilitado como sala de conferencias, con una espaciosa mesa central y sillones alrededor.

La delegación aliada se hace esperar un poco. La preside el mariscal Foch, que observa un momento a los *boches* sin esforzarse en disimular el desprecio.

—Pregúntele a estos caballeros qué desean —ordena perentorio al intérprete.

Erzberger, el jefe de la delegación alemana, un abogado y diplomático de cuarenta y tres años, expone:

—Creo que estamos aquí para discutir los términos del armisticio.

Foch se dirige nuevamente al intérprete:

—Haga saber a estos caballeros que no hay nada que discutir. Y léales el pliego de condiciones.

Las condiciones para el armisticio son draconianas: retirada inmediata de los territorios ocupados en Francia y Bélgica, y eso incluye las disputadas provincias de Alsacia y Lorena. Retirada de Austria-Hungría, Rumanía y Turquía.[233] Desmilitarización de una franja de treinta kilómetros a lo largo del Rin. Además, Alemania debe entregar diez acorazados, catorce cruceros, ciento sesenta submarinos y todo su armamento pesado, lo que incluye cinco mil cañones, veinticinco mil ametralladoras y dos mil aviones.

Los alemanes intercambian miradas de incredulidad. ¿Es po-

233. Con la renuncia expresa a los ventajosos tratados de Brest-Litovsk con Rusia y de Bucarest con Rumanía, firmados en marzo y mayo de 1918 respectivamente.

El vagón de Compiègne

Colección de postales francesas sobre el armisticio firmado en Compiègne.

A la izquierda, los alemanes rompen el muro del museo para extraer el histórico vagón y enviarlo a Compiègne.

Exultante de gozo, Hitler da un saltito en presencia de sus colaboradores en Compiègne.

sible que quieran someterlos a ese despojo? El intérprete continúa leyendo:

—También entregarán cinco mil locomotoras, ciento cincuenta mil vagones y cinco mil camiones.

El desmantelamiento de su sistema de transportes es lo último que necesitan los atribulados alemanes para colapsar.

Para terminar, Alemania se responsabilizará de la guerra y pagará los platos rotos.

—Tienen setenta y dos horas para tratarlo con su gobierno antes de que reanudemos las operaciones —advierte Foch.

—Señor mariscal —sugiere Erzberger—, detengamos las hostilidades ya. No tiene sentido que los hombres sigan muriendo en el frente estos tres días.

Foch se niega. Al enemigo, ni agua. No van a conceder cuartel ahora que van ganando. Tras la sucinta exposición de las condiciones, delega en sus subordinados la discusión de los detalles y abandona el vagón.

Erzberger intenta suavizar los términos del armisticio, pero topa con la determinación berroqueña de sus interlocutores. Sólo le admiten pequeños retoques en cláusulas materialmente imposibles de aplicar o que con razón deben retocarse, como la de entregar todas las ametralladoras: dada la inquietud de las masas obreras, conviene que el gobierno alemán conserve algunas por si hay que abortar algún intento revolucionario.

A la delegación alemana se le asigna un alojamiento decente, pero no lujoso. La comida tampoco es para tirar cohetes. Y nada de champán. Vino peleón a lo sumo. Bastante champán bebieron cuando entraron a saco en las bodegas de Épernay.

Los delegados telegrafían a Berlín las condiciones aliadas. ¿Qué hacemos?

La prensa parisina trae en primera página la noticia de la abdicación del káiser. Al parecer, ha abandonado Alemania, como tantos aristócratas y potentados que huyen de la revolución, y ha buscado refugio en Holanda.[234] Incluso el canciller Maxi-

234. Primero intentó retener, por lo menos, el reino de Prusia; pero cuando le hicieron ver que ni eso era posible y que su vida corría peligro

milian von Baden dimite y entrega los trastos al líder del partido socialdemócrata.

Así que el imperio que anhelaba extender su dominio por Europa y parte de Asia se va a transformar, al final, en una prosaica república, y además socialdemócrata. No cabe mayor humillación para el orgullo prusiano.

Desde las ventanas del vagón, los compromisarios ven al mariscal Foch paseando apaciblemente por los senderos del bosque, con las manos a la espalda, seguido por dos viejos *poilus* de escolta.

Se recibe el telegrama de Berlín: firmen inmediatamente lo que les pongan por delante; no nos queda otra.

El día 11 de noviembre, a las cinco de la madrugada, todavía de noche, con el viento ululando entre los árboles, las delegaciones se reúnen para la firma. Un comandante abre las carpetas de cuero que contienen los documentos. En la mesa se han dispuesto plumas, tinteros y secantes.

—Deseamos que conste nuestra más firme protesta por esos términos abusivos... —comienza a decir Erzberger.

—¿Quiénes son ustedes para hablar de abuso después de la destrucción que han causado invadiendo países y conculcando todas las normas del derecho internacional?

Vae victis.[235]

Firman. En el claro de Compiègne, los franceses pondrán una lápida que dice: ICI LE 11 NOVEMBRE 1918 SUCCOMBA LE

---

si la revolución continuaba, recordó lo ocurrido al primo Nicky y optó por poner pies en polvorosa. Con un par.

235. *Vae victis* («¡Ay de los vencidos!») se usa para denotar que el vencido queda a merced del vencedor. Es lo que dijo el caudillo galo Breno que derrotó a los romanos en 387 a. C. Estaban pesando el rescate acordado para que el bárbaro evacuara Roma (unos trescientos kilos de oro) cuando los romanos protestaron que la balanza estaba amañada. Entonces Breno añadió al peso su espada al tiempo que decía: «*Vae Victis*». Pues eso les ocurrió a los alemanes: que los esquilmaron y los dejaron indefensos. Se les prohibió disponer de aviación militar, tuvieron que entregar la flota (antes la hundieron) y se limitó a cien mil el número de miembros de las fuerzas armadas.

CRIMINEL ORGUEIL DE L'EMPIRE ALLEMAND VAINCU PAR LES PEUPLES LIBRES QU'IL PRETENDAIT ASSERVIR. («Aquí, el 11 de noviembre de 1918, sucumbió el orgullo criminal del Imperio alemán, vencido por los pueblos libres que pretendía domeñar.»)

Se ha acordado que el armisticio entre en vigor oficialmente a las once de la mañana.[236] Seis horas de plazo para que cada una de las dos partes pueda ordenar el alto el fuego a las unidades en el frente.

Esas seis horas son fatales para muchos soldados que se creían ya a salvo. De hecho, en esas horas se producirán unas once mil bajas, comparativamente más que en cualquier otro periodo de seis horas a lo largo del último año de la contienda. Es porque algunos generales, alarmados porque se rumorea que después de esta cruenta guerra ya no habrá otra, quieren redondear su hoja de servicios con vistas a futuros ascensos. Otros mandos más sensatos piensan que es mejor ahorrar sangre y ordenan a sus tropas mantenerse tranquilas y alerta. De todo hay.

El general americano Wright debe de ser de los que buscan ascensos fáciles, porque decide tomar el pueblo vecino, Stenay, en poder de los alemanes. Su inútil hazaña se salda con trescientas bajas.

El soldado George Edwin Ellison, un veterano de cuarenta años, bien puede decir que es un tipo con suerte. Ha participado en casi todos los fregados del frente occidental: Mons, Ypres, Armentières, La Basée, Lens, Loos y Cambray. El último día de la guerra, su patrulla intercambia disparos con otra patrulla alemana a las afueras de Mons, en Bélgica. Ellison recibe un balazo en la cabeza y muere en el acto.

Augustin Trébuchon, francés, pastor y agricultor, de cuarenta años, un hombre sencillo y alegre que toca el acordeón en las bodas de su pueblo y que ha sobrevivido a las carnicerías del Marne, Verdún, Artois y el Somme con sólo dos heridas leves, también cree que escapará de la guerra sin mayor daño. Como enlace del mando, le encomiendan que lleve un mensaje a la

236. Por una curiosa coincidencia, será a las once, del día once, del mes once.

163.ª división de infantería situada en Vrigne-Meuse, en las Ardenas. Una bala lo alcanza en el costado cerca de las vías del ferrocarril. Su cadáver sostiene en la mano la nota del mando: «Concentración a las 11.30 para reaprovisionamiento».

El canadiense George Lawrence Price, destinado en Ville-sur-Haine, cerca de Mons, registra con sus camaradas de patrulla el pueblecito de Havré que los alemanes acaban de desocupar. Un compañero le aconseja que no se exponga, pero él sale al encuentro de unos niños que le ofrecen flores. En ese momento, a las 10.58, o sea, dos minutos antes del alto el fuego, recibe el balazo de un francotirador oculto en una arboleda vecina. Minuciosidad germana.

Quizá tampoco sea el último muerto de la guerra. En otro sector del frente, el soldado Henry Nicholas John Gunther, de veintitrés años, contable de profesión, hijo de alemanes emigrados a Estados Unidos, avanza hacia Metz con su compañía. En las inmediaciones del pueblecito de Chaumont-devant-Damvillers, los servidores de un nido de ametralladoras alemán disparan un par de ráfagas al aire para alertar de su presencia a la tropa aliada. Los aliados se ponen a cubierto: mensaje recibido.

Todo el mundo sabe que la guerra está a punto de acabar. En el frente no se escucha un disparo. Los que tienen reloj están pendientes del curso de la aguja, contando los segundos.

El sargento que manda el pelotón ha ordenado que nadie se mueva, pero al soldado Gunther se le cruzan los cables y carga a la bayoneta contra la posición enemiga. A cuerpo gentil. Los alemanes, que también esperan el inminente final de las hostilidades, ven abalanzarse sobre ellos a aquel loco y le gritan que se detenga. No atiende. Dispara. Cuando ya casi lo tienen encima, le devuelven el fuego. La de Henry Nicholas John Gunther, además de ser la última muerte de la guerra, es, quizá, la más absurda.

¡Las once! La guerra ha terminado. Un clamor se eleva de las trincheras. Gorros al aire. Abrazos. Lágrimas que dejan regueros claros al deslizarse por rostros negros de mugre e intemperie. Sobreviviré. Podré contarles a mis nietos cómo fue esto.

Los camiones de la munición acarrean vino y raciones suplementarias. Los cocineros se acercan hasta los puestos de avanzada con el rancho caliente.

El piloto Edward V. Rickenbacker sobrevuela las trincheras una hora después del armisticio:

> Las trincheras entraron en erupción. Soldados uniformados de caqui salían de las norteamericanas y soldados uniformados de gris salían de las alemanas, lanzaban los cascos al aire, tiraban las armas, agitaban los brazos. A lo largo de todo el frente, los dos grupos cruzaron la tierra de nadie, los uniformes caquis mezclados con los grises, y se abrazaban bailando y saltando.[237]

Los periódicos de todo el mundo traen la noticia en primera página, con gruesos caracteres: la guerra ha terminado.

«Las ciudades estallaban en júbilo —recuerda Stefan Zweig— [...] los soldados enemigos se abrazaban y besaban [...] el infierno había quedado atrás.»[238]

En la tertulia de la barbería El Siglo reina la alegría. Los aliadófilos procuran no hacer sangre con comentarios afilados y se abrazan con los resignados germanófilos. Uno comenta que a lo largo de la guerra los aliados han aprendido de los aciertos alemanes, pero que los alemanes no han sido capaces de aprender de sus propios errores. Nadie lo contradice. Parece que la guerra, de pronto, ha perdido interés. Ya iban estando un poco cansados de ella.

—Bueno, caballeros —dice Pepe, el barbero—, por fin vamos a comernos el jamón de El Gorrión.

—Yo pondré el vino —ofrece Cifuentes.

—Y yo las rosquillas y el queso añejo —interviene Tuñón Mendieta.

Esa noche, después del trabajo, la peña celebra el fin de la

237. Eddie Rickenbacker, *Luchando contra el circo volante,* citado por David Lewis en *Eddie Rickenbacker: an American hero in the twentieth century,* The Johns Hopkins University Press, 2005. Rickenbacker sólo intervino en los últimos siete meses de la guerra, pero derribó veintidós aviones y cuatro globos de observación.

238. Zweig, 2002, p. 193.

guerra en la taberna El Gorrión. Nuestro gozo en un pozo: el jamón que aplazamos para celebrar el fin de la contienda está tan duro que el cuchillo no penetra en él. Se ha momificado.

—Claro, es que cuatro años son cuatro años —se excusa Ramiro, el mesonero—. Yo lo aparté pensando en que nos lo comeríamos en la Navidad de 1914. Ahora, como no sirva para caldo...

—¡Qué caldo, ni pollas: lo indultamos!

—Eso, eso.

Lo indultan. Hoy, cien años después, el jamón momificado se venera en una vitrina de la taberna, también centenaria, de El Gorrión, a la sombra de la catedral de Jaén.

En Inglaterra no conocen el jamón serrano, pero de todos modos celebran a su manera la victoria y el final de la guerra: luminarias, jolgorio en las calles, borracheras, canciones patrióticas en los pubs...

Britania, una vez más, vencedora.

El presidente Wilson pronuncia unas palabras históricas: «Les prometo que ésta va a ser la última guerra, la guerra que acabará con todas las guerras».

Aunque político, Wilson cree sinceramente en sus palabras, pero esta vez yerra. Veinte años después, en cuanto Alemania se reponga, provocará otra guerra más sangrienta aún.[239]

«Con la guerra aumentan las propiedades de los hacendados, aumenta la miseria de los miserables, aumentan los discursos del general, y crece el silencio de los hombres», escribe Bertolt Brecht.

239. La primera guerra mundial costó unos diecinueve millones de muertos (ocho millones de militares y el resto de civiles); la segunda costaría entre cincuenta y cinco y sesenta y cinco millones de muertos. Las cifras oscilan según diferentes cómputos, pero demuestran que la segunda fue más sangrienta que la primera.

CAPÍTULO 72

El Tratado de Versalles o la venganza en caliente

28 de junio de 1919; casualmente, quinto aniversario del asesinato de Sarajevo que lo empezó todo.

Los representantes de los aliados se reúnen en el salón de los espejos del palacio de Versalles, París, para ajustarle las cuentas a Alemania. Tras seis meses de negociaciones sobre el futuro de los alemanes y del mundo, van a firmar un tratado de paz. El anfitrión francés ha cuidado los detalles. En presencia de cinco veteranos espantosamente mutilados que recuerdan los horrores de la guerra, los compromisarios aprueban la creación de una Sociedad de Naciones que velará por la resolución pacífica de los conflictos internacionales.

A Alemania le toca restituir como culpable de haber provocado la guerra. La desarman y, además de despojarla de las colonias y de parte del territorio nacional,[240] le imponen el pago de una enorme indemnización.[241] No es sólo un acto de estricta justicia.

240. Cedió a Francia las disputadas provincias de Alsacia y Lorena (que en 1905 sumaban 14.522 km² y 1.815.000 habitantes), así como otros territorios a Bélgica, a Dinamarca y a Polonia (que obtuvo 53.800 km²: la mayor parte de la provincia de Posen y Prusia Occidental, parte de Silesia, con 4.224.000 habitantes en 1931, así como la tutela de las ciudades bálticas de Dánzig y Memel. Además, los aliados se repartieron el imperio colonial alemán: Togo, Camerún, Namibia, Tanganica, Nueva Guinea Alemana y algunas islas de la Polinesia.

241. Cedió a Francia la explotación de la cuenca minera del Sarre, pulmón de su industria, y se comprometió al pago de ciento treinta y dos

De este modo las potencias industriales de Occidente se aseguran de que Alemania no volverá a levantar cabeza para disputarles los mercados internacionales. Craso error.

Mal conocen a los alemanes. En pocos años se recuperarán económica y militarmente y estarán listos para la revancha. El abusivo y humillante Tratado de Versalles deja el camino abierto para la segunda guerra mundial.[242]

El diplomático Jules Cambon afirma apesadumbrado: «Todo el mundo cree que el conflicto ha concluido; pero yo me pregunto qué es lo que comienza».

La Gran Guerra ha descompuesto el mapa político mundial: se han liquidado los cuatro imperios derrotados (alemán, ruso, austrohúngaro y otomano); en las tierras del austrohúngaro y en las del otomano surgen distintos Estados;[243] el ale-

---

mil millones de marcos-oro alemanes en acuciantes plazos anuales, lo que provocó tal inflación que, en 1923, una libra de pan costaba tres mil millones de marcos, una libra de carne treinta y seis mil millones y una cerveza cuatro mil millones. Resultado: los especuladores se pusieron las botas y la arruinada clase media se desengañó del Estado liberal y democrático y se arrojó en brazos de Hitler. Luego pasó lo que pasó.

242. Abusivo y humillante, pero no más del que los alemanes hubieran impuesto a los aliados de haberlos vencido. Lo demuestra el Tratado de Brest-Litovsk que le impusieron a los rusos el 3 de marzo de 1918. Rusia tuvo que ceder Finlandia y extensos territorios en el Báltico y en Polonia, lo que ampliaba considerablemente el Imperio alemán por el este. A ello habría que sumar una millonada de compensaciones económicas que los rusos no tuvieron más remedio que aceptar. El mismo trato dispensó Alemania a la derrotada Rumanía, que, por el Tratado de Bucarest, en mayo de 1918, tuvo que entregar a Alemania su riqueza nacional, el trigo y el petróleo. El Tratado de Versalles concernía solamente a Alemania. Los otros países perdedores tuvieron sus propios tratados: el de Saint-Germain-en-Laye, con Austria; el de Neuilly, con Bulgaria; el de Trianon, con Hungría; y el de Sèvres, con Turquía.

243. El Imperio austrohúngaro quedó definitivamente dividido en varios países independientes: Austria, Hungría y Checoslovaquia, y cedió parte de sus posesiones a Rumanía, Italia, Polonia y la futura Yugos-

mán y el ruso pierden extensos territorios en los que también nacen Estados nuevos.[244] A la postre, la guerra ha resultado desastrosa para Europa, incluso para los vencedores. En realidad, los únicos beneficiados por el conflicto están fuera de ella: Estados Unidos y Japón, que ganan la consideración de superpotencias.

El político catalán Francesc Cambó, que había vislumbrado la posibilidad de obtener la independencia de Cataluña al amparo de los Catorce Puntos de Wilson (por eso meses antes había dimitido como ministro de Fomento de España, dispuesto a ser «el Bolívar de Cataluña»), se persona en Versalles para entrevistarse con el americano, pero se encuentra con que el presidente del gobierno español, Romanones, se le ha adelantado y ya ha obtenido seguridades de Wilson de que eso de la independencia de los pueblos sólo afecta a los del bando perdedor en la guerra. Cambó regresa a Barcelona con las manos vacías. Dos años más tarde volverá a ser ministro del gobierno español, esta vez en la cartera de Hacienda.

Otra consecuencia de la guerra, de tipo social esta vez, es la liberación de la mujer occidental. Durante la conflagración sustituyó a los hombres en fábricas, oficinas, escuelas y servicios para

---

lavia. El otrora orondo Imperio otomano quedó reducido a Turquía y poco más (perdió Siria, Líbano, Irak y la península Arábiga, que se desmembró en Estados independientes regidos por jeques y señores de la guerra).

244. Una delegación catalana enviada a París intentó inútilmente que los estadistas reunidos en Versalles respaldaran la independencia de Cataluña. Otra islandesa, con la misma pretensión independentista, fracasó igualmente. Sin embargo, de las cenizas del viejo y multiétnico Imperio austrohúngaro sí surgieron nuevas naciones: Hungría, Austria, Polonia, Checoslovaquia y el Reino de los Serbios, Croatas y Eslovenos (bautizado en 1929 como Yugoslavia); así como Finlandia, Estonia, Letonia y Lituania, independizadas del antiguo Imperio ruso.

que el país siguiera funcionando. Al término de la guerra, muchas mujeres que han aprendido a ganarse la vida por sí mismas, sin depender de un hombre, se resisten a regresar al hogar: han gustado de la libertad y de la independencia y aspiran a regir sus vidas. El movimiento feminista consigue para la mujer el derecho a votar en Gran Bretaña, Alemania, Estados Unidos, Turquía y Rusia.[245]

Donde antes tronaron los cañones y tabletearon las ametralladoras, reina ahora el silencio. En estas tierras yermas tan sólo visitadas por chatarreros que recogen hierro viejo y por sepultureros que reúnen los restos humanos en gigantescos osarios, en estos campos que tardarán decenios en volver a cultivarse porque están sembrados de proyectiles sin estallar y de metralla oxidada, crecen las amapolas con sorprendente vigor y abundancia.

La humilde y frágil amapola, la flor ensangrentada que será en adelante el símbolo de la juventud europea sacrificada en aquellos parajes.

En los campos de Flandes las amapolas palpitan
entre las hileras de cruces, una tras otra,
que marcan el lugar donde yacemos; y en el cielo
vuelan las alondras y lanzan su trino
apenas audible entre el fragor de los cañones.

Somos los muertos. Hasta hace pocos días
vivimos, amamos los amaneceres y los rojos crepúsculos,
amamos y fuimos amados y ahora yacemos
en los campos de Flandes.

245. Ha pasado un siglo y la igualdad salarial y de oportunidades están todavía por lograr, pero parece que la mujer occidental va camino de conseguirlo.

Ahí tienes nuestro puesto en la batalla:
desde nuestras inertes manos te lanzamos
la antorcha; tuya es, mantenla en alto.
Si traicionas la fe de los muertos
nunca descansaremos, aunque crezcan las amapolas
en los campos de Flandes.[246]

Pérdidas alemanas tras el Tratado de Versalles.

246. John McCrae, «En los campos de Flandes», 1915.

N°201

PER LA LLIBERTAT - PER CATALUNYA

CATALUNYA HONORA ALS FILLS SEUS QUE LLUITEN PER LA LLIBERTAT DELS POBLES

En nom de Catalunya recomanem a l'admiració i amor de tots els catalans
Al Sr. En Rafél Zamorano: fill de Barcelona
posseidor de la medalla commemorativa de la Guerra del 1914-1918, per haver lluitat generosament per la França, per Bèlgica, Sèrbia i Polònia.
Grau Sargent (Mº 24.828) Motiu Catalá d'un valor excepcional, ha pres part en totas las batallas del 1r Rg. M.L.E: 7 citacions.
Paris i Barcelona 1 Nov. 1919

EL COMITÉ DE GERMANOR AMB ELS VOLUNTARIS CATALANS

Prunay - Arras
Côte 140 - Verdun
Champagne 1916-17-18
Flandres - Somme
Lorraine - Soissons
Belloy - en - Santerre
Montagnes de Paris
Plateau de Laffoux
Dardanelles - Serbie
Bulgarie

Creu de Guerra
Medalla Militar
Legió d'Honor
Fourragère de la Creu de Guerra
De la Medalla Militar
De la Legió d'Honor
Fourragère doble
Medalla d'Itàlia
Medalla de Sèrbia
Medalla del Marroc

Diploma para los voluntarios catalanes.

Dramatis personae

Gavrilo Princip, el terrorista bosnio que asesinó al archiduque, se salvó de la pena de muerte porque no había cumplido la edad penal. Condenado a veinte años de prisión, murió de tuberculosis en el castillo de Terezín (hoy República Checa) el 28 de abril de 1918 con la íntima satisfacción de haber puesto el mundo bocabajo.

Leopold Lojka, el chófer que conducía el automóvil del archiduque durante el atentado, recibió cuatrocientas mil coronas del emperador Carlos I (el sucesor de Francisco José) y las invirtió en comprarse una posada en Brno (República Checa). A los clientes les enseñaba las vendas ensangrentadas del archiduque y un trozo de la pulsera de Sofía.

Paul Emil von Lettow-Vorbeck, el invicto general que defendió el África Oriental Alemana, regresó a Berlín y militó en el conservador Partido Nacional del Pueblo de Alemania (DNVP) durante la República de Weimar. Los nazis intentaron atraérselo, pero él rechazó pertenecer al partido. Después de la segunda guerra mundial quedó arruinado y en una situación penosa, pero los británicos, sus antiguos enemigos, le concedieron una modesta pensión con la que se mantuvo hasta su muerte, en 1964.

El káiser Guillermo II abdicó como emperador de Alemania y rey de Prusia el 9 de noviembre de 1918. Al día siguiente se exilió en Holanda bajo la protección de la reina Guillermina, que rehusó extraditarlo cuando los vencedores lo reclamaron para juzgarlo «por haber cometido una ofensa suprema en contra de la moralidad internacional y la santidad de los tratados».

El káiser vivió el resto de sus días en un chalet de Doorn. Vestido de paisano y despojado de uniformes y condecoraciones, podía fácilmente pasar por un pacífico rentista, transformación a la que coadyuvó el abandono de las bigoteras y el engomado que en sus tiempos de emperador le mantenían erectas las guías de su famoso mostacho.

El individuo felicitó a Hitler por la conquista de París en 1940, pero, cuando los alemanes invadieron Holanda, su país de acogida, no mostró el mismo entusiasmo. Falleció el 4 de junio de 1941 en su residencia de Doorn, donde recibió sepultura. Los monárquicos alemanes peregrinan a su tumba.

Paul von Hindenburg dimitió de todos sus cargos en 1919 y dedicó el resto de sus menguantes energías a propalar el bulo de que el ejército alemán no había perdido la guerra, sino que fueron los revolucionarios de noviembre los que asestaron a Alemania la «puñalada por la espalda» (*Dolchstosslegende*). Presidente de la República en 1925 (previo permiso del exiliado Guillermo II), fue reelegido en 1932. Un año más tarde nombró canciller a Hitler, al que había votado mayoritariamente el pueblo alemán. Después, presionado por los nazis y aquejado de demencia senil, decretó la suspensión de los derechos fundamentales y apoyó la ley que concentraba los poderes del Estado en el Führer (la Ley habilitante o *Ermächtigungsgesetz*), lo que sustituyó la República de Weimar por la dictadura de Hitler. La muerte lo retiró piadosamente de la vida política en 1934, cuando ya confundía a Hitler con su adorado káiser (en alguna ocasión lo llamó *majestad*).

Después de devolver el poder al Reichstag para que cargara con la responsabilidad de la rendición, Erich Ludendorff se exilió a Suecia, donde se dedicó a divulgar el bulo de la puñalada por la espalda.

Aquietadas las aguas de la revolución, regresó a Alemania, donde simpatizó con el emergente partido nazi. Finalmente ingresó en la Bund für Gotteserkenntnis («Sociedad para el Conocimiento de Dios»), una hermandad esotérica consagrada a la creación de una religión específicamente alemana, libre de las excrecencias judaicas del cristianismo. Falleció, muy oportunamente, en 1937, lo que le ahorró los pesares de una nueva derrota.

Philippe Pétain, el vencedor de Verdún y mariscal de Francia, ocupó importantes puestos (ministro de la Guerra en 1934, embajador en España en 1939), pero, cuando se avino a colaborar con Hitler tras el descalabro de Francia en 1940, aceptando la jefatura del gobierno títere y colaboracionista de Vichy, su popularidad decayó rápidamente. Al término de la segunda guerra mundial fue condenado a muerte por alta traición, pero le conmutaron la pena por otra de cadena perpetua que cumplió sucesivamente en los fuertes del Portalet, en los Pirineos, y la Ciudadela, en la isla de Yeu, en la costa atlántica francesa. Aquejado de demencia senil, le permitieron que viviera con su esposa en una casa particular de la isla, donde falleció en 1951. Amigo de Franco, supervisó la devolución de los lienzos del Museo del Prado depositados en Francia durante la guerra civil, y permitió la repatriación de la Dama de Elche, que estaba en el Louvre.

El cuerpo de Mata Hari se entregó a los estudiantes de medicina para las prácticas de disección, como era norma con los restos de las personas ajusticiadas. La cabeza embalsamada se conservó en el Museo del Crimen de París hasta que desapareció misteriosamente en 1958. Algún necrófilo la tendrá en su gabinete.

El submarino que hundió al *Lusitania*, el *U-20*, no sobrevivió a su víctima mucho tiempo. El 4 de noviembre de 1916, el comandante Schwieger lo embarrancó y lo voló en una playa danesa después de que una explosión fortuita a bordo le produjera graves averías. Schwieger recibió un nuevo submarino, el *U-88*, con el que continuó su prometedora carrera hasta que, en 1917, cometió el error de emerger para hundir a cañonazos al *RMS Stonecrop*, un inofensivo mercante que resultó ser un buque trampa británico (o *buque Q*). Schwieger maniobró hábilmente para escapar del inglés y consiguió sumergirse de nuevo, con tan mala fortuna que chocó contra una mina que el propio *RMS Stonecrop* había desovado poco antes. Destrozado por la explosión, el *U-88* se fue al fondo con todos sus hombres.

Schwieger estaba en posesión de la Blauer Max.

El zepelín africano, el *LZ-59*, nunca regresó a Alemania. Desde su base en Bulgaria realizó diversas misiones de apoyo a los turcos y el 7 de abril 1918 estalló misteriosamente sobre el Mediterráneo cuando se dirigía a bombardear la base británica de Malta. El accidente fue observado desde un submarino que navegaba en la superficie, el *U-53*, cuyo comandante informó: «Vi pasar al zepelín muy bajo, a unos trescientos metros de altura, y unos minutos después se produjeron dos explosiones, una llamarada envolvió al aparato y se precipitó en el mar». No hubo supervivientes.

El crucero ruso *Aurora* fue condecorado en 1927 con la Orden de la Bandera Roja por méritos revolucionarios (aquel disparo de salvas sobre el palacio de invierno que puso en fuga a Kérenski y su camarilla). Hundido en el puerto de Lomonosov por los bombardeos alemanes en 1941, fue reflotado en 1945 y anclado en el río Neva en San Petersburgo como monumento de la revolución. Está también en posesión de la Orden de la Revolución de Octubre.

El jamón que los tertulianos de la barbería El Siglo indultaron después de la guerra existe todavía, ya pura momia, y se venera en una vitrina de la taberna El Gorrión, a la sombra de la catedral de Jaén. Es aconsejable redondear la visita con la tapa tradicional de la casa, queso añejo y rosquillas.

El vagón 2419-D llevado al bosque de Compiègne para la firma del armisticio era una reliquia venerable, construida en 1867, en tiempos de Napoleón III, y habilitada como despacho militar con una mesa de 2,5 por 1,5 metros. Después del armisticio, lo trasladaron al patio de los Inválidos de París, como una pieza más del Museo del Ejército allí instalado. En 1929 lo recogieron en un Museo del Armisticio construido ex profeso para albergarlo.

En 1940, Hitler exigió que la rendición de Francia se firmara en el mismo vagón y en el mismo lugar. Hubo que romper un muro del museo para sacar el vagón y trasladarlo a Compiègne.

Para la firma de la rendición de Francia, Hitler exigió una cuidadosa escenografía que plasmara ante las cámaras de los noticieros el desquite alemán por la humillación de 1918. En el histórico vagón, tomó asiento en la silla que había ocupado el mariscal Foch y, después de asistir a la lectura del preámbulo de las condiciones del armisticio, abandonó el vagón desdeñosamente sin siquiera mirar a los delegados franceses, imitando el gesto de Foch veintidós años atrás.

El vagón se llevó a Berlín para exhibirlo como trofeo, junto con algunos trozos de la lápida que conmemoraba el armisticio de 1918. En 1945, ante la inminencia de una nueva derrota de Alemania, Hitler dispuso la destrucción del vagón: lo volaron, quemaron los restos combustibles y enterraron el resto.

Los franceses podían haber desenterrado el amasijo de hierros y haber escenificado sobre esa chatarra la nueva humillación alemana, pero prefirieron encargar una réplica exacta a la compañía que lo había fabricado. La compañía usó un chasis de la misma época y empleó los planos originales del mítico 2419-D; actualmente, la reproducción se encuentra en el lugar donde se firmaron los armisticios de 1918 y 1940. Si alguna vez hay que firmar un tercero, no lo quiera Dios, ya tenemos el vagón en su puesto.

Alemania, derrotada en las dos guerras devastadoras que han postrado Europa, terminó de pagar sus reparaciones de guerra, intereses de demora incluidos, el 3 de octubre de 2010.

Hoy todos nos llevamos bien y las querellas del pasado están olvidadas. Las mejores guerras, como dijo el sabio, son las que no se riñen.

Hoy, debido a esas complejidades de la economía moderna, y a que los tiempos adelantan que es una barbaridad, no es necesario conquistar la tierra del vecino.

Basta con conquistar el euro. Así está ganando Alemania, sin pegar un tiro, la tercera guerra mundial.

Mejor así, sin sangre.

—*Einfältig, nicht mehr als einfältig* (o sea: «Pardillos, que sois unos pardillos»).

Ganancias de la guerra.

APÉNDICE

Los supercañones de París

Dijimos en su lugar que los alemanes se aseguraron de destruir los tres supercañones de París, así como sus planos y maquetas, para evitar que cayeran en manos de los aliados.

Al parecer, el proyecto de un supercañón de más de cien kilómetros de alcance data del otoño de 1914, cuando el Alto Estado Mayor alemán confiaba en que sus tropas conquistarían Calais, el punto del canal de la Mancha más cercano a la costa inglesa (a treinta y cinco kilómetros). Desde allí pretendían bombardear una amplia zona del sur de Inglaterra que incluía los muelles del Támesis, en el puerto de Londres, así como otros puertos de las costas inglesa y francesa desde los que se embarcaban o desembarcaban tropas y vituallas con destino al frente.

Los ingenieros de la empresa Krupp, dirigidos por el director técnico Otto von Eberhard y por el doctor Rausenberger (el creador de los morteros de 420 mm que destruyeron los fuertes de Lieja), partieron del cañón naval más potente del arsenal alemán, el Lange Max SK-L/45 de 381 mm, cuyo tubo medía diecisiete metros. Para alargar este tubo, alisaron por dentro los nueve cañones de 350 mm destinados al crucero pesado *Ersatz Freya*, cuya construcción se había suspendido. En total se consiguió un cañón de 210 mm y 36 metros de longitud, que pesaba 125 toneladas. Como un tubo de esas características tendía a curvarse ligeramente por su propio peso, lo reforzaron con tirantas de acero para que se mantuviera recto.

Las dificultades técnicas del proyecto eran peliagudas. El cañón requería para su montaje una plataforma discoidal instalada sobre rodamientos que le aseguraba un giro de 360 grados. Esta plataforma se dividía en seis secciones para su transporte ferroviario. En cada emplazamiento se ensamblaba sobre un podio de hormigón armado que servía de base a las setecientas cincuenta toneladas del conjunto. A pesar de tan firme cimiento, la pieza vibraba durante varios minutos después de cada disparo. Había que esperar a que se aquietara antes de dispararla de nuevo.

El cañón disparaba con una inclinación de 55 grados, de manera que el proyectil, de ciento veinte kilos de peso, alcanzara los 42 kilómetros de altitud, una zona donde el aire escasea, lo que aumentaba su alcance. Para lograr esa altura, el proyectil necesitaba una potente carga impulsora, alojada en una recámara de cinco metros de largo. El problema era que una carga tan potente desgastaba el tubo, lo que acarreaba una progresiva pérdida de precisión y potencia. Los ingenieros idearon la manera de suplir ese desgaste. Para compensar el progresivo ensanchamiento del tubo, cada proyectil debía ser de un calibre ligeramente superior al del que lo precedía. La variación se lograba acoplando al proyectil camisas metálicas cada vez mayores. En consecuencia, los proyectiles se numeraban del 1 al 65 y se disparaban en riguroso orden. El calibre 210 mm del primer disparo aumentaba hasta los 235 mm del sexagésimo quinto. La cantidad de pólvora necesaria para impulsar cada proyectil variaba proporcionalmente desde los ciento ochenta kilos del primero hasta los doscientos kilos del último de la secuencia. Después de esos 65 disparos preceptivos, había que cambiar el tubo (fabricaron hasta siete); y el usado, ya dado de sí, se enviaba a las fábricas Krupp de Essen para su recalibración a 210 mm.

Casi todo lo que sabemos del supercañón procede de las entrevistas que el coronel Henry W. Miller realizó en 1930 a trabajadores y técnicos de la Krupp involucrados en el proyecto.

El supercañón que bombardeó París

Granadas numeradas.

El cañón en su montaje definitivo.

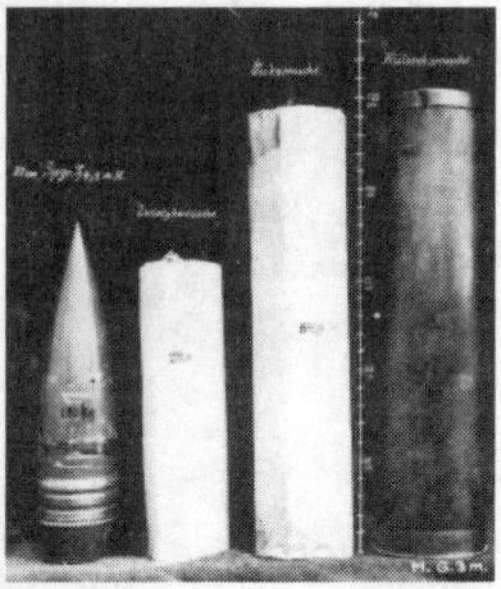

Las distintas cargas del cañón.

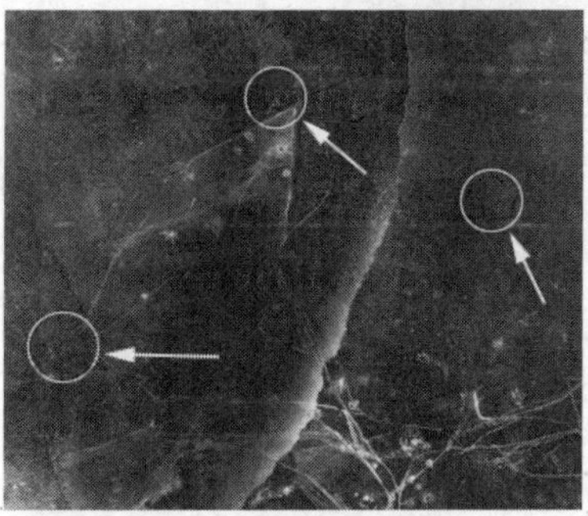

Los emplazamientos de los tres cañones en una fotografía tomada por la aviación aliada.

El cañón en el campo de pruebas.

Europa después de la guerra.

Cronología

1914

28 de junio: el estudiante serbio Gavrilo Princip asesina en Sarajevo al heredero del Imperio austrohúngaro y a la esposa de éste.
23 de julio: ultimátum del Imperio austrohúngaro a Serbia.
28 de julio: el Imperio austrohúngaro le declara la guerra a Serbia.
30 de julio: Rusia moviliza sus tropas para acudir en apoyo de Serbia.
1 de agosto: Alemania, aliada del Imperio austrohúngaro, declara la guerra a Rusia.
2 de agosto: Francia, aliada de Rusia, moviliza sus tropas.
3 de agosto: Alemania declara la guerra a Francia.
4 de agosto: Alemania invade Bélgica como paso previo para atacar a Francia. Gran Bretaña, aliada de Francia, declara la guerra a Alemania. El Imperio austrohúngaro le declara la guerra a Rusia.
6 de agosto: Serbia le declara la guerra a Alemania.
11 de agosto: Gran Bretaña y Francia le declaran la guerra al Imperio austrohúngaro.
21 de agosto: Japón declara la guerra a Alemania.
26 al 30 de agosto: los alemanes derrotan al ejército ruso en Tannenberg.
5 al 13 de septiembre: primera batalla del Marne. Los franceses

contienen a los victoriosos alemanes que intentaban conquistar París.
8 al 12 de septiembre: los rusos derrotan a los austrohúngaros e invaden su territorio.
17 de octubre: ingleses y alemanes luchan en Ypres (Flandes).
Noviembre: los ejércitos del frente occidental fijan posiciones. Comienza la guerra de trincheras.
24 de diciembre: tregua de Navidad. Soldados alemanes y británicos confraternizan en la tierra de nadie que se extiende entre sus respectivas líneas.

1915

Febrero: Inglaterra, dueña del mar, bloquea el comercio marítimo del enemigo. Alemania recurre a la guerra submarina.
22 de abril: los alemanes lanzan gas (cloro) contra las líneas francesas en Ypres.
25 de abril: un ejército aliado (ingleses, franceses, australianos y neozelandeses) desembarca en Galípoli para conquistar Estambul, pero los turcos lo contienen.
7 de mayo: hundimiento del transatlántico *Lusitania* por un submarino alemán.
23 de mayo: Italia, vinculada a los aliados por un tratado secreto, declara la guerra al Imperio austrohúngaro.
21 de agosto: Italia declara la guerra al Imperio turco.
Octubre: alemanes y austriacos ocupan Serbia.
Diciembre: reveses de los aliados en Galípoli y Mesopotamia frente a los turcos.

1916

8 de enero: los aliados reembarcan a sus tropas desplegadas en Galípoli después del intento fallido de conquistar Estambul.
Febrero: los rusos derrotan a los turcos en el Cáucaso.

21 de febrero: los alemanes atacan la ciudad fortificada de Verdún para implicar a los franceses en una batalla de desgaste.

31 de mayo: batalla de Jutlandia entre las flotas inglesa y alemana. Queda en tablas.

1 de julio: comienza la batalla de Somme. Los británicos atacan para obligar a los alemanes a distraer tropas de Verdún.

28 de agosto: Rumanía se une a los aliados. Italia le declara la guerra a Alemania.

Septiembre: los rusos reconquistan algunos territorios ocupados por los austriacos.

15 de septiembre: aparecen los primeros tanques (ingleses) en la batalla del Somme.

Octubre: el agente inglés Lawrence (de Arabia) agita a los árabes para que se levanten contra los turcos.

Noviembre: queda en tablas la batalla del Somme.

15 de diciembre: los franceses recuperan el terreno perdido en Verdún.

1917

1 de febrero: Alemania declara la guerra submarina sin restricciones, lo que provoca la ruptura de relaciones diplomáticas con Estados Unidos.

8 de marzo: comienza la Revolución rusa.

11 de marzo: los ingleses conquistan Bagdad a los turcos.

15 de marzo: abdica Nicolás II, zar de Rusia.

2 de abril: Estados Unidos declara la guerra a Alemania.

16 de abril: la ofensiva francesa en Chemin des Dames acaba en fiasco.

15 de mayo: El general Nivelle cede el mando a su colega Pétain.

26 de junio: llegada a Francia de las primeras tropas norteamericanas.

19 de julio: los alemanes atacan en el frente oriental mientras en el ejército ruso cunde el fermento revolucionario.

31 de julio: la ofensiva inglesa se atasca en el lodo de Passchendaele.

15 de octubre: los franceses fusilan a la espía Mata Hari.
Octubre-noviembre: desbandada de los italianos tras el desastre de Caporetto.
6 de noviembre: golpe de estado bolchevique contra el gobierno de Kérenski.
7 de noviembre: los revolucionarios rusos asaltan el palacio de invierno en Petrogrado (San Petersburgo).
20 de noviembre: ofensiva aliada en Cambray con la participación de abundantes tanques.
26 de noviembre: el nuevo gobierno de la Rusia bolchevique inicia las conversaciones de paz con Alemania.
7 de diciembre: Estados Unidos declara la guerra al Imperio austrohúngaro.
9 de diciembre: los británicos conquistan Jerusalén a los turcos.
15 de diciembre: Rusia y Alemania firman un armisticio en Brest-Litovsk.

1918

8 de enero: Wilson, presidente de Estados Unidos, publica sus «Catorce Puntos» que garantizarán la paz.
3 de marzo: Rusia y Alemania firman el Tratado de Brest-Litovsk, por el que Rusia acepta unas condiciones leoninas con tal de obtener la paz.
21 de marzo: los alemanes atacan en el Somme. Repliegue aliado.
23 de marzo: Los alemanes bombardean París con el gran cañón.
21 de abril: muere el famoso piloto de caza alemán Von Richthofen, *el Barón Rojo*, alcanzado mortalmente por una bala disparada desde tierra.
17 de julio: los revolucionarios rusos asesinan a Nicolás II y a su familia.
1 de octubre: ofensiva aliada sobre Damasco. Repliegue de los turcos.
30 de octubre: los turcos firman el armisticio.
4 de noviembre: el Imperio austrohúngaro firma el armisticio.

Movimientos revolucionarios en Alemania. Los marineros se amotinan en Kiel

9 de noviembre: el káiser Guillermo II, emperador de Alemania, abdica. Proclamación de la República Alemana.

11 de noviembre: Alemania y los aliados firman el armisticio.

12 de noviembre: Austria se proclama república tras la abdicación de Carlos I.

14 de noviembre: descomposición del Imperio austrohúngaro. Checoslovaquia se proclama república, seguida por Hungría, dos días después.

21 de noviembre: la flota alemana queda internada en la base británica de Scapa Flow (unos meses después, las tripulaciones encargadas de su mantenimiento hundirán los barcos).

1919

18 de enero: se inicia en París la Conferencia de Paz bajo la dirección del Comité de los Cuatro (Wilson, Clemenceau, Lloyd George y Orlando, representantes de las potencias vencedoras, EE. UU., Francia, Gran Bretaña e Italia) para acordar las condiciones de paz con las potencias vencidas: Alemania, Turquía, Bulgaria, Austria y Hungría.

28 de junio: se firma el Tratado de Versalles, a los cinco años justos del atentado de Sarajevo que provocó la guerra mundial.

Bibliografía

ANDRIESSEN, J. H. J., *La primera guerra mundial en imágenes*, Edimat, Madrid, 2003.

BECKER, Jean Jacques, *La première guerre mondiale*, Benin, París, 2003.

BLACK, Jeremy, *La guerra desde 1900*, Akal, Madrid, 2011.

COWLEY, Robert (ed.), *Historias de guerra*, Inédita, Barcelona, 2008.

DENIZOT, Alain, *La bataille de la Somme: juillet-novembre, 1916*, Librairie Académique Perrin, París, 2006.

ENGLUND, Peter, *La belleza y el dolor de la batalla. La primera guerra mundial en 212 fragmentos*, Roca, Barcelona, 2012.

FAWCETT, Bill, *Cómo perder una batalla: planes disparatados y grandes errores militares*, Inédita, Barcelona, 2006.

FERRO, Marc, *La primera guerra mundial (1914-1918)*, Alianza, Madrid, 1994.

GALUPPINI, Gino, *Acorazados de todo el mundo desde sus orígenes a nuestros días*, Espasa-Calpe, Madrid, 1984.

GENEVOIX, Maurice, *Ceux de 14*, G. Durassié & Cie, París, 1949.

GILBERT, Martin, *La primera guerra mundial*, La Esfera de los Libros, Madrid, 2004.

GRAVES, Robert, *Adiós a todo eso*, El Aleph, Barcelona, 2002.

HAFFNER, Sebastian, *La revolución alemana de 1918-1919*, Inédita, Barcelona, 2005.

—, *Los siete pecados capitales del Imperio alemán durante la primera guerra mundial*, Destino, Barcelona, 2006.

HEMINGWAY, Ernest, *Adiós a las armas*, Noguer y Caralt, Barcelona, 1999.

HERNÁNDEZ, Jesús, *Todo lo que debe saber sobre la primera guerra mundial*, Nowtilus, Madrid, 2010.

HOLMES, Richard, *Las guerras que han marcado la historia*, Ariel, Barcelona, 2007.

HORNE, John N., y Alan KRAMER, *German Atrocities, 1914: a History of Denial*, Yale University Press, New Haven, 2001.

HOWARD, Michael, *La primera guerra mundial*, Crítica, Barcelona, 2003.

JÜNGER, Ernst, *Tempestades de acero*, Tusquets, Barcelona, 2005.

KÖPPEN, Edlef, *Parte de guerra*, Sajalin, Barcelona, 2012.

KURTZ, Harold, *El Segundo Reich: la Alemania del káiser Guillermo II*, Nauta, Barcelona, 1970.

LOZANO, Álvaro, *Breve historia de la primera guerra mundial (1914-1918)*, Nowtilus, Madrid, 2011.

MACDONAGH, Michael, *In London During the Great War: the Diary of a Journalist*, Eyre and Spottiswoode, Londres, 1935.

MACMILLAN, Margaret, *París, 1919: seis meses que cambiaron el mundo*, Tusquets, Barcelona, 2011.

MILLER, Henry W., *Railway Artillery: a Report on the Characteristics, scope of Utility, etc. of Railway Artillery*, United States Government Printing Office, 1921.

—, *The Paris gun: the bombardment of Paris by the German long range guns and the Great German Offensive of 1918*, Jonathan Cape, Harrison Smith, Nueva York, 1930.

NEIBERG, Michael, *La Gran Guerra: una historia global (1914-1918)*, Paidós, Barcelona, 2006.

PANDO DESPIERTO, Juan, *Un rey para la esperanza: la España humanitaria de Alfonso XIII en la Gran Guerra*, Temas de Hoy, Madrid, 2002.

REMARQUE, Erich Maria, *Sin novedad en el frente*, Círculo de Lectores, Barcelona, 1968.

RENOUVIN, Pierre, *La première guerre mondiale*, Presses Universitaires de France, París, 1972.

RICKENBACKER, Edward V., *Rickenbacker: an Autobiography*, Prentice-Hall, Englewood Cliffs, 1967.

ROBINSON, Douglas, *Giants in the Sky: a history of the Rigid Airship*, University of Washington Press, Washington, 1973.

TUCHMAN, Barbara, *Los cañones de agosto: treinta y un días de 1914 que cambiaron la faz del mundo*, RBA, Barcelona, 2012.

—, *El telegrama Zimmermann: el documento secreto que cambió el curso de la primera guerra mundial*, RBA, Barcelona, 2010.

VARGAS GONZÁLEZ, Alejandro, *Los novelistas de la Gran Guerra (1914-1918)*, Erasmus, Madrid, 2012.

VV. AA., *Atlas ilustrado de la primera guerra mundial*, Susaeta, Madrid, 2005.

VÁZQUEZ GARCÍA, Juan, *La batalla de Verdún*, Galland Books, Madrid, 2013.

WEBER, Thomas, *La primera guerra de Hitler*, Taurus, Barcelona, 2012.

ZEMAN, Z. A. B., *El ocaso de los Habsburgo*, Nauta, Barcelona, 1970.

ZWEIG, Stefan, *El mundo de ayer: memorias de un europeo*, Acantilado, Barcelona, 2002.

<www.firstworldwar.com>.

Añadamos algunas películas ambientadas en aquella guerra:

—Sobre la guerra en el aire:

Zepelín (1971), de Étienne Périer.
Von Richthofen and Brown (1971), de Roger Corman.
El Barón Rojo (2008), de Nikolai Müllerschön.
Las Águilas Azules (*The Blue Max*, 1966), de John Guillermin.
Flyboys (2006), de Tony Bell.

—Sobre la guerra en las trincheras:

Cuatro de infantería (*Westfront 1918*, 1930), de G. W. Pabst.
Adiós a las armas (1932), de Frank Borzage, y *remake* de Charles

Vidor en 1957. Hemingway enamorado de una enfermera es el tema de *En el amor y en la guerra* (1996), de Richard Attenborough.
Sin novedad en el frente (1930), de Lewis Milestone, y *remake* de Delbert Mann en 1979.
El sargento York (1941), de Howard Hawks.
Senderos de gloria (1957), de Stanley Kubrick.
La gran guerra (1959), de Mario Monicelli.
Gallipoli (1981), de Peter Weir.
Largo domingo de noviazgo (2004), de Jean-Pierre Jeunet.
Feliz Navidad (2005), de Christian Carion, que cuenta la tregua de Navidad de 1914.
Caballo de batalla (2011), de Steven Spielberg.

—Sobre la guerra en el Imperio turco:

Lawrence de Arabia (1962), de David Lean.

—Sobre la Revolución rusa:

Doctor Zhivago (1965), de David Lean.

Índice onomástico

Las cifras en cursiva remiten a las ilustraciones

Abdul Hamid II, sultán: 133, 144.
Ağca, Ali, terrorista: 248 n.
Aisne, batalla del río: 78, 291.
Albán, Carlos: 164 n.
Alberto I de Bélgica, rey: 50.
Alejandra de Dinamarca, esposa de Eduardo VII, reina madre inglesa: 35 n.
Alejandra Fiódorovna, zarina, esposa de Nicolás II: 35 n., 271-272, 279, *280*.
Alejandro Magno: 219.
Alexis, *zarevitch*, hijo de Nicolás II: 35, 271, 274.
Alfonso XIII, rey de España: 14, 69, 118.
Alfonso de Borbón y Battenberg, príncipe de Asturias: 271 n.
Allen, Woody: 278.
Amiens, ofensiva aliada de: 296.
Anastasia, princesa: 280 n.
Anderson, Anna: 280 n.
Angell, Norman: 28 y n.
Aníbal: 219.
Annaud, Jean-Jacques: 99 n.
Arenberg, Charles d': 59 n.
Armand, Inessa: 276.
Arminio, héroe germano: 86.
Azaña, Manuel: 66.
Azorín, José Martínez Ruiz: 67, 117.

Bach, Polin: 104.
Baden, Maximilian von, canciller: 302, 308-309.
Balfour, Declaración: 143 y n.
Baroja, Pío: 67.
Battenberg, familia: 62.
Beethoven, Ludwig van: 64.
BEF (British Expeditionary force): 70.
Bélgica, invasión de: 43, 46-47, 50, 54-61, 244.
Belmonte, Juan, torero: 66.
Below, Ambrosius von: 46.
Benavente, Jacinto: 67.
Berchtold von und zu Ungarschitz, Leopold, conde: 31, 32, 34, 37.
Bergson, Henri, filósofo: 72.
Berlín, Conferencia de (1878): 24 n.

Bernhardi, Friedrich von: 28, 30 n.
Bernstorff, Johann von, conde: 245.
Bethmann-Hollweg, Theobald von, canciller: 32.
Bigwood, Eddie, soldado: 107.
Blücher, Evelyn, princesa: 47.
Blücher, Operación: 291.
Böcker, comandante de zepelín: 211-212.
Bockholt, Ludwig, comandante: 264, 265.
Boelcke, Oswald, aviador: 176, 177, 286.
Böhme, aviador: 177.
Boosvaldeck, conde: 17.
Bravo Portillo, Manuel, comisario: 260 n.
Brecht, Bertolt: 313.
Breguet, Louis-Charles: 77.
Breno, caudillo galo: 309 n.
Brest-Litovsk, Tratado de: 278, 284, 306 n., 315 n., 334.
Brough, Tom, centinela: 121-122.
Brown, Roy, capitán canadiense: 291.
Bucarest, Tratado de (1918): 315 n.
Bülow, Karl von, general: 75 n.
Burton, Richard F.: 259 n.

Čabrinović, Nedeljko: 17.
Cadorna, Luigi, general: 150 n.
Calsow, Eugene, comandante: 200 n.
Cambó, Francesc: 66, 67, 316.
Cambon, Jules: 36, 315.
Cambray, batalla de: 266-268, 334.
Canaris,Wilhelm, almirante: 260, 261.
Caporetto, batalla de: 263, 334.
Carlos I, emperador austriaco: 299, 321, 335.
Carlos Luis, hermano de Francisco José: 20.
Carranza, Venustiano, presidente mexicano: 243.
Catorce Puntos de Wilson: 281, 282, 301, 302, 303, 316, 334.
Cavell, Edith, enfermera: 58 n.
Cevat Pacha, comandante: 137 n.
Chandler, Raymond: 207.
Chemin des Dames, ofensiva francesa en: 333.
Chenot, brigada: 184.
Cher Ami, paloma mensajera: 192 n.
Chotek, Sofía, duquesa, *véase* Sofía Chotek, esposa de Francisco Fernando.
Christie, Agatha: 207.
Christie, Julie: 33 n.
Churchill, Winston: 13, 136, 140 n., 160, 163.
Cifuentes, Honorio: 41, 54, 60, 87, 293, 312.
Clausewitz, Carl von: 45 n., 47 n., 49.
Clemenceau, Georges, primer ministro: 282, 299, 335.
Compiègne, negociaciones de paz en el bosque de: 305-306, *307,* 308-310.
Conferencia de paz de París (1919): 314-317, 335.
Cooper, Gary: 297.
Courtenay, Tom: 33 n.
Cruikshank, George, capitán: 177.
Čubrilović, Vaso: 17.
Cuniberti, Vittorio, ingeniero naval: 227 n.

Dante Alighieri: 64.
Danvignes, coronel, agregado militar: 260.
Dardanelos, batallas en el estrecho de los: 282 n.
Dato, Eduardo: 66, 67.

Delbrück, Hans, historiador: 48 n.
Desticker, general: 305 n.
Devoist, Marcel, soldado: 198.
Dimitrijević, Dragutin: 22 n.-23 n.
Docourt, familia: 51.
Dogger Bank, batalla de: 228 n.
Douaumont, fuerte de: 181, 184-185, *186,* 186 n., 195, 208 n., 219.
Duval, cabo: 190.

Eberhardy, Otto von: 327.
Ebert, Friedrich, canciller: 305 n.
Eckardt, Heinrich von: 241, 243.
Eckener, Hugo, comandante: 264.
Eduardo VII, rey de Inglaterra: 272 n.
Egaña, Vicente: 161 n.
Eliot, Thomas Stearns: 244.
Ellison, George Edwin, soldado: 310.
Entente Cordiale (1903): 25 n.
Erzberger, Matthias, negociador del armisticio: 305 n., 306, 308.
Evans, William John, soldado australiano: 291.

Falkenhayn, Erich von: *29,* 79, 151, 170, 171-172, 178, 179-180, 193.
Federico II el grande, rey de Prusia: 175 n.
Federico Guillermo IV, rey de Prusia: 100 n.
Fichte, Johann Gottlieb: 47 n.
Foch, Ferdinand, mariscal: *29,* 126 n., 290, 295, 298, 305 n., 306, 308-309, 325.
Forgách von Ghymesund Gács, Johann, conde: 31, 34.
Francisco Fernando, archiduque: 15, 18-19, 22, 23 y n., 331.
Francisco José, emperador: 14 y n., 19, 24 n., *29,* 31-32, 34-35, 230.
Franco, Francisco, general: 323.
Frantz, sargento: 120.
Friedensturm («golpe para la paz»), ofensiva: 293.

Galípoli, batallas en la península de: 140, 141 n., 142, *143,* 241, 332.
Gallieni, Joseph, general: 75, 77.
Garros, Roland, aviador: 147-148.
Georgette, Operación: 290.
Ginisty, Charles-Marie-André, obispo de Verdún: 179.
Goethe, Johann Wolfgang von: 41.
Goetz, Karl X.: 162 n.
Gómez Carrillo, Enrique: 263 y n.
Gonçalves, padre Manoel José: 248 n.
Gonzalo de Borbón, infante: 271 n.
Göring, Hermann Wilhelm, aviador: *177,* 291.
Grabež, Trifun: 17.
Granados, Enrique: 230 n.
Graves, Robert, capitán: 107, 207.
Grey, Nigel de, criptógrafo: 242 n.
Guillermina, reina de Holanda: 322.
Guillermo I, rey de Prusia: 28.
Guillermo II, káiser: 14, 22, *29,* 35 y n., 36, 47, 48, *61,* 65, 136 n., *172,* 271, 301-302, 322, 335.
Guillermo, príncipe, hijo de Guillermo II: 75, 172.
Gunther, Henry Nicholas John, soldado: 311.

Haig, Douglas, general: 126 n., 204, 205-206, 213 n., 215, 253-254, 290.
Hall, Reginald, almirante: 259.
Hamilton, Ian, general: 139 y n.

Hammett, Dashiell: 207.
Hašek, Jaroslav: 207.
Heap, F. G., teniente: 267 n.
Heber, ingeniero: 148 n.
Hegel, Georg Wilhelm Friedrich: 47 n.
Heidkamp, Wilhelm, suboficial: 229 n.
Hemingway, Ernest: 207, 263.
Hertling, conde Georg von, canciller imperial: 299, 300-301.
Hindenburg (Sigfrido), línea: 215, 220, 266, 296, 299.
Hindenburg, Paul von: 29, 85, 86 n., 126 n., 194, 234 n., 283, 301, 322.
Hitler, Adolf, cabo: 38, *39,* 40 n., 79 n., 80, 158 y n., 238.
como Führer: *307,* 315 n., 322, 323, 325.
Hivert, coronel: 259.
Hoffmann, Heinrich: 40 n.
Hume, Grace, enfermera: 59 n.
Husein, jerife de La Meca: 142 n.
Hutier, Oskar von, general: 200 n.

Irina, princesa: 272.
Isabel (Sissi), emperatriz: 19 y n.

Jagow, Gottlieb von: 36.
Joffre, Joseph, general: 170, 188, 219.
Joselito, José Gómez ortega, torero: 66.
Jóvenes Turcos, partido: 133-134, 136, 144-145.
Juan Pablo II, papa: 248 n.
Juana de Arco: 25.
Jünger, Ernest: 112.
Junoy, Emilio, senador: 261.
Jutlandia, batalla de: 226-230, 333.

Kaiserschlacht, «káiser, batalla del»: 285-286.
Kalle, Arnold von, coronel: 260.
Kazakov, Alexander, piloto: 120 n.
Kemal, Mustafá, Atatürk, comandante: 140.
Kenworthy, Joseph: 160.
Kérenski, Aleksandr: 275, 278, 324, 334.
Kiel, sublevación de los marinos de: 227, 335.
Kitchener, Horatio Herbert, lord: 138.
Kluck, Alexander von, general: 56, 75, 76, 77-78.
Kosovo, batalla de: 16 n.
Krúpskaya, Nadezhda: 276.
Kühlmann, Richard von: 277 n.
Kuhr, Elfriede: 214.
Kunze, sargento: 184-185.
Kut-al-Amara, cerco turco a: 142.

Lacroix, madame: 187-188.
Lanson, Michel, soldado: 208.
Lawrence, Thomas Edward (Lawrence de Arabia): 142 y n., 143 n., 333.
Lazovert, Nikolái: 273.
Leimberger, ingeniero: 148 n.
Leip, Hans, centinela: 146-147.
Lenin, Vladímir Ilich Ulianov: 276-278, 279-280.
Lettow-Vorbeck, Paul Emil von, coronel: 92-*93,* 264, 321.
Lieja, fortalezas de: 57, 85, 171.
Liga espartaquista de Alemania: 282.
Liman von Sanders, general: 137, 139.
Lindmayer, soldado de primera: 186.
Linnarz, Karl, capitán: 165.
Lloyd George, David: 7, 140 n., 242, 244, 251 n., 335.

Loewe, odo, comandante del *LZ-19*: 173, 174.
Lojka, Leopold: 16, 18, 321.
Londres, bombardeos sobre: 165, 231-233, 249 n.
Londres, Tratado de (1839): 46 n.
Ludendorff, Erich, general: *29*, 56, 85, 194, 234, 235, 283, 284, 285, 290, 291, 293 y n., 294, 296, 299-301, 323.
Luebbe, ingeniero: 148 n.
Luis XIV, rey de Francia: 63.
Lusitania, hundimiento del: 159-163, 244, 303, 324, 332.
Lys, batalla de (1918): 247 n.

Macdonagh, Michael: 231.
Machado, Antonio: 56, 67.
Machen, Arthur: 61 n.
Malobabić, Rade, espía: 23 n.
Mann, Thomas: 37, 38 n.
Mano Negra, organización serbobosnia: 16-17, 23.
Marañón, Gregorio: 117.
María de las Mercedes de Borbón-Dos Sicilias: 272 n.
Marichalar, Jaime de: 272 n.
Marne, primera batalla del: 84, 331.
Mata Hari, Margaretha Zelle, espía: 259-263, 323, 334.
Mathy, Heinrich, comandante de zepelín: 211, 232-233.
Maura, Antonio: 67.
Maxim, Hiram Stevens: 81 n.
Maximiliano, emperador de México: 20.
Mayer, Albert, teniente: 51 y n., 52.
Mehmedbašić, Muhamed: 17.
Meinertzhagen, Richard: 265 n.
Meller, Raquel: 262-263.
Mendieta, Tuñón: 41, 60, 87, 312.
Menéndez Pidal, Ramón: 117.
Michael, Operación: 285.
Miguel, gran duque, general cosaco: 275, 280.
Mihura, Miguel: 104 n.
Miller, Henry W., coronel: 328.
Milles, teniente: 167.
Moltke, Helmut von, general: 45 n., 79.
Montgomery, William, criptógrafo: 242 n.
Morizzi, coronel: 17.
Morrondo Pérez, Justo: 23-28, 30.
Morrondo Rodríguez, Cristino: 23-28, 30, 41, 67.
Morsey, barón: 18.
Mountbatten, familia: 62.
Mozart, Wolfgang Amadeus: 64.
Müller, Hermann, comandante de zepelín: 166.
Müller, Karl von, almirante: 22.
Mussolini, Benito, cabo: 239-240, *240*.

Napoleón Bonaparte, emperador: 26, 72-73, 81, 171, 219, 291.
Napoleón III, emperador: 79, 306, 325.
Nelson, Horatio, almirante: 228.
Neuilly, Tratado de: 315 n.
Nicolás II, zar: *29*, 35 y n., 36, 271, 274-275, 279, *280*, 333, 334.
Nicolás Nikoláyevich, gran duque: 35, 279.
Nietzsche, Friedrich: 47 n.
Nikolai, comandante: 258-259.
Nivelle, Robert, general: *29*, 193-195, 219, 220-222, 225, 333.

Oberndorff, Alfred von, conde: 305 n.
Oliveira, Mário de: 248 n.
Orff, Carl: 207.
Orlando, Vittorio Emanuele: 335.
Ors, Eugenio d': 117.

Ortega y Gasset, José: 67.
Ortiz, Letizia: 272 n.

Pais, Sidónio: 248.
París, ofensiva alemana sobre: 292-293.
París, bombardeos sobre: 287-289.
Pariser kanonen, gran cañón alemán: 287-289, 327-328, *329.*
Passchendaele, batalla de: 7, 108, 253-257, 266, 333.
Pérez de Ayala, periodista: 263 n.
Pérez de Ayala, Ramón: 67.
Pérez Galdós, Benito: 67.
Pétain, Henri Philippe, general: *29,* 187-189, 193, 225, 290, 323, 333.
Peterson, comandante de zepelín: 211, 212.
Peugeot, Jules André, cabo: 51 y n., 52.
Pío XI, papa: 263 n.
Platón: 41.
Plumer, Herbert, general: 251.
Poincaré, Raymond, presidente: 13, 22, 52, 222.
Popović, Cvjetko: 17.
Potiorek, Oskar, general: 18.
Prat de la Riba, Enric: 68.
Price, George Lawrence, soldado: 311.
Princip, Gavrilo: 17, 18, 22, 321, 331.
Purishkévich, diputado ruso: 273.

Quenault, mecánico: 120.

Radtke, teniente: 185.
Rasputín, Grigorij Efimovič, monje: 271-274 y n., *275.*
Rausenberger, doctor: 327.
Rayner, Oswald, agente británico: 273.
Reinhardt, Wilhelm, aviador: 291.
Remarque, Erich Maria: 7, 106.
Renaud, soldado: 51.
Revolución de Octubre: 278, 334.
Richthofen, Manfred von, *el Barón Rojo:* 175-177, 256-257, *257,* 270, 286, 290-291 y n., 334.
Rickenbacker, Edward V., piloto: 312 y n.
Rip, perro mensajero: 190.
Robinson, Leefe, alférez piloto: 211.
Rockefeller, John Davison: 245.
Rodolfo, archiduque: 20.
Rojo, Vicente, teniente coronel: 77 n.
Rolland, barón de: 260 n.
Romanones, Álvaro Figueroa y Torres, conde de: 67, 316.
Románov, Dmitri Pávlovitch, gran duque: 272.
Rommel, Erwin, teniente: 263.
Ronge, coronel austriaco: 259.
Ronsard, Pierre de: 198.
Roworth, William, soldado: 107.

Saavedra, Eduaro: 69 n.
Saavedra y Vinent, Rodrigo de: 118.
Saint-Germain-en-Laye, Tratado de: 315 n.
Sajonia-Coburgo-Gotha, familia real: 62.
Salazar, António de Oliveira: 248.
Salisbury, lord, Robert Gascoyne-Cecil, primer ministro: 135 n.
Samsonov, Alexander, general: 86.
Sarikamis, derrota turca en: 136, 139.
Satán, perro mensajero: 190-191.
Schlieffen, Alfred von, general: 45 n., 48, 70, 75 n., 79 n.
Schlieffen, plan: 45, 47-49, 55, 56, 70, 75-76, 78-79.
Schneider, Romy: 19 n.-20 n.
Schopenhauer, Arthur: 40.

Schratt, Katharina: 14.
Schulten, Adolf: 69 n.
Schultze, Norbert: 146.
Schulz, Johann, capitán: 178.
Schwarz, David: 164 n.
Schwieger, Walther, comandante del *U-20*: 160-161, 324.
Sedán, batalla de (1871): 171, 306.
Seeger, Alan: 206.
Serrigny, Bernard, teniente coronel: 187-188.
Sèvres, Tratado de: 315 n.
Shakespeare, William: 64.
Sheremétievskaya, Natalia: 275.
Sigfrido, línea, *véase* Hindenburg, línea.
Sociedad de Naciones, creación de la: 314.
Sofía Chotek, duquesa, esposa de Francisco Fernando: 15-16, 18-19, 23, 331.
Somme, batalla del: 80 n., 84 n., 107, 194, 204-210, 213-216, 218, 221, 269, 333, 334.
Sukhomlinov, Vladimir: 29, 35, 36.

Tankosić, Vojislav, comandante: 22 n.
Tannenberg, batalla de: 86 y n., 331.
Teotoburgo, batalla de: 86.
Tirídates III, rey armenio: 144.
Tolkien, John Ronald Reuel: 206.
Trafalgar, batalla naval de: 228, 229.
Trébuchon, Augustin, soldado: 310-311.
Treitschke, Heinrich von: 47 n.
Trianon, Tratado de: 315 n.
Triple Alianza: 25 y n.
Triple Entente: 25.
Trotski, León: 278.
Tsushima, batalla de (1905): 228 n.

Unamuno, Miguel de: 67, 117.
Urdangarin, Iñaki: 272 n.

Vanselow, Ernst, capitán: 305 n.
Varela, José, general: 77 n.
Varo, Publio Quintilio: 86.
Vatel, François: 170 n.
Vaux, Fuerte de: 219.
Verdún, batalla de: 68, 84 n., 171-172, 178-183, 184, 188-189, 193-195, 204, 218, 250, 269, 333.
Versalles, Tratado de paz de: 315-317, *318*, 335.
Vichy, gobierno francés de: 323.
Victoria, reina de Inglaterra: 81 n., 271 y n.
Victoria Eugenia, reina, esposa de Alfonso XIII: 271 n.
Vidal Quadras, capitán: 77 n.
Vilallonga, José Luis de: 45 n.
Villa, Pancho: 243.
Voltaire, François-Marie Arouet: 63.
Von Brandis, alférez: 185.
Von Gruennel, general: 305 n.

Wagner, Richard: 64.
Warneford, R. A. J., subteniente: 165-166 y n.
Watteau, teniente: 77.
Wellington, Arthur Colley Wellesley, duque de: 219.
Wells, Herbert George: 164.
Wemyss, Rosslyn, almirante: 305 n.
Weygand, Maxime, general: 305 n.
Wheatley, Dennis, subteniente: 107-108.
Wilson, teniente: 167.
Wilson, Thomas Woodrow, presidente: 162, 163, 242, 244-245 y n., 281-282, 299, 301, 302, 303, 313, 334, 335.
Windsor, familia real: 62.

Winterfeldt, Detlev von, general: 305 n.
Wood, John, cabo: 107.
Wright, general estadounidense: 310.
Wright, Orville y Wilbur, hermanos: 119.

York, Alvin Cullum, sargento: 296-297, *297*.
Ypres, batallas de: 79, 94, 121, 156, 157 n., 158, 206, 209, 213 n., 250, 285, 332.
Yusúpov, Félix, príncipe: 272-273.

Zar Lazar, príncipe serbio: 16.
Zeppelin, Ferdinand von, general: 164.
Zimmermann, Arthur: 241, 245.
Zimmermann, telegrama: 242-243, 245.
Zweig, Stefan: 14, 20, 48 n., 312.